Felix Nussbaum

Leben und Werk

Selbstbildnis mit Judenpaß, um 1943 (WV   Nr. 278)

Peter Junk · Wendelin Zimmer

Felix Nussbaum

Leben und Werk

Unter Mitarbeit von Manfred Meinz

DuMont Buchverlag Köln · Rasch Verlag Bramsche

Umschlagvorderseite: Selbstbildnis an der Staffelei, 1943 (WV   Nr. 277)

Umschlagrückseite: Die Verdammten (2), 1943/44 (WV   Nr. 282)

Hundert Exemplaren dieses Buches ist als Vorzugsausgabe eine von Hartmut R. Berlinicke signierte und numerierte (1/100–100/100) vierfarbige Aquatinta-Radierung mit Prägung im Format 53 × 70 cm beigelegt.

Hartmut R. Berlinicke, geb. 1944, gilt als einer der bekanntesten deutschen Radierer der Gegenwart und beschäftigt sich in seinen Arbeiten seit Jahren mit jüdischen Themen.

Die Radierung trägt den Titel »Haschoah« (Die Katastrophe) und versteht sich als »Hommage á Nussbaum«.

CIP-Kurztitelaufnahme der Deutschen Bibliothek

Junk, Peter:
Felix Nussbaum : Leben u. Werk / Peter Junk ;
Wendelin Zimmer. Unter Mitarb. von Manfred Meinz.
– Köln : DuMont ; Bramsche : Rasch, 1982.
    ISBN 3-7701-1453-1 (Normalausgabe)
    ISBN 3-7701-1486-8 (Vorzugsausgabe)

NE: Zimmer, Wendelin: ; Nussbaum, Felix [Ill.]

© 1982 DuMont Buchverlag, Köln und Rasch Verlag, Bramsche
Alle Rechte vorbehalten
Gesamt-Reproduktion: ORZ, Offset Repro Zentrum, Düsseldorf
Satz und Druck: Rasch, Bramsche
Buchbinderische Verarbeitung: Hunke und Schröder, Iserlohn

Printed in Germany   ISBN 3-7701-1453-1

Inhalt

Deine Palette
von Weiß bis Schwarz

Dazwischen
Augenblicksfarben

Mal Flecken
Flügel
die bewährte Hölle

Mal eine Hütte
für deinen Staub
zwei Meter
Braun

(Rose Ausländer)

Vorbemerkungen

Warum wir dieses Buch geschrieben haben

Jede Kultur ist »ärmer
als man glaubt, und reicher
als man weiß«
(Hermann Kesten)

Die um 1900 geborenen Künstler gelten als eine ›Generation nach den Stilen‹. Sie wuchsen auf zwischen einer Vielzahl entgegengesetzter und einander ablösender Stilrichtungen und versuchten vielfach, weniger doktrinäre Traditionen wieder aufzunehmen.

Zu ihnen gehörte auch Felix Nussbaum. Er war nie in die theoretischen Kämpfe um Stile und Doktrinen verwickelt; seine Malerei erprobte zwar manches, entwickelte schließlich auch unverwechselbare Eigenständigkeit, illustrierte oder realisierte aber nie Lehrmeinungen. Nussbaum war kein Intellektueller. Nicht theoretisierend, sondern malend entwickelte er sich langsam fort von den gängigen ästhetischen Vorstellungen der Provinz hin zum großstädtischen allgemeinen Zeitgeschmack, der – weltanschaulich und politisch indifferent, also konservativ – unter dem Zwang einer mörderischen Geschichte für Nussbaum zerbrach und den Künstler schließlich zu seinen eigenen, einmaligen Bildern führte.

Nussbaum hat vieles gemalt und gezeichnet, was – bei aller ihm zu Jugendzeiten in seiner Vaterstadt Osnabrück vorgeworfenen Modernität – biederen Provinzgeist atmet; vieles was die Weltstadt Berlin, in der er bald darauf lebte und arbeitete, unterhalten und amüsieren konnte. Und er hat einige bemerkenswerte Leistungen vollbracht, die ihn aus der Vielzahl beiläufiger Figuren seiner Zeit herausheben: Felix Nussbaum ist als Künstler eine Entdeckung wert, für Osnabrück ohnehin, aber auch für die deutsche Malerei des 20. Jahrhunderts allgemein. Dieser Umstand würde genügen, ihm eine Monographie zu widmen. Wir wollten und durften uns aber darauf nicht beschränken.

»Ihr Zuschauenden,
Unter deren Blicken getötet wurde.
Wie man auch einen Blick im Rücken fühlt,
So fühlt man an eurem Leibe
Die Blicke der Toten.«

(Nelly Sachs)

Den »Blick im Rücken« fühlend, haben wir dieses Buch geschrieben. Die politischen und ökonomischen Zusammenhänge von Nussbaums Kunst laufen schließlich hinaus auf Einbrüche von Weltgeschichte in seine Malerei, und deren Stichworte sind: Vertreibung und Verfolgung, Deportation und Mord.

Die beiläufige Figur des deutschen Juden Felix Nussbaum – wenn es überhaupt statthaft ist, auch nur eines der Opfer aus der Millionenzahl der Ermordeten als beiläufig abzutun – dieser jüdische Maler zwingt uns erneut zum Zuschauen. Was wir einmal, und sei es nur durch Zuschauen, zugelassen haben (wir: das meint auch die jüngere Generation, die sich aus der Geschichte nicht einfach hinwegstiehlt), das führt uns Nussbaum mit seinen Bildern und seinem Schicksal wieder vor Augen. Wir dürfen nicht wegsehen!

»Hitler? Nein. Das hat mich nicht interessiert.
Ich habe gleich nach dem Kriege ein Triptychon gemalt,
und da war die Sache für mich erledigt.«
(Kunstprofessor, Jahrgang 1906)

Nussbaum hat sich politisch nie engagiert. Hätte er, wäre er kein Jude gewesen, Walter Kempowskis Frage: »Haben Sie Hitler gesehen?« als Überlebender ähnlich beantwortet wie jener Kunstprofessor? Mag sein, daß der junge Künstler vor seiner Emigration Zeitgeschichte auf diese Weise als »Sache« erledigt hätte, auch diese Vermutung gehört zu Nussbaums Biographie. Sein letztes erhaltenes Bild aber ist politisch, eindeutig und unmißverständlich: Da spielen die Gerippe zum irrsinnigen Tanz auf den Trümmern des Abendlandes auf.

»Wenn ich untergehe, laßt meine Bilder nicht sterben.«
(Felix Nussbaum)

Albert Rose, damals Vorsitzender der Jüdischen Gemeinde in Osnabrück, hat die Bitte Nussbaums aus dem Gedächtnis zitiert, als Osnabrück die erste große Nussbaum-Ausstellung 1971 eröffnete. Unser Buch soll helfen, den letzten Wunsch des Ermordeten zu erfüllen.

Als seine Bilder in den vergangenen Jahren nach und nach wieder an die Öffentlichkeit kamen, lösten sie nachweislich tiefe und weite Betroffenheit aus, und sie sind geeignet, auch weiterhin betroffen zu machen. Aber dürfen wir uns damit begnügen? Wenn Nussbaums Bilder leben sollen, müssen sie, müssen die Wege und Irrwege des Künstlers für uns gegen alle Betroffenheit antastbar bleiben. Felix Nussbaum ist für uns nicht zum Unberührbaren geworden, er verdient vielmehr unsere kritische Würdigung.

Das Kulturgeschichtliche Museum Osnabrück besitzt inzwischen eine ansehnliche Sammlung von Nussbaum-Werken. Die Bilder hat Osnabrück zurückgeholt – hätte er das gewollt? Im *Selbstbildnis mit Judenpaß* (Nr. 278) von

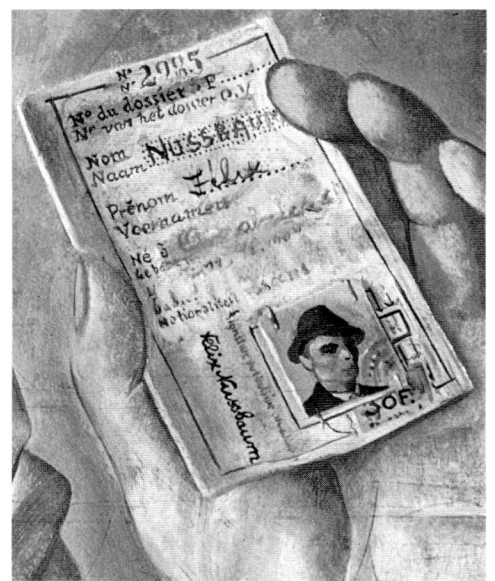

Der Judenpaß: Absage an die Vaterstadt? – Detail aus
Selbstbildnis mit Judenpaß, 1943 (WV   Nr. 278)

1943 beansprucht das mit täuschendem Illusionismus gemalte Ausweispapier besondere Aufmerksamkeit.★ Alle Eintragungen sind deutlich lesbar, dokumentarisch korrekt. Als Nationalität ist – entsprechend der offiziellen Anordnung – ›sans‹ (= ohne) eingetragen. Die Angabe des Geburtsortes Osnabrück dagegen ist bis zur Unleserlichkeit verwischt. Absicht oder Bildschaden? Hat der seiner Nationalität beraubte Künstler sich schließlich von seiner Vaterstadt losgesagt, von der Stadt, in der sich kaum eine Hand für ihn gerührt hat?

Für den Holocaust gibt es keine adäquate Sprache. Das Entsetzen im Angesicht der ›Endlösung‹ können Worte und Bilder nur annähernd bewußt machen. Auf dem Transport im Viehwagen nach Auschwitz, nackt in der Gaskammer, hat Felix Nussbaum seine nachweisbare Individualität verloren; er zählte lediglich noch in der sadistischen Statistik der Mordbürokratie. Wir haben uns mit Leben und Werk des Künstlers befaßt, um seine geraubte Individualität wiederzufinden, ein vernichtetes Leben zu rekonstruieren – ein Leben, stellvertretend für Millionen. Trotzdem fragen wir uns: Hätten wir uns der jahrelangen Mühe unterzogen, wenn Felix Nussbaum ein belangloser jüdischer Bürger, ein Irgendwer gewesen wäre?.

Die Nussbaum-Sammlung des Kulturgeschichtlichen Museums Osnabrück

Die erhaltenen Bilder Nussbaums sind buchstäblich in alle Welt verstreut worden (sie befinden sich z. B. in Brüssel, London, New York, Jerusalem). Die einzige größere, alle Entwicklungsstufen des Künstlers belegende Sammlung besitzt heute mit insgesamt über 100 Gemälden, Gouachen und Zeichnungen das Kulturgeschichtliche Museum Osnabrück. Erworben hat das Museum diese Arbeiten im wesentlichen aus dem Besitz der Nussbaum-Erbengemeinschaft, deren Sprecher Gustel und Heinz Jacov Moses (Israel) sind, und aus der Sammlung des Brüsseler Kunst- und Antiquitätenhändlers Willy Billestraet, bei dessen Eltern Felix Nussbaum und seine Frau Felka während der Verfolgung im Versteck lebten. Die noch nicht verkauften Bilder der Erbengemeinschaft betreut der Münchener Galerist Hasenclever.

Zerfallenden Lumpen eher als bemalten Leinwänden gleichend, kamen die erbärmlich erhaltenen Bilder der Erbengemeinschaft (rund 120) 1969 nach Osnabrück. Diese Bilder haben ihre Geschichte, und die hat zu tun mit dem Schicksal der deutschen Juden auch nach 1945, also mit dem Recht an jüdischem Eigentum.

Dazu berichtet Gustel Moses: Ein weitläufiger Verwandter der Nussbaums, Angehöriger der britischen Armee, hat nach Kriegsende – vagen Informationen folgend – in Brüssel nach Bildern von Felix Nussbaum geforscht und erfahren, daß der belgische Arzt und Kunstsammler Grosfils den Bildernachlaß des Künstlers bei sich aufbewahrte. Grosfils soll ein Freund Nussbaums gewesen sein. Ihm muß der Künstler kurz vor dem Ende alle Bilder anvertraut haben, die

★ Die hinter den Bildtiteln in Klammern angegebenen Zahlen beziehen sich auf die entsprechenden Nummern des Werkverzeichnisses.

er über die Stationen seines Exils mit sich geführt hatte. Wahrscheinlich übergab Nussbaum dem Freund auch Werke, die über Amsterdam, wohin die Eltern Nussbaum geflohen waren, nach Brüssel gelangt sind. Ein Bild ist mit Sicherheit diesen Weg gegangen. Alles in allem handelt es sich dabei um qualitativ sehr unterschiedliche Arbeiten, teils aus Nussbaums Jugendjahren, teils aus dem Exil. Wir vermuten, daß diese Zufallssammlung nach Brüssel kam, weil der Künstler möglichst alle Bilder, die der Brand seines Berliner Ateliers kurz vor der Exilzeit nicht vernichtet hatte, zusammenhielt.

Genau läßt sich nicht mehr klären, wie Grosfils an die Bilder kam und welche Rechte er an ihnen besaß, da er inzwischen tot ist. Trotz seiner Freundschaft mit Nussbaum – die Nachkriegsgeschichte der Bilder wirft kein günstiges Licht auf ihn. Über ihre Anwälte haben überlebende Verwandte des Künstlers von dem Bilderfund des britischen Soldaten erfahren; zu Sprechern der Erben wurden Gustel und Heinz Jacov Moses. Deren Anwalt hat sich Mitte der fünfziger Jahre der Sache angenommen und nach langwierigen Verhandlungen und kostspieligen Prozessen erreicht, daß die Sammlung der Erbengemeinschaft zugesprochen wurde. Grosfils weigerte sich lange, die Erbscheine anzuerkennen und verlangte schließlich hohe Lagerungskosten. Aufbewahrt hatte er die Bilder viele Jahre im Keller seines Hauses, wo sie buchstäblich verkommen sind. Erst 1969 übernahm das Ehepaar Moses die Bilder von seinem Anwalt. Um weiteren Schwierigkeiten und Kosten zu entgehen, brachten die Moses die Leinwände ohne Zollpapiere in die Bundesrepublik.

Die Erben erhofften sich Hilfe aus Osnabrück. Sie sprachen daher den damaligen Direktor des Kulturgeschichtlichen Museums der Stadt, Dr. Walter Borchers, an, der sich umgehend der Bilder annahm und sie im Museum lagerte. Er begann auch sehr engagiert mit den Vorbereitungen einer Ausstellung, und sein Nachfolger, Dr. Manfred Meinz, führte seine Arbeit fort und konnte im Jahre 1971 die erste große Nussbaum-Retrospektive eröffnen. Unmittelbar vor der Ausstellung wurden die Bilder restauriert, wobei größtenteils nur die auf dem Malgrund kaum noch haftende Farbe gesichert wurde.

Das Museum, zunächst auch mit dem Verkauf der Bilder betraut, erwarb aus der Sammlung eine Reihe von Werken, allerdings keineswegs die künstlerisch interessantesten. Dahinter standen einerseits begrenzte Geldmittel, zum anderen aber auch konkrete Absichten. Denn Manfred Meinz hielt es damals für unklug, die besten Bilder Nussbaums in Osnabrück zu behalten; wer den Namen Nussbaum bekannt machen wolle, dürfe nicht verhindern, daß auch andere Museen Gelegenheit erhielten, qualitativ gute Bilder zu erwerben. (Die in den folgenden Jahren angekauften Spätwerke waren zu diesem Zeitpunkt noch nicht bekannt.) Offensichtlich lief der Verkauf nicht so, wie die Erben es sich wünschten, jedenfalls übergaben sie bald die Sammlung dem schon genannten Münchener Galeristen zur Betreuung.

Auf der Durchreise hatte der Brüsseler Kunst- und Antiquitätenhändler Willy Billestraet die Osnabrücker Ausstellung gesehen und folgte dem Aufruf der ›Neuen Osnabrücker Zeitung‹, Nachrichten über den Künstler beizubringen. Billestraet wandte sich an Redaktion und Museum und korrigierte als erster den Ausstellungskatalog: Felix Nussbaum war nicht – wie bisher angenommen – 1943, sondern erst 1944 ermordet worden. Der Kunsthändler besaß Bilder Nussbaums, die 1944 gemalt worden waren, eine Sammlung, von der bis dahin in Osnabrück niemand etwas wußte.

Es zeigte sich, daß Billestraet eine Reihe von Bildern aus Nussbaums letzten Lebensjahren besaß; aber er hatte noch mehr zu bieten: Nachrichten über den verfolgten Nussbaum und dessen Frau. Die Eltern des Kunsthändlers, bei denen das Ehepaar Nussbaum und auch andere Juden versteckt waren, hatten dem Künstler einige Bilder abgekauft und die Versteckten außerdem mit dem Nötigsten versorgt. Willy Billestraet hatte die im Krieg erworbene Sammlung zusammengehalten – er bot sie jetzt Osnabrück zum Kauf an.

Das Kulturgeschichtliche Museum und die ›Neue Osnabrücker Zeitung‹ initiierten daraufhin eine umfangreiche Spendenaktion, bei der rund 63 000 DM zusammenkamen. Dank dieser Aktion konnte die Stadt Billestraets Sammlung erwerben.

Damit war ein bedeutender Grundstock geschaffen, der im März 1980 noch wesentlich erweitert werden konnte: In der Zwischenzeit war es Willy Billestraet gelungen, weitere Werke aus belgischem Privatbesitz zu sammeln. 68 Werke, ausschließlich Zeichnungen und Gouachen, bot er der Stadt zum Kauf an. Sie setzten keine wesentlich neuen Akzente in der Gesamtsicht des Nussbaumschen Oeuvres, rundeten aber das Bild in überzeugender Weise ab und dokumentierten vor allem den bedeutenden, bisher viel zu wenig bekannten Rang Nussbaums als Porträtist und Zeichner. Für insgesamt 130 000 DM, wiederum unterstützt durch eine Spendenaktion, ging diese Sammlung ebenfalls in den Besitz der Stadt über.

Daten und Stationen eines Lebens

Nicht immer konnte die vorliegende Darstellung die zeitliche Abfolge wahren. Um dem Leser die Übersicht zu erleichtern, wird diese chronologische Datentabelle vorangestellt. Sie enthält biographische Angaben zu Felix Nussbaum und seiner Familie, die Entstehungsjahre einiger typischer Werke des Künstlers und zeitgeschichtliche Daten, soweit sie für Nussbaums Leben – und Sterben – bestimmend sind.

––––––––––

1872	22. August: Philipp Nussbaum, der Vater des Künstlers, wird in Emden geboren. (Vater: Feist Nussbaum aus Eiterfeld in Hessen. Mutter: Marianne Gossels aus Emden.) Wenige Monate vor der Geburt des Sohnes stirbt der Vater. Philipp Nussbaum wächst bei den Geschwistern der Mutter auf.
1873	14. März: Rahel van Dyk, die Mutter des Künstlers, wird in Bunde, Kreis Leer, geboren.
1899	3. Januar: Geburt Fajga Plateks, der langjährigen Lebensgefährtin (genannt ›Felka‹) und späteren Ehefrau Felix Nussbaums, in Warschau. (Eltern: Leon Platek und Salome Strumfeld aus Warschau.)
1900	Philipp Nussbaum heiratet Rahel van Dyk und läßt sich in Osnabrück, Johannisstraße 124/25 nieder. Zusammen mit seinem Vetter Simon Gossels betreibt er eine anfangs bescheidene Eisengroßhandlung (die sich, vor allem nach dem Ersten Weltkrieg, ständig aufwärts entwickelt).
1901	1. März: Geburt Justus Nussbaums (Bruder des Künstlers).
1904–1922	Osnabrück
1904	11. Dezember: Geburt Felix Nussbaums. Geburtshaus: Domhof 4 c.
1906	13. September: Weihe der Osnabrücker Synagoge, Rolandstraße 3/5.
ab 1910	Felix Nussbaum besucht die Israelitische Elementarschule.

ab 1913	Besuch des Ratsgymnasiums.
ab 1914	Überwechsel auf das Realgymnasium.
1914/1918	Erster Weltkrieg.
1920	Erstes erhaltenes Werk (Federzeichnung *Bleibe fromm* [Nr. 1]) und Kontakte zu lokalen Künstlern.
1922	Ostern: Abgang aus der Obersekunda des Realgymnasiums. Zum Sommersemester an die ›Staatliche Kunstgewerbeschule‹ nach Hamburg (als Schüler von Fritz Behnke).

1923–1932	Berlin
1923	Ende Februar: Abgang von der Hamburger Kunstgewerbeschule. Übersiedlung nach Berlin.
1924	Besuch der privaten Kunstschule ›Lewin-Funcke-Schule‹ (als Schüler von Willy Jaeckel).
1924/1925	Zum Wintersemester Aufnahme an die ›Vereinigten Staatsschulen für freie und angewandte Kunst‹ (als Schüler von Cesar Klein und Paul Plontke). Starker Einfluß van Goghs (s. *Erinnerung an Grüssau* [Nr. 2]).
1925	Adolf Hitler veröffentlicht ›Mein Kampf‹.
ca. 1925/1926	Felix Nussbaum lernt Felka Platek kennen.
1926	*Meine Mutter* (Nr. 5), *Die beiden Juden (Das Innere der Synagoge zu Osnabrück)* (Nr. 6).
1926/1927	Wie schon in früheren Jahren Aufenthalte an der ostfriesischen Küste (s. *Straße in Greetsiel* [Nr. 11], *Häuser in Emden* [Nr. 15]). Der Einfluß Henri Rousseaus tritt neben den van Goghs.
1927	Erste Ausstellung und erste Beachtung durch die Kunstkritik (s. Ausstellungsverzeichnis, S. 257). Friedhofs- und Synagogenschändungen in Osnabrück.
1928	Beteiligung an mehreren Ausstellungen.
1928/1929	Ab Sommer 1928 einjährige Studienreise nach Belgien (s. *Ostender Seesteg* [Nr. 40]) und Südfrankreich (s. *Cagnes-sur-Mer* [Nr. 47]).
1928/1930	Meisterschüler von Hans Meid. Einfluß Karl Hofers.

1929	Sportbilder (s. *Fußball* [Nr. 55], *Der Sieger im Sechstagerennen* [Nr. 56]) und Szenen aus dem Alltagsleben.

1929   Sportbilder (s. *Fußball* [Nr. 55], *Der Sieger im Sechstagerennen* [Nr. 56]) und Szenen aus dem Alltagsleben.
Beteiligung an zahlreichen Ausstellungen und häufige Erwähnung in der Kunstkritik.
Beginnender Einfluß de Chiricos (s. *Erinnerung an Norderney* [Nr. 61]).
Ende der Ausbildung. Arbeit als »selbständiger Maler«.
24. Oktober: ›Schwarzer Freitag‹ an der New Yorker Börse. Beginn der Weltwirtschaftskrise.

1930   *Bildnisgruppe* (Nr. 70). Der Bruder Justus heiratet Herta Bein aus Oberhausen und arbeitet als Kaufmann in Osnabrück.
Dezember: Fast 5 Millionen Arbeitslose in Deutschland.

1931   *Maler im Atelier* (Nr. 75), *Der tolle Platz* (Nr. 76). Antisemitische Ausschreitungen an den Berliner Hochschulen.

1932   März: Bewerbung um den ›Großen Staatspreis‹ (Rompreis) der Preußischen Akademie der Künste.
August: Bewilligung eines Aufenthaltes als Studiengast an der Deutschen Akademie Villa Massimo in Rom.
Höhepunkt der Weltwirtschaftskrise mit fast 7,5 Millionen Arbeitslosen in Deutschland. Hohe Wahlerfolge der NSDAP.

1932–1934   Rom und Italien

1932/1933   Von Oktober bis März Studienaufenthalt in Rom (s. *Mauer in Rom* [Nr. 86]).
Um die Jahreswende Brand des Berliner Ateliers in der Xantener Straße 23 (fast die gesamte Produktion – ca. 150 Bilder – wird vernichtet).
Beginn der Mitarbeit an der Zeitschrift ›Der Querschnitt‹.

1933   Januar: Letzte Beteiligung an einer Ausstellung (in der ›Berliner Secession‹).
30. Januar: Hitler wird zum Reichskanzler ernannt.
27. Februar: Reichstagsbrand.
20. März: Die ersten Konzentrationslager werden errichtet (Dachau).
24. März: Ermächtigungsgesetz.
Ende März wird Nussbaums Antrag auf Verlängerung des Studienaufenthalts in Rom bis zum 30. Juni bewilligt.
1. April: Boykott jüdischer Geschäfte (in Osnabrück werden mehr als 40 Geschäfte boykottiert).
April: Goebbels trifft zu Gesprächen mit Mussolini in Rom ein, besucht auch die Villa Massimo und läßt sich die Stipendiaten vorstellen.

Mai: Max Liebermann wird zum Austritt aus der Preußischen Akademie der Künste gezwungen, Karl Hofer ›beurlaubt‹.

10. Mai: Bücherverbrennung »wider den undeutschen Geist«.

Ende Mai: Die Nationalsozialisten entziehen Nussbaum das Stipendium. Nussbaum reist, ausgelöst durch antisemitische Vorfälle in der Villa Massimo, nach Alassio ab (s. *Am Strand von Alassio* [Nr. 110]).

22. September: Reichskulturkammergesetz.

Die Eltern haben Deutschland verlassen und halten sich in der Schweiz, später in Italien auf.

1934   Felix Nussbaum trifft in Rapallo (s. *Rapallo* [Nr. 125], *Piazza* [Nr. 128]) mit seinen Eltern zusammen.

1935–1940   Belgien

1935   Die Eltern treibt das Heimweh zurück nach Deutschland. Sie wohnen in Köln. Verkauf des Wohnhauses in der Schloßstraße und Aufgabe des Geschäftes. Justus Nussbaum bleibt als Kaufmann (Autoverwertung) in Osnabrück.

Nussbaum begibt sich über Paris ins belgische Exil. Anfang Februar trifft er in Ostende ein.

Kontakt mit James Ensor (s. *Zwei Masken* [Nr. 140]).

15. September: Verkündung der antisemitischen Nürnberger Gesetze. Zunehmende jüdische Fluchtwelle aus Deutschland.

1935–1937   Ständig wechselnde Wohnorte im Exil: Ostende (*Fischfrau im Hafen* [Nr. 196]), Brüssel und seine Vororte, Kurzaufenthalte in den Ardennen (Niveze, Spa). Ab September 1937 Wohnsitz Brüssel.

1937   2. Juli: Justus Nussbaum flieht nach Amsterdam.

19. Juli: Eröffnung der Ausstellung ›Entartete Kunst‹ im Münchener Haus der Deutschen Kunst.

Am 6. Oktober heiratet Nussbaum in Brüssel Felka Platek.

1938   Verschiedene Wohnungen in Brüssel, zuletzt in der rue Archimède bei der Familie Billestraet.

9. November: ›Reichskristallnacht‹ (in Osnabrück wird die Synagoge zerstört, Geschäfte und Häuser werden geplündert und fast alle jüdischen Männer bis zu 55 Jahren nach Buchenwald deportiert). Starke jüdische Fluchtwelle aus Deutschland.

1939   30. Januar: Hitler prophezeit in einer Reichstagsrede die Vernichtung der jüdischen Rasse im Falle eines Krieges.

20. März: Im Hof der Berliner Hauptfeuerwache werden 4829 Werke ›entarteter‹ Künstler verbrannt.

Im Mai beabsichtigen die Eltern, nach Brüssel zu fliehen. Felka Platek vereitelt diesen Plan. Daraufhin fliehen die Eltern zu ihrem älteren Sohn Justus nach Amsterdam.
1. September: Ausbruch des Zweiten Weltkrieges. Zunehmende Verschlechterung der Lebensbedingungen für Emigranten.
Europäische Vision [Nr. 228], *Das Geheimnis* [Nr. 230]).

1940   Saint-Cyprien

1940   10. Mai: Deutsche Truppen überfallen die Niederlande, Belgien, Luxemburg und Frankreich. Am gleichen Tag wird Nussbaum (wie fast alle Emigranten) in Brüssel von den belgischen Behörden verhaftet und als »feindlicher Ausländer« in das südfranzösische Internierungslager Saint-Cyprien abgeschoben.
15. Mai: Kapitulation der Niederlande.
In Amsterdam wird die von Justus Nussbaum und Alfred Gossels geführte ›Wemeta-Kompagnie‹ wegen ihrer Metallschmelzerei für die deutsche Rüstungsindustrie herangezogen. Die jüdischen Firmeninhaber und deren Familien sowie die jüdischen Arbeiter stehen als »kriegswichtige Personen« unter dem Schutz des deutschen Firmenverwalters Sommer.
20. Mai: Errichtung des KZs Auschwitz.
28. Mai: Kapitulation Belgiens.
22. Juni: Waffenstillstand mit Frankreich. In der unbesetzten Zone südlich der Loire (Vichy-Frankreich) Regierung des Marschalls Pétain.
Im August inspiziert die deutsche ›Kommission Kundt‹ alle französischen Internierungslager (darunter auch Saint-Cyprien).
September: Nussbaum wird vom Lager Saint-Cyprien in die Kaserne von Bordeaux überführt. Von dort gelingt ihm die Flucht zurück nach Brüssel.
27. September: Anwendung der Nürnberger Rassegesetze auch auf das besetzte Frankreich.
Ende Oktober: Alle Insassen des Lagers Saint-Cyprien werden in das Internierungslager Gurs überführt.
28. Oktober: Registrierung der belgischen Juden (Ausweispapiere werden mit ›J‹ gestempelt).

1940–1944   Brüssel

1940   Leben im Untergrund. Keramik- und Illustrationsarbeiten sichern den Lebensunterhalt. *Die Lagersynagoge* [Nr. 250 und 251], *Die Vertriebenen* [Nr. 252].
Am 13. Dezember werden die letzten Juden Osnabrücks in das KZ Riga, später in das KZ Stutthof bei Danzig deportiert. Transporte nach Auschwitz schließen sich an.

1942	20. Januar: ›Wannsee-Konferenz‹ unter der Leitung von Heydrich zur »Endlösung der Judenfrage«.
	27. Mai: Einführung des Judensterns in Belgien.
	Juni: Erste Razzien in Belgien. Nussbaum kann sich durch Wohnungswechsel dem Zugriff der Gestapo entziehen.
	22. Juli: Erste Deportationen aus Belgien in die Vernichtungslager.
	Einsamkeit (Nr. 262), *Selbstbildnis mit Felka Platek* (Nr. 268), *Gefangene in Saint-Cyprien* (Nr. 266).
1943	*Selbstbildnis an der Staffelei* (Nr. 277), *Selbstbildnis mit Judenpaß* (Nr. 278), *Jude am Fenster* (Nr. 279).
	Ab Mai großangelegte Razzien in Amsterdam.
	Im August wird auch die sog. ›Sommer-Liste‹ (mit allen Angehörigen der Familie Nussbaum und der ›Wemeta-Kompagnie‹) verhaftet und in das holländische KZ Westerbork überführt.
1943/1944	*Die Verdammten* (Nr. 282).
1944	Letztes erhaltenes Werk (*Die Gerippe spielen zum Tanz* [Nr. 286], datiert vom 18. 4. 1944).
	6. Juni: Invasion der Alliierten in der Normandie.
	20. Juli: Attentat auf Hitler.
	Aufgeschreckt durch eine Unvorsichtigkeit Jaquis, eines kleinen jüdischen Jungen, der mit Nussbaum zeitweise im gleichen Versteck lebt (s. *Jaqui auf der Straße* [Nr. 283]), versucht Nussbaum die Wohnung zu wechseln. Zusammen mit mehreren anderen Versteckten Verhaftung in der Villa ›Quatre bras‹ im Brüsseler Vorort Tervuren.
1944	Auschwitz
	8. Februar: Philipp und Rahel Nussbaum werden vom Lager Westerbork nach Auschwitz deportiert.
	31. Juli: Letzter Deportationszug aus Belgien (Lager Mechelen). Auch Felix und Felka Nussbaum sind unter den Opfern.
	Am 3. August erreicht der Transport Auschwitz.
	3. September: Justus Nussbaum wird vom Lager Westerbork nach Auschwitz deportiert.
	Ende Oktober: Letzte Vergasungen in Auschwitz. Justus Nussbaum wird in das Lager Stutthof überführt. Dort stirbt er am 7. Dezember an »Herz- und allgemeiner Körperschwäche«.
5. September 1944:	Alliierte Truppen befreien Brüssel.
27. Januar 1945:	Sowjetische Truppen befreien Auschwitz.
26. Januar 1946:	Felix Nussbaum wird aus den amtlichen belgischen Registern gestrichen. (Das Datum seines Todes wird nach dokumentarischen Nachforschungen der belgischen Behörden auf den 9. August 1944 festgelegt.)

Die Anfänge

Elternhaus

Sohn einer gutbürgerlich-jüdischen Kaufmannsfamilie, so könnte man den jungen Felix Nussbaum bezeichnen – aber was hieße das schon? Würden wir uns damit nicht den Blick dafür verstellen, daß hier einer, während die Eltern noch die materiellen Voraussetzungen für ihre wohlhabende Existenz im mittelstädtischen Osnabrück schaffen, ausschert, nichts mit dem väterlichen Geschäft im Sinne hat (wie sein Bruder Justus, der ältere) und Künstler wird? Nach allem, was wir wissen, gelingt dies Felix Nussbaum, ohne mit den Eltern in Konflikt zu geraten, er wird nicht zum familiären Außenseiter, lebt weiter mit und von der Familie – materiell und geistig, bis sie alle zerstreut und in den Konzentrationslagern ermordet werden.

Nachrichten über die Familie und Verwandtschaft Nussbaum sowie Überlegungen dazu haben deswegen nicht vorrangig damit zu tun, eine möglichst lückenlose Biographie des Künstlers aufzulisten, sie erzählen vielmehr von dem sozialen Geflecht, das so augenfällig und lange die Malerei Felix Nussbaums mitbestimmt hat. Deswegen wird hier nicht allein vom Elternhaus, von Vater, Mutter und Bruder die Rede sein, sondern vielmehr von dem Gefüge, das sich um Familie und väterliche Firma ausbreitete – von der Verwandtschaft, der Familie des väterlichen Kompagnons Gossels, vom Hausstand mit allen Bediensteten und Angestellten. Alle nahen und fernen Angehörigen – durchweg angesehene jüdische Bürger in Osnabrück und anderswo – entsprechen den landläufigen Vorstellungen vom Kaufmannsstand; keiner von ihnen scheint künstlerische Neigungen verfolgt zu haben – mit einer Ausnahme: Philipp Nussbaum, der Vater von Felix.

Philipp Nussbaum wurde 1872 in Emden geboren, im Elternhaus seiner Mutter, einer geborenen Gossels. Wenige Monate vor seiner Geburt war sein Vater gestorben, und die Mutter kehrte unmittelbar nach der Geburt nach Eiterfeld in Hessen zurück, woher ihr Ehemann stammte. Philipp Nussbaum wuchs bei den Geschwistern der Mutter in Emden auf.

Im Jahre 1900 heiratet Philipp die aus dem nahegelegenen Bunde (Kreis Leer) stammende Rahel van Dyk. Die van Dyks galten unter den Juden Ostfrieslands als angesehene Leute, sie stellten den Synagogengemeinden in Emden und Aurich mehrere Vorsteher. Die aus Holland eingewanderte Familie ist in Aurich seit dem 17. Jahrhundert nachweisbar, ebenso die Familie Gossels.

Philipp Nussbaum (1872–1944), der Vater des Künstlers (Fotografie von 1925)

Rahel Nussbaum, geb. van Dyk (1873–1944), die Mutter des Künstlers (Fotografie von 1925)

Hinweise dafür finden sich mehrfach in dem Werk von Zvi Asaria: Die Juden in Niedersachsen, Leer 1979, S. 237 ff.

Justus Nussbaum (1901–1944), der Bruder des Künstlers (Fotografie von 1925)

»Mein Mann war Familienzahnarzt bei Nussbaums. Bei der Behandlung erzählte Frau Nussbaum immer viel von ihrem Sohn und dessen Kunst.« (Mündliche Auskunft von Margarete Hellmann, Osnabrück, vom 25. 2. 1971)

»Ich erinnere mich, daß der Vater von Felix Nussbaum oft eine Blume im Knopfloch, hinter dem Ohr oder im Munde trug, wenn er durch die Straßen ging. Die Familie war sehr musikliebend und besuchte Konzerte. Alle waren sehr unbeschwert und lebensbejahend.« (Mündliche Auskunft von Margarete Hellmann, Osnabrück, vom 25. 2. 1971)

**EISENHANDELSGESELLSCHAFT
GOSSELS & CO. · OSNABRÜCK**
liefert alle Sorten Eisen, Bleche, Röhren, Werkzeuge, Eisenkurzwaren
Fernsprecher Nr. 2120·22 / Reichsbank-Giro-Konto
*

Firmenanzeige von 1925

»Als mein Bruder nach dem Ersten Weltkrieg in englischer Gefangenschaft war, erhielt er regelmäßig Pakete von Nussbaums. Wir Kinder haben vom Vater Nussbaum alle Tage einen Pfennig – das war damals genug für eine Tüte Bonbons – bekommen. Die Familie war trotz ihres Reichtums sehr einfach und machte keinen Unterschied zwischen Leuten ihrer sozialen Stellung und uns.« (Mündliche Auskunft von Erich Leutholt, Osnabrück, vom 24. 2. 1971)

»Der Vater von Felix Nussbaum gehörte politisch auf die demokratische Seite. Ich erinnere mich an eine Veranstaltung, auf der Pazifisten und Nationalisten aneinandergerieten. Philipp Nussbaum hat sich vehement auf die Seite der Pazifisten geschlagen.« (Mündliche Auskunft von Karl Kühling, Osnabrück, vom 4. 3. 1971)

»Über Politik wurde selten direkt gesprochen. Nach meiner Erinnerung tendierte er aber zur Sozialdemokratie.« (Mündliche Auskunft von Margarete Hellmann, Osnabrück, vom 25. 2. 1971)

Kurz vor der Jahrhundertwende ziehen Philipp und Rahel Nussbaum nach Osnabrück. Philipp findet Anstellung in der neu gegründeten Eisenwarenfirma seines Vetters Simon Gossels; bereits zwei Jahre später ist er Teilhaber der ›Productenhandlung Gossels & Co‹. 1901 wird der älteste Sohn Justus geboren, am 11. Dezember 1904 folgt Felix. Die zu dieser Zeit als ›Eisenhandelsgesellschaft Gossels & Co‹ eingetragene Firma floriert offensichtlich. Sie erwirbt nach dem Ersten Weltkrieg größere Geschäftsräume und baut sich das repräsentative Wohnhaus Schloßstraße 11. Hier wohnen in den zwanziger Jahren – in der angesehenen Nachbarschaft von Ärzten, Rechtsanwälten und Fabrikdirektoren – die Nussbaums, die in den Jahren vorher mehrfach in Osnabrück umgezogen waren (Johannisstr. 124/125, Domhof 4c, Schillerstr. 31, Möserstr. 45a).

Über Rahel Nussbaum, die Mutter, gibt es kaum Nachrichten. Wahrscheinlich war sie eine Frau, die öffentlich wenig in Erscheinung trat. Weil wir alle Nachrichten über die Familie mit dem Blick auf Felix gesammelt haben und unter diesem einschränkenden Aspekt wenig von der Mutter zu erfahren war, läßt sich – mit aller Vorsicht – schließen, daß sie zumindest auf die künstlerische Entwicklung und Entfaltung von Felix keinen Einfluß ausgeübt hat, der sich dem Gedächtnis von Verwandten und Bekannten eingeprägt hätte. Mag sein, sie hat den Sohn unsichtbarer, unauffälliger gefördert – aber das sind Spekulationen. Von Konflikten zwischen ihr und Felix war bei unseren Erkundungen jedenfalls nicht die Rede.

Ganz anders, nämlich sehr deutlich und plastisch, lebt Philipp Nussbaum in den Erinnerungen Überlebender aus den Familien Gossels und Nussbaum sowie in den Erzählungen von Bekannten und Freunden weiter. Erscheinung und Charakter dieses jüdischen Kaufmanns lassen sich nachzeichnen: Ein kleiner, zierlicher Mann spaziert da in den Erinnerungen durch die Straßen Osnabrücks, sein Stöckchen unterm Arm, eine Blume im Knopfloch, manchmal im Mundwinkel. Gesellig und heiter muß er gewesen sein, ein lebensfrohes, unorthodoxes Mitglied der ohnehin liberalen Synagogengemeinde, zudem ein leidenschaftlich national denkender und handelnder Deutscher – noch in der Emigration. Ob er wirklich in seiner Jugend selbst hatte Künstler werden wollen, wie es heißt, sei dahingestellt, jedenfalls malte er in seiner Freizeit. Ein erhaltenes Landschaftsbild von ihm aus den zwanziger Jahren verrät einen nicht ungeschickten Sonntagsmaler. Auch das Haus in der Schloßstraße soll nach seinen eigenen Entwürfen erbaut worden sein.

Im Ersten Weltkrieg war er Kavallerieoffizier und hat – als einer der ersten Osnabrücker Autobesitzer – freiwillig Rotkreuzsendungen an die Westfront transportieren lassen. Zum Wohlstand der Nussbaums gehörte ganz offensichtlich ohnehin, was damals Wohltätigkeit hieß, also soziale Verantwortung: Die Nussbaums haben den Angehörigen weniger bemittelter Nachbarn und Freunde regelmäßig Pakete in englische Gefangenschaft geschickt, sie haben gefallene Bekannte auf eigene Kosten in die Heimat überführen oder Krankenhäusern sowie anderen sozialen Institutionen jährlich Geldüberweisungen zukommen lassen. Dies alles, so heißt es, geschah ohne viel Aufhebens.

Parteipolitisch war der Vater wohl nie engagiert, hat sich aber lange vor 1933 gegen den Nationalsozialismus gewandt und sich in Versammlungen entschieden auf die Seite der Kriegsgegner geschlagen. In der Weimarer Zeit war er aktives Mitglied im Osnabrücker Kriegerverein, von dem er später – als der Jude nicht länger Deutscher sein durfte – in einem Gedicht Abschied nahm, das

Haus Domhof, das (vermutliche) Geburtshaus des Künstlers (Fotografie um 1900)

Haus Nussbaum, Schloßstraße 11
(Fotografie von 1925)

◁

›Sandkuhle in der Barlage‹, Gemälde von Philipp Nussbaum aus den zwanziger Jahren (das Motiv stellt eine Gegend im Weichbild der Stadt dar – heute befindet sich hier die neue Synagoge).

einerseits auf Widersprüche in diesem Mann hinweist, zum anderen aber auch erschütternd eindringlich zeigt, wie wenig Philipp Nussbaum einsehen konnte und wollte, was der heraufziehende Holocaust eigentlich bedeutete. Als Dokument für die im Rückblick nahezu unbegreifliche Blindheit vieler jüdischer Deutscher seien die Strophen hier abgedruckt:

Es ist vollbracht, die Stunde hat geschlagen.
Mein Vaterland, ich scheide nun von dir.
Da hilft kein Zögern mehr und auch kein Klagen.
Drum nimm den letzten Abschiedsgruß von mir.

Ich lieb' mein Deutschland, keiner kann's mir wehren.
Und wenn ich ihm nun auch den Rücken kehr',
Ich will es immer hoch und heilig ehren,
Und sehe ich es nie und nimmermehr.

Zum letzten Mal, ihr teuren Kavalristen,
Grüßt euch in alter Treue ein Soldat.
Wenn ich gestrichen auch aus euren Listen,
ich bleib trotz alledem ein Kamerad.

So leb denn wohl, du Deutschland meiner Ahnen,
Du Land, dem ich gedient hab alle Zeit.
Und ruft man einst mich wieder zu den Fahnen,
So steh ich da und bin bereit.

Die Schlußverse dürfen nicht als Floskel verstanden werden. Gustel Moses, eine Cousine Felix Nussbaums, die noch rechtzeitig nach Palästina auswandern konnte, hat dieses Gedicht übermittelt. Sie meint, Philipp Nussbaum wäre jederzeit wieder in den Krieg gezogen – für Deutschland! Irritiert fragen wir: auch für das faschistische Deutschland?

Diese Frage hat auch mit Felix Nussbaum zu tun, denn der hat in der Emigration – die abwegige Rolle des Vaters korrigierend – den Schluß umgedichtet und gesagt:
»Und ruft man einst mich wieder zu den Fahnen,
So hau ich ab, und zwar ganz weit!«
Diese beiden Verse sind übrigens der einzige Beleg dafür, daß Felix sich einmal vom Vater distanziert hat. Der Vater war Felix' großer und einflußreicher Förderer. Schon früh sind beide zusammen durch die Stadt und das Umland gestreift, haben Motive gesucht und gemalt.

Überall an den Wänden im Haus an der Schloßstraße hingen Bilder des Sohnes. Auch in ihrem Heim in Amsterdam – dorthin waren die Eltern nach der ›Kristallnacht‹ emigriert – bewahrten sie ungezählte Bilder des Sohnes auf. Noch als Felix während des Krieges bereits versteckt in Brüssel lebte, brachten Bekannte Bilder von ihm nach Amsterdam zum Vater, schafften andere von dort wieder nach Brüssel.

In diesen Jahren wollte Felix sich vom Vater finanziell nicht mehr unterstützen lassen, obwohl es ihm in Brüssel nicht sonderlich gut ging. Warum er sich nicht mehr helfen ließ, wissen wir nicht, den Vater jedenfalls soll das sehr geärgert

»Uns jüngeren Künstlern ging es damals nicht besonders gut – derartige Nöte hat Felix Nussbaum nie durchgemacht. Er wurde von seinem Vater auf eine Weise unterstützt, wie ich das ähnlich von keinem anderen weiß. Der Vater war begeistert von seinem Sohn und dessen Kunst. Vom Vater hatte man den Eindruck, als nehme er die Kunst seines Sohnes wichtiger als seinen Eisenhandel.« (Mündliche Auskunft des Bildhauers Fritz Szalinski, Osnabrück, vom 24. 2. 1971)

22

Landstraße mit malendem Felix Nuss-
baum, 1928 (WV   Nr. 35)

Bildnis der jüdischen Malerin Platek, um 1929 (WV Nr. 58)

haben. Hat das zu tun mit Felka Platek, der polnischen Jüdin und Künstlerin, die Felix aus Berlin kannte und später geheiratet hat? Gustel Moses erinnert sich nicht, in der Wohnung der Nussbaum-Eltern in Amsterdam jemals Bilder der Schwiegertochter gesehen zu haben, wohl aber in den Wohnungen anderer Verwandter in Hollands Metropole. Felka nämlich, die Polin und Ostjüdin, wurde von den Nussbaums, den bürgerlichen westeuropäischen Juden, lange nicht als ebenbürtig anerkannt. Offensichtlich sprach auch daraus der Geist des Vaters; Verwandte ließen sich allerdings von Felka porträtieren.

Noch ein Detail zum Deutschtum von Philipp Nussbaum: Als Gustel Moses und ihre Schwester, die zunächst in Holland in einem Heim für Palästina-Pioniere lebten, 1942 in den Untergrund gingen, stießen sie auf heftige Kritik von Philipp Nussbaum. Dieser gegen die Nazis gerichtete Schritt war für ihn einfach undeutsch und also zutiefst verwerflich.

Im Jahre 1930 verfaßte Irmgard Nickel, eine langjährige Mitarbeiterin der Firma Gossels und Nussbaum, ein Hochzeitsgedicht für Agnes Linnemeier (ebenfalls Angehörige der Firma), das Felix Nussbaum illustrierte. Dazu führt Auguste Moses, Cousine des Künstlers, aus: »Wir haben als Kinder häufig Briefe von Felix erhalten, die in der Art illustriert waren wie das Hochzeitsgedicht Linnemeier« (s. WV   Nr. 69)

Zurück nach Osnabrück, zu den Jugendjahren Felix Nussbaums: Felix konnte sich als Künstler materiell beneidenswert privilegiert entwickeln – auch ohne geistige Krisen? Manches spricht dafür; davon wird noch die Rede sein.

Zunächst besuchte er in Osnabrück die Israelitische Elementarschule – die Volksschule der Synagogengemeinde. Als Zehnjähriger ging er an das renommierte Ratsgymnasium der Stadt, wechselte aber schon ein Jahr später wegen nur mäßiger Leistungen auf das Realgymnasium über, das er verließ, ohne die Obersekundareife erreicht zu haben. Im Abgangszeugnis – mit der Note ›gut‹ fürs Handzeichnen – ist vermerkt: »Nussbaum verläßt die Schule, um sich dem Kunstgewerbe zu widmen.« Die Familie – genauer gesagt der Vater – hat, wie wir erfahren konnten, diesen Schritt gefördert; Felix ging nach Hamburg, später nach Berlin.

In jenen frühen Jahren hat Felix nachweislich seine Bilder nicht verkauft, er hat sie verschenkt. Die erste erhaltene künstlerische Arbeit von ihm, eine religiöse Jugendstilzeichnung, ist dem Sohn des Simon Gossels, Alfred, gewidmet – ein Freundschaftsdienst, dem zahlreiche vergleichbare folgten, etwa ein illustriertes Hochzeitsgedicht für eine Firmenangehörige oder andere Geschenke für Mitglieder der Haus- und Firmengemeinschaft. Wir schließen aus solchen Fakten, daß Felix in dem von Familie, Verwandtschaft, Firma, teilweise auch der Synagogengemeinde abgesteckten Sozialgefüge schon als junger Mann eine leicht erworbene künstlerische Identität gefunden hat. Reichte sie weiter? Obwohl er – darin dem Vater ähnlich – als witziger und unterhaltender Gesellschafter geschildert wird, als ein lebensfroher junger Mann mit manchmal melancholischen Anwandlungen, hat er sich den malenden und bildhauernden Altersgenossen in Osnabrück nie angeschlossen; und für diese war er ein Außenseiter. Während diese versuchten, Künstlerexistenzen auch materiell aus eigener Kraft aufzubauen, war der finanziell abgesicherte junge Nussbaum in seiner zugegeben sehr engen Welt schon Künstler.

Seine enge Welt, das war der genannte Kreis mit der Familie als Zentrum. Immer wieder sind die Eltern, der Bruder Gegenstand seiner Bilder. Hingewiesen sei hier lediglich, als ein Beispiel unter vielen, auf das 1931 entstandene Bild *Der tolle Platz* (Nr. 76), das ihm ersten Ruhm einbrachte: da führen die karnevalistisch rebellierenden jungen Künstler Berlins Porträts der Nussbaumschen Familienmitglieder mit sich (siehe auch Farbtafel S. 78/79 und Abb. S. 81/82).

Felix Nussbaum auf einer Familienfeier, Ende der zwanziger Jahre. »Er war klein, sah sehr gut aus, trug langes schwarzes Haar – Künstlermähne. Er gab sich sehr leger, war lustig und fröhlich, Hände in den Taschen.« (Mündliche Auskunft von Emil Harms, Osnabrück, vom 24. 2. 1971)

»Felix Nussbaum war einzelgängerisch. Wir jüngeren Osnabrücker Künstler haben uns damals – in den zwanziger Jahren – vormittags regelmäßig im Café Leysieffer getroffen. Felix Nussbaum gehörte eigentlich nie zu diesem Kreis. Er war, was man heute einen Progressiven nennen würde, und setzte sich immer für das Neue ein.« (Mündliche Auskunft des Bildhauers Fritz Szalinski, Osnabrück, vom 24. 2. 1971)

In den folgenden Kapiteln wird häufiger die Rede davon sein, wie unausgeglichen – stilistisch und qualitativ – Felix Nussbaum sich künstlerisch entwickelte, wie unbekümmert er eine Manier gegen die nächste austauschte, wie richtungslos lange Zeit sein Weg verlief. Die Deutung liegt nahe, daß er den ernsten Umgang mit der Kunst bis in die Emigration hinein wohl vorrangig als Spielerei betrieben hat. Hatte er anderes nicht nötig? In seiner engen Welt galt er als Künstler, die Berliner Kritik behandelte ihn wohlwollend. Später erst – Ende der dreißiger Jahre und während des Krieges –, als er seinen Stil fand, also für die verbindlichen Dinge, die er als Künstler zu sagen hatte, eine adäquate Sprache suchte und sich erarbeitete, da hat er es ja auch freiwillig und trotz seiner Notlage abgelehnt, vom Vater weiterhin Geld anzunehmen. Wenn die Dinge so zueinander passen, was wir annehmen, dann gelang ihm schließlich doch die Emanzipation vom Elternhaus.

Nachbemerkung: Die Informationen, auf die sich das Kapitel über das Elternhaus stützt, hat zum überwiegenden Teil die ›Neue Osnabrücker Zeitung‹ gesammelt, als mit der großen Ausstellung in der Osnabrücker Dominikanerkirche 1971 Nussbaum wiederentdeckt wurde. Die damals von vielen Informanten heraufgeholten Erinnerungen waren gefärbt von Trauer und Schmerz, vom Erschrecken über das Ende Felix Nussbaums und auch von verdeckter und versteckter Schuld. Was in den folgenden Jahren nach und nach an Informationen auftauchte, wurde uns ebenfalls nie ohne Emotionen vermittelt. Sind die Nachrichten über den Künstler deswegen weniger stichhaltig, daher wertloser als gewünscht? Wir meinen: Nein. Einmal sprechen zahlreiche, in verschiedenen Erinnerungen wiederkehrende Details über den Künstler und seine Familie hinreichend dafür, daß sie nicht schöngefärbte Erfindungen sein können; zum anderen haben wir versucht, die gesammelten Fakten kritisch genug (aber zugegeben auch nicht emotionsfrei) zu sichten und auszuwerten. Schließlich verhehlen wir nicht das Faktum, sondern möchten es geradezu unterstreichen: Das Bild, das wir vom Künstler Felix Nussbaum zeichnen, bleibt ein Fragment, unfertig, umdeutbar, mit Sicherheit der Korrektur bedürftig – nach vielen Jahren des Sammelns und Sichtens noch immer nur ein Versuch.

Künstler und Jude

Europa im 19. Jahrhundert: Das Ideengut der bürgerlichen und intellektuellen Aufklärung, insbesondere der Toleranzgedanke, beginnt langsam aber merklich Breitenwirkung zu zeitigen. Damit verändern sich auch die Lebensbedingungen der im Laufe ihrer mehrtausendjährigen Geschichte immer wieder bedrängten und verfolgten Juden. Auf breiter Linie setzt besonders in Westeuropa – auch in Deutschland – die sogenannte Assimilation der Juden ein. Die Ghettomauern fallen, und langsam finden die Juden aus ihrer langen Isolation. Ganz allmählich beginnt ihre Eingliederung in die gesellschaftliche Umwelt der Städte. Allerdings wird die volle Gleichberechtigung meist nicht erreicht, oft auch nur zaghaft angestrebt. Zählebige Vorurteile und eine Reihe von Sondergesetzen bleiben bestehen. Trotz aller Rückschläge und Halbherzigkeiten, die Emanzipation einer lange verachteten Bevölkerungsgruppe schreitet fort.

Aber der Fortschritt hat auch eine Kehrseite. Die in Zeiten der Verfolgung zwangsweise feste Verankerung im jüdischen Gemeindeleben bricht auseinander. In die durch Kultus und geschichtliche Tradition zusammengehaltene jüdische Solidarität *nicht mehr* uneingeschränkt, in die Gesellschaft des Gastvolkes *noch nicht* voll eingebunden, steht der assimilierte Jude zwischen den Fronten – und unter zweierlei Zwängen. Muß er sich doch einerseits mit dem Bürgertum (dem er in Westeuropa überwiegend angehört) ständig aufs neue und sichtbar identifizieren, um von den Nichtjuden anerkannt zu werden; zum anderen steht er unter dem Zwang zum Gemeindebekenntnis, um seine Identität als Jude nicht preiszugeben.

So sind die 525 000 Juden in Deutschland seit der Reichsgründung von 1871 den anderen Bürgern gegenüber fast gleichgestellt. Praktisch alle gehören zu einer der 1600 jüdischen Gemeinden, die sich in drei Gruppen teilen lassen: eine relativ kleine der Orthodoxen, die bis in Einzelheiten buchstabengetreu am alten Glauben und seinen rituellen Vorschriften festhält; eine Gruppe von liberalen Reformjuden, die das Brauchtum ihrer Religion der modernen Zeit anzupassen sucht; und eine Gruppe religiös völlig ungebundener Juden, die den mit Abstand größten Teil ausmacht.

In dieser Doppelwertigkeit wächst Felix Nussbaum auf. Sie prägt große Teile seines Werkes. Bildungsbürgerliche Vorbehalte schlagen in seinem Schaffen immer wieder durch, andererseits findet sich der jüdische Aspekt bei ihm in gelegentlicher Motivwahl (und verfestigt sich im Fortgang der Zeit vor dem Hintergrund grausamer biographischer Erfahrungen immer mehr). Von der Tatsache, daß das erste erhaltene Werk Nussbaums von spezifisch jüdischer Thematik ist, auf ein von Anfang an ungebrochenes jüdisches Bewußtsein zu schließen, wäre sicher falsch (schon sein zweites Werk stellt eine christliche Prozession dar). Eher ist das Gegenteil richtig.

s. Erinnerung an Grüssau, 1925 (WV Nr. 2)

Das Begriffspaar ›Jüdischer Künstler‹ bedeutet eigentlich schon einen Widerspruch in sich selbst, denn das mosaische Bildnisverbot: »Du sollst dir kein Bildnis noch irgendein Gleichnis machen, weder von dem, was oben im Himmel, noch von dem, was unten auf Erden, noch von dem, was im Wasser unter der Erde ist« (2. Moses 20, 4), gestattet dem gläubigen Juden keine künstlerische Tätigkeit, sofern sie über Dekoration und reine Ornamentik hinausgeht.

Nun war die Familie Nussbaum (wie die Mehrzahl der assimilierten deutschen Juden des Bürgertums) nicht orthodox. So wurden etwa die rituellen Speisegesetze nicht streng eingehalten und die Synagoge nur unregelmäßig besucht. Weder für den Vater, noch für den Sohn, stellte das orthodoxe Bildnisverbot je ein Hindernis dar, die Künstlerlaufbahn einzuschlagen.

Nussbaums Erstlingswerk, eine Federzeichnung von 1920, ist eine Freundesgabe für den Sohn des väterlichen Kompagnons. Die Widmung auf der Rückseite lautet: »Alfred Gossels in steter Erinnerung zur Barmizwa gewidmet.« Eine Gelegenheitsarbeit also, die Felix anläßlich einer religiösen Feier anfertigte (die Barmizwa entspricht etwa der Konfirmation; Feier der mündigen Aufnahme männlicher Juden in die Gemeinde mit Vollendung des 13. Lebensjahres). Nussbaum hat der Zeichnung eine religiöse Ermahnung beigefügt: »Bleibe fromm« (Nr. 1). Dargestellt ist ein bärtiger Jude, eingehüllt in seinen Gebetsmantel, vor einem mit dem Davidstern geschmückten Rauchopferaltar. Aus dem Rauch, dessen Linien wieder das Sternmotiv aufnehmen, tritt ein

Bleibe fromm (WV Nr. 1)

Darstellung eines Rauchopfers, aus: ›Bücher der Bibel‹, 1908/12, illustriert von Ephraim Mose Lilien

bärtiger Prophetenkopf hervor. Den Altar flankieren reichornamentierte Säulen als Anspielung auf die Wolkensäule über dem Bundeszelt, von der im Alten Testament die Rede ist, oder auf die Säulen des Salomonischen Tempels.

Diese Zeichnung des sechzehnjährigen Schülers zeugt von erstaunlicher Einfühlungsgabe in das Raffinement der Jugendstilgrafik. Auf Anhieb beherrscht der Heranwachsende den für den Jugendstil so typischen symmetrischen Bildaufbau und die spielerische Dekoration. Der Jugendstil eines Beards-

28

ley oder Vogeler war um 1920 schon lange nicht mehr wegweisend. Das Werk entspricht wohl dem Nachholbedürfnis eines Jünglings, der verspätet in die Provinz gelangte künstlerische Einflüsse aufarbeitet.

1908/12 erscheinen bei Westermann in Braunschweig die ›Bücher der Bibel‹ mit Illustrationen des jüdisch-galizischen Grafikers Ephraim Mose Lilien (1874–1925), ein Mann, der bis zu seinem Tode den Jugendstil in eher verfestigter, als flüssiger Form unbeirrt weiterführte. Das Buch war im deutschen Judentum weit verbreitet und wohl auch in Felix Nussbaums Elternhaus vorhanden. Direkter Einfluß, wenn nicht gar freie Kopie ist daher nicht auszuschließen. Weithin bekannt waren auch Liliens Illustrationen zu den ›Liedern des Ghetto‹ von M. Rosenfeld und zahlreiche Zeichnungen aus dem Leben der osteuropäischen Juden. So ist es vielleicht nicht verwunderlich, wenn auch Nussbaum in seiner Frühzeit Zeichnungen zum ›Pojaz‹, einem 1905 erschienenen Roman des österreichischen Schriftstellers Karl Emil Franzos (1848–1904) aus den chassidischen Ghettos des russisch-galizischen Grenzgebietes, anfertigte. Leider ist davon ebensowenig erhalten, wie von einer Mappe grafischer Blätter mit jüdischen Typen und Stimmungsbildern jüdischer Feste, die Nussbaum einer Zeitschriftenkritik zufolge gefertigt haben soll. Daß

Will Pless in: ›Menorah‹, Jg. 8, 1930, S. 281f.

Nussbaum ausgerechnet diesen Roman illustrierte, der im Gegensatz zu der in der üblichen ›Ghetto-Literatur‹ häufig anzutreffenden romantischen Verklärung des armseligen Lebens im östlichen »Stetl« aus der kritischen Sicht eines Assimilierten geschrieben ist, läßt – wenn auch nur vage – Rückschlüsse auf Nussbaums Verhältnis zum Judentum zu. Interessante Aspekte zu dieser Frage, wenn auch noch keine ausformulierte Antwort, sind dem ersten größeren Werk Felix Nussbaums, dem Gemälde *Inneres der Synagoge zu Osnabrück* (Nr. 6) von 1926, zu entnehmen. Nach all seinen heute nicht mehr belegbaren Bemühungen, das alttestamentarische bzw. das legendenreiche und ›exotische‹ osteuropäische Judentum ins Bild zu bannen, unternimmt Felix Nussbaum nun den Versuch, den westeuropäischen Juden in der Synagoge darzustellen.

Das Bild war im Besitz der Gemeinde, es hing lange im Clubraum der Synagoge in der Rolandstraße – eine im Grunde ›unerhörte‹ Tatsache. War es doch dem gläubigen Juden verboten, den Menschen und Gottesdienstliches abzubilden! Daß die Gemeinde das Bild akzeptierte, ja sogar in der Synagoge aufstellte, ist ein Beweis dafür, daß die Osnabrücker Juden dem liberalen Flügel des modernen Judentums angehörten. Neben anderem besitzt dieses Werk in seiner fast fotografisch getreuen Exaktheit einen hohen Dokumentationswert. Dargestellt ist das Innere der Synagoge mit Blick nach Osten auf den vorhangverdeckten Thoraschrein, mit ewigem Licht und flankierenden siebenarmigen Leuchtern, davor das Vorbeterpult. Rechts und links oben in die Tiefe laufend die Frauenempore. Der Blick in das Innere des Gotteshauses sagt viel über Denkweisen und Verhaltensmuster assimilierter Juden aus: Der jüdische Bau ist in seiner Architektur der christlichen Kirche angenähert, keiner der Betenden trägt Gebetsriemen, nur einige wenige Gebetsmäntel, fast alle hingegen haben als für den Gottesdienst vorgeschriebene Kopfbedeckung den Zylinder gewählt. Die Mehrzahl der Osnabrücker Juden verstand sich wohl in erster Linie als Deutsche und erst in zweiter Linie als Juden. Nicht nur Philipp Nussbaums gutpreußischer Patriotismus, auch der ›Kaisertoast‹, den der Landesrabbiner Loeb bei der Einweihung der Synagoge in der Rolandstraße ausbrachte, belegen diese Grundhaltung. Im Bild fehlt die stahlhelmgeschmückte Gedenktafel für die

»Die Synagoge ist bis ins kleinste Detail genau wiedergegeben: der Kronleuchter, die hebräische Inschrift ganz oben über der heiligen Lade, sogar die Stickerei auf dem Vorhang.« (Briefliche Auskunft von Lori Gittelsohn, New York, aus dem Jahre 1974)

Zitiert in: Karl Kühling: Die Juden in Osnabrück, Osnabrück 1969, S. 74

Darin heißt es: »Einmütig wollen wir es aussprechen, daß wir nicht nur Juden sind, sondern auch deutsche Staatsbürger, wir wollen unsere Rechte und Pflichten als deutsche Staatsbürger betonen.«

Toten des Ersten Weltkrieges, die sich an der Balustrade zur Heiligen Lade befand. Die Erinnerungen darüber, ob Nussbaum die Tafel später aus seinem Bild getilgt hat oder ob sie auf dem Bild nie zu sehen war, widersprechen sich. Wir können den Sachverhalt nicht mehr überprüfen. Für die Gemeinde jedenfalls war die Tafel wichtig, denn das deutsche Judentum hatte die Kriegsteilnahme 1914/18 als Vollendung der Assimilation betrachtet. Aus alle dem geht hervor: Wilhelminischer Geist prägte die Gemeinde mindestens ebenso wie die uralte Tradition des Judentums.

Felix Nussbaum hat an diesem Bild intensiv gearbeitet. Nach Aussagen einiger Gemeindemitglieder soll er mehrere Vorzeichnungen angefertigt und den Kantor, der ihm auch Modell gestanden hat, unablässig zur Beratung und Korrektur konsultiert haben. Das Gemälde nahm für ihn wohl eine Schlüsselposition ein. Ging es ihm hier um die Klärung seines Standortes innerhalb der Gemeinde, mehr noch: zum Judentum insgesamt?

Zwei großformatige Personen im Vordergrund des Bildes beanspruchen die ganze Aufmerksamkeit des Betrachters. Sie müßten Antwort auf unsere Frage geben können. Ein älterer und ein junger Mann, beide in den Gebetsmantel gehüllt, beide mit deutlich porträthaften Zügen, ansonsten aber völlig gegensätzlich gestaltet. Mit gelöstem, förmlich melodisch fließendem Gesichtsausdruck und in wiegender Haltung der Ältere; der Jüngere ernst, nahezu angestrengt fragend und unbewegt. Hinter der letzteren Gestalt verbirgt sich zweifellos ein Selbstporträt des zweiundzwanzigjährigen Felix Nussbaum. Bei dem Älteren der Dargestellten handelt es sich um den damaligen Kantor Elias Abraham Gittelsohn, der gleichzeitig in der für ihn typischen Haltung (den Gebetsmantel über beide Schultern zurückgeschlagen) noch einmal am Vorbeterpult vor der Heiligen Lade abgebildet ist. Felix Nussbaum erweist ihm, nicht nur durch die doppelte Präsenz, die gebührende Ehrfucht, er läßt ihm auch den Vortritt. Und dennoch stellt er sich im Rahmen des Bildzusammenhangs

Ausschnitte aus *Die beiden Juden (WV Nr. 6):* Der Kantor Elias Abraham Gittelsohn und Selbstporträt Felix Nussbaum.

Die Identifizierung der beiden Dargestellten ist Frau Lori Gittelsohn, der Tochter des Kantors, zu verdanken. Sie schreibt: »Wir sehen im Vordergrund zwei Juden, in den Gebetsschal eingehüllt. Der alte Mann links: mein Vater, Elias Abraham Gittelsohn; der junge Mann rechts: Felix Nussbaum. Ich habe das Bild vom ersten Kohleentwurf bis zur Vollendung entstehen sehen. Das Bild meines Vaters ist stilisiert. Felix erklärte, er wollte den Gegensatz der Generationen besonders hervorheben. Der Mann mit dem Bart stellt die alte, mehr orthodoxe, der junge glattrasierte Mann die moderne Generation dar. Der Mann am Vorbeterpult ist wiederum mein Vater. Beim Vorbeten schlug er den Gebetsschal gewöhnlich über beide Schultern zurück. Man kann das genau an den schwarzen Streifen auf seinen Schultern erkennen.« (Briefliche Auskunft aus dem Jahre 1974)

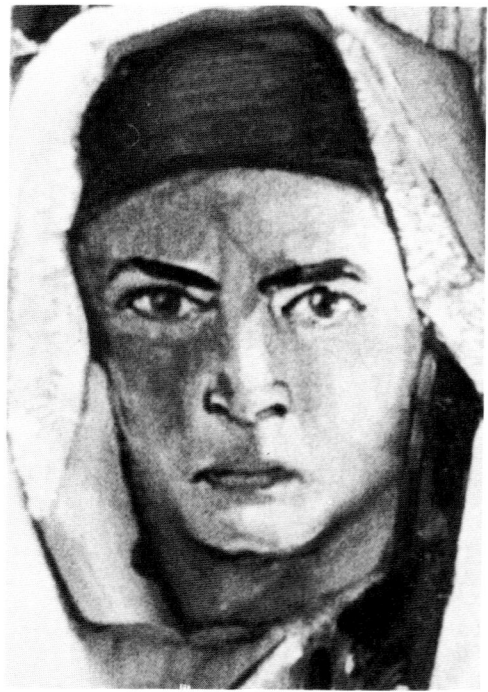

Inneres der Synagoge zu Osnabrück, auch Die beiden Juden, 1926 (WV Nr. 6)

gleichrangig dar, indem er das eigene Antlitz in unverhältnismäßig starker Plastizität heraushebt. (Er soll gerade diese Partie des Bildes mittels eines an die Staffelei geklemmten Rasierspiegels ständig überprüft haben.) Zwischen beiden Personen spielt sich ein unausgesprochener Dialog ab. Felix Nussbaum hat das Bild selber *Die beiden Juden* betitelt und erklärt, sich hier den Gegensatz zwischen der im Glauben fraglos verankerten Generation und den Jungen zum Thema gesetzt zu haben. Nussbaums Verhältnis zum Judentum scheint damit geklärt: Er versucht sich von dem tradierten Kultuskreis seiner Herkunft zu lösen (obwohl dieser sich seinerseits schon stark vom orthodoxen Judentum abgesetzt hatte; gerade Gittelsohn galt als besonderer Verfechter der Liberalisierung).

Dieses Bemühen, den eigenen Standort festzulegen, war keineswegs ein individuelles Problem von Felix Nussbaum, sondern durchaus zeittypisch. 1924 gab Arnold Zweig das Buch ›Das ostjüdische Antlitz‹ heraus, das mit vielen Zeichnungen des berühmten deutsch-jüdischen Grafikers Hermann Struck versehen war. Was den Juden, die über Jahrtausende das sinnlich anschaubare Bild verachtet hatten, fehlte, war – auch zur Abwehr neu aufkommender antisemitischer Strömungen – das sichtbare seelisch-physische Antlitz eines idealen Typus. Hier wurde ein solcher Versuch unternommen, und hier mag auch der inhaltliche Ansatz für Felix Nussbaum gelegen haben.

Nicht ohne Grund also schreibt Will Pless im Juni 1929 in einem Artikel über Nussbaum in der Beilage ›Aus alter und neuer Zeit‹ des ›Israelitischen Familienblattes‹: »Das Träumerische, Innige, nach innen Gerichtete des *jüdischen* (Hervorhebung im Original) Künstlers kommt in vielen seiner Bilder zur Geltung (. . .). Das Heitere, Helle, Zupackende, Kindliche seines Temperaments, der immer bereite Humor des gern Lachenden, und dahinter der frühe Ernst und das Mitfühlen eines jungen Herzens.« Zu dem Gemälde selbst heißt es dort: »Nussbaums Bild enthält schon eine nicht uninteressante Andeutung der Psyche des westeuropäischen Juden (Alt und Jung), die einmal nicht in individuell-porträtistischen Köpfen, sondern in umfassenden, ins Große und Allgemeine gehenden Typen wiederzugeben, eine problemreiche Aufgabe moderner jüdischer Malerei sein könnte.«

Noch einmal, wenige Jahre später, nun schon freischaffender und in Kunstkreisen Berlins auf Anerkennung stoßender Künstler, greift Nussbaum dieses Thema auf. Aus dem Jahre 1931 stammt das erregende Bild *Maler im Atelier* (Nr. 75). Im Laufe der Kunstgeschichte haben viele Maler dieses Thema ähnlich gestaltet: Der Künstler im leeren Atelier, allein mit sich und seinem Werk auf der Staffelei. Auch Nussbaum benutzt diesen Topos – und führt ihn, in Auseinandersetzung mit seiner jüdischen Herkunft, weiter.

Finsternis bricht durch die große Fensteröffnung, ein kalkiger Mond beleuchtet eine gespenstische Szene, realistisch und unwirklich zugleich. Dem Maler erscheinen die Geister seiner Ahnen und warnen ihn, das begonnene Bild zu vollenden. In besorgt besitzergreifender Geste legt eine Figur mit blinden Augenhöhlen, Verkörperung der bildnisverbietenden jüdischen Tradition, die Hand auf die Schulter des Künstlers und will mit der anderen nach der Palette greifen. Drei weitere Figuren, blind auch sie, drängen sich durch den Eingang, wobei sie diesen zugleich versperren. Der ausgestreckt zeigende Arm einer Gestalt deutet auf Ziel und Grund ihres Kommens. Wie Bräute gekleidet, wirken die Eindringlinge in der sonderbaren Eckigkeit ihrer Bewegungen wie Boten aus dem Totenreich. Der Maler wendet ihnen sinnend und nachdenklich den Kopf

›Aus alter und neuer Zeit. Illustrierte Zweiwochenschrift des Israelitischen Familienblattes Hamburg‹, Ausgabe Nr. 45, 27. 6. 1929, S. 354

Maler im Atelier, 1931 (WV   Nr. 75)

zu, hört ihre Argumente, aber beugt sich nicht. Frontal steht er da, die Palette fest in der Hand. Felix Nussbaum wehrt sich gegen den Angriff einer Tradition, der er entwachsen ist, und steht zu seinem Lebensentscheid. Er wehrt sich mit den Mitteln des Malers.

Die Leinwand als einzig helle Fläche des Bildes bietet den Besuchern Widerpart und dem Künstler Rückhalt. Auf ihr ist die begonnene und jäh unterbrochene Arbeit, ein Menschenpaar als Vorzeichnung auf grundierter Fläche, zu sehen. Ähnlich den Zeichnungen seines Vorbildes Karl Hofer (wir werden noch darauf zu sprechen kommen), der gleich ihm das klassische Menschenbild zu bewahren suchte, will auch Nussbaum mit der Macht des Bildes die einmal erwählte Position gegen das Hemmnis einer ganz anders gearteten, ererbten verteidigen.

Vor allem aber kennzeichnen die blinden Augen die Besucher nicht nur als Verstorbene, sondern dürften sie auch als Vertreter einer in Nussbaums Augen entseelt-blinden oder zumindest einäugigen Tradition charakterisieren. In der gesamten Anlage des Bildes ebenso wie in der Festigkeit seiner Gebärde macht der Künstler Nussbaum deutlich, wie sehr er Künstlertum und Judentum trennt, ohne letzteres als Mitglied der Jüdischen Gemeinde Berlins ganz zu verleugnen. Es gibt ein Talmud-Wort (übrigens: Karl Hofer zitierte es gern): »Willst du erkennen das Unsichtbare, siehe genau an das Sichtbare.« Nussbaum entscheidet sich in seinem Geiste.

Jüdische Themenwelt wird im Werke Nussbaums vor diesem Zeitpunkt und auch noch lange Zeit danach nur sehr selten zum Bild. Sie steht nicht im zentralen Blickfeld seines Schaffens – entsprechend seiner nur losen Affinität zum jüdischen Glauben. Warum der Maler Nussbaum hier noch einmal den Juden Nussbaum bildnerisch befragt hat, vermögen wir nicht zu sagen (Reaktion auf den zunehmenden Antisemitismus der Zeit kann eine Erklärung bieten). Zehn Jahre später drängen ihn die schmerzvollen Zeitläufte zur erneuten Auseinandersetzung – diesmal in der ganz anderen Dimension der existentiellen Bedrohung.

Kunst in der Provinz

Rabe, Hanns-Gerd: Osnabrücker Kunst und Künstler 1900–1970, in: ›Osnabrücker Mitteilungen‹, Bd. 81, 1974, S. 4

»Während des 19. Jahrhunderts war die Haltung der Osnabrücker Öffentlichkeit gegenüber der Kunst von bedauerlicher Gleichgültigkeit erfüllt, so daß eine Reihe Osnabrücker Künstler, da sie hier kein Echo fand, die Heimatstadt verließ. (. . .) Da es überdies keinen Mittelpunkt gab, kein Gebäude, um Kunst auszustellen, (. . .) war die Stadt kein Magnet für künstlerische Phantasien.«

Viel hat sich daran auch am Anfang des 20. Jahrhunderts nicht geändert. ›Kunst in der Provinz‹ steht hier nicht als Schlagwort. Kaum einer der um die Jahrhundertwende tätigen und in Osnabrück ansässigen Künstler erreichte mehr als regionale Bedeutung. Kleinmeisterlich-verträumter Realismus, ein verspäteter Impressionismus und Stimmungsmalerei in der Nachfolge der Worpsweder Schule bestimmten das Erscheinungsbild, und auch Felix Nussbaums Vater stand in dieser Tradition.

Um 1910 fand sich in Osnabrück eine erste Künstlergruppe zusammen, die sich nach ihrem Treffpunkt ›Barenturm‹ nannte. Heinrich Aßmann (geb. 1890) hatte bei Georg Tappert und Lovis Corinth gelernt und glich in Farbgebung und stilistischer Anlage seiner Werke dem Freund Wilhelm Morgner. Gustav Redeker (geb. 1890) pflegte – gekonnt und sicher – das impressionistische Figurenbild weiter. Hans Lotz (geb. 1877) stand dem Jugendstil nahe. Alle drei fielen dem Ersten Weltkrieg zum Opfer und können den Heranwachsenden Felix Nussbaum nicht unmittelbar beeinflußt haben. In ihnen manifestierte sich aber der erste Versuch, an Tendenzen der modernen Malerei, speziell des Expressionismus, anzuknüpfen. Auch für Felix Nussbaum war das Werk Vincent van Goghs anfangs der alles überstrahlende Leitstern. Gerhard Rohlfes (geb. 1888), ebenfalls zum ›Barenturm‹ gehörig, mag Nussbaum als Zeichenlehrer am Realgymnasium erste Anregungen dieser Art vermittelt haben.

»Symbolisch für den Aufbruch und die Umwandlung des Stilgefühls kann für Osnabrück jenes Plakat von 1920 angesehen werden, das Wilhelm Renfordt (geb. 1889) für eine Ausstellung des Dürerbundes schuf: ein leuchtend rotes Pferd im Sprung mit blauer Mähne und blauem Schweif, das Tier in erregter Bewegung vor einem kraß-gelben Grund. « Das klingt sehr nach ›Blauem Reiter‹ und wird wohl auch so gemeint gewesen sein. »Das Plakat erregte Aufsehen, weckte Widerspruch und laute Diskussionen. (...) Es war gewissermaßen der Beginn jener an Kunst reichen und bewegten Zeit (...), die auch das Kunstleben Osnabrücks belebte und vorwärtstrieb. «

Rabe, a. a. O., S. 38

Die Künstler der Region suchten Anschluß an den Geist der Zeit, sofern dieser zumindest teilweise aus provinziellen Vorstellungen heraus verständlich war. Wirklich neue künstlerische Wege fand und zeigte hier keiner. Friedrich Vordemberge-Gildewart, der 1899 in Osnabrück geborene Konstruktivist, verließ als Zwanzigjähriger nach seiner Tischlerlehre die Stadt und ging nach Hannover. Er, der einzige weltweit namhafte Künstler aus Osnabrück, entwikkelte seine bildnerischen Vorstellungen anderswo, er war nie ›Osnabrücker Künstler‹.

Anders Felix Nussbaum; er fand seine künstlerischen Ansätze in der Provinz, ging aus von dem, was sich in Osnabrück an künstlerischen Stilen und Bildinhalten niedergeschlagen hatte. Nussbaum setzte nicht neu an, er entwikkelte fort, was er zu Hause vorfand. So wird er sich beispielsweise sicher mit dem Werk des in Formgefühl und Bildaufbau am weitesten fortgeschrittenen Heinrich Aßmann beschäftigt haben. Nach 1920 nahm er Kontakt zu Renfordt und seinem Kreis auf, wobei ihm vielleicht Werner Lasius (geb. 1896) besonders nahe gestanden haben mag. Dessen kleinformatige, unaufdringliche Bilder von einfacher Modernität kommen Nussbaum am nächsten. Auch Lasius ging später nach Berlin und geriet – wie Nussbaum – in den Bannkreis Karl Hofers.

So befruchtend der Kontakt mit den lokalen Künstlern für den jugendlichen Felix Nussbaum auch gewesen sein mag, Ausbildungsmöglichkeiten und Förderung hatten hier ihre Grenzen. Wirkliche Förderung hat er wahrscheinlich nur von zwei Personen erfahren: von seinem finanziell gutgestellten und kunstbegeisterten Vater sowie von dem heimischen Kunsthändler Otto Meyer. 1929 eröffnete Meyer, der auch eine bedeutende Antiquitätenhandlung in Berlin besaß, in der Hegerstraße 24 einen Kunstsalon, der den Osnabrücker Künstlern jener Zeit eine Zuflucht bot. Neben den damals noch sehr umkämpften Otto Dix, George Grosz, Käthe Kollwitz, Ernst Barlach oder Franz Radziwill, die Meyer erstmals in der Provinz vorstellte, konnte auch Felix Nussbaum sein Können zeigen. Beratende Gespräche und mancher kritische Hinweis des weltläufigen und sachverständigen Kunsthändlers mögen hinzugetreten sein.

Otto Meyer emigrierte 1937 nach Holland und spielte nach dem Kriege als Hauptkonservator des ›Stedelijk Museum‹ und Leiter des ›Joods Historisch Museum‹ eine führende Rolle im Kunstleben Amsterdams.

»Er hatte ein untrügliches Gefühl für die Qualität von Kunstwerken, ebenso aber auch für die Qualität von Menschen«, hieß es von ihm.

Weitergehende Ausbildungsmöglichkeiten hatte Osnabrück ansonsten nicht zu bieten. Wer im Bereich der Kunst zu überregional gültigen Formulierungen gelangen wollte, mußte sich schon anderwärts umsehen. So war es nur konsequent, daß auch Felix Nussbaum, der handwerklich noch unfertig und künstlerisch unausgereift war, Osnabrück verließ.

Häuser in Rothenfelde, 1926 (WV   Nr. 8)

Jahre in Berlin (I)

Suche nach dem eigenen Stil

Zu Ostern 1922 geht Felix Nussbaum, der immer nur ein recht mäßiger Schüler gewesen ist, vom Realgymnasium ab. In seinem Abschlußzeugnis heißt es: »Nussbaum verläßt die Schule, um sich dem Kunstgewerbe zu widmen.«

Der Beginn seiner künstlerischen Ausbildung führt ihn im Sommer 1922 nach Hamburg an die Staatliche Kunstgewerbeschule, die damals zusammen mit dem Hamburger Museum für Kunst und Gewerbe weiten und bedeutenden Ruf besaß. In den Archiven der Schule haben sich noch das Anmeldeformular und ein Zeugniszettel erhalten. Aus ihnen geht hervor, daß Felix Nussbaum bei Professor Fritz Behnke zwei Semester Collage, Radierung, Schriftzeichnen und allgemeines Kunstgewerbe studierte.

Obwohl ihm, wie vor allem seine Jugendarbeiten, aber auch spätere Werke zeigen, kunstgewerbliche Arbeit durchaus gelegen und ihn die offensichtlich recht umfassende Ausbildung wohl auch angesprochen haben muß (immerhin hat er äußerst fleißig 42 Stunden wöchentlich nachweisbar belegt), verläßt Nussbaum die Schule am 28.2.1923. Seine Gründe für den Entschluß, Hamburg den Rücken zu kehren, sind nur zu vermuten. Wahrscheinlich war sein Ehrgeiz doch weniger auf angewandte Kunst, sondern mehr auf ein Leben als freier Künstler gerichtet. Vor allem aber war wohl die größere Anziehungskraft Berlins ausschlaggebend.

Berlin war in den zwanziger Jahren in einem heute kaum mehr vorstellbaren Maße nicht nur geographischer und politischer, sondern vor allem auch kultureller Mittelpunkt des Reiches. Berlin war die Metropole, alles andere bedeutete ›Provinz‹. Der Schriftsteller Max Tau spricht in seinem Buch ›Das Land, das ich verlassen mußte‹ für viele künstlerische Menschen, die Berlin damals unwiderstehlich anzog: »In Berlin sahen wir damals den Mittelpunkt der Erde. Die Künstler und die Künste übten eine magnetische Kraft aus. Man kam aus aller Welt, um teilzunehmen an den geistigen Bewegungen, es war ein Glück, in jener Zeit zu leben.«

Tau, Max: Das Land, das ich verlassen mußte, Hamburg 1961, S. 183

Die wichtigsten Vertreter des Kunsthandels, die bedeutendsten Museen und die gesamte einflußreiche Kunstkritik waren in Berlin angesiedelt. Die ›Preußische Akademie der Künste‹ war unter ihrem namhaften Leiter Max Liebermann zu großer Wertschätzung aufgestiegen. Der Kampf um die moderne Kunst wurde besonders in Berlin in aller Heftigkeit ausgetragen. So kann es nicht

Cesar Klein vor seinem Atelier in der Hochschule

Die Hochschule für bildende Künste, Berlin

Willy Jaeckel, Selbstbildnis, 1929

verwundern, daß es neben den vielen anderen jungen Künstlern auch Felix Nussbaum im Jahre 1923 nach Berlin zog.

Allmählich in Berlin eingewöhnt, schrieb sich Nussbaum im Jahre 1924 an einer privaten Kunstschule, den ›Studien-Ateliers für Malerei und Plastik‹ in Charlottenburg (auch ›Lewin-Funcke-Schule‹ genannt) bei dem renommierten Expressionisten Willy Jaeckel ein. Viele junge Leute wählten diesen Weg, um sich so für die Aufnahme an die Staatliche Akademie vorzubereiten. Noch im gleichen Jahr, zum Wintersemester 1924/25, wechselte Nussbaum auf die ›Hochschule für bildende Künste‹ über, die er bis 1929 besuchte. Dort gehörten Cesar Klein und Paul Plontke zu seinen Lehrern.

Diese Hochschule war die Unterrichtsanstalt der ›Preußischen Akademie der Künste‹. Die Bedeutung der Schule mag man, abgesehen von ihrem hervorragenden Ruf, auch an ihren Lehrern ablesen. Cesar Klein war Mitbegründer der radikal-demokratischen Künstlervereinigung ›Novembergruppe‹, die u. a. auch die Mitarbeit bei der Neugestaltung der Kunstschulen und ihres Unterrichts forderte. Konsequenterweise zählte Cesar Klein zu den ersten Künstlern, die nach 1919 ein Lehramt übernahmen. Obwohl ihn Walter Gropius an das ›Bauhaus‹ bat, zog Klein die Berufung an die Hochschule (bald darauf mit der Kunstgewerbeschule zu den ›Vereinigten Staatsschulen für freie und angewandte Kunst‹ vereinigt) vor und übte seine Lehrtätigkeit bis zu seiner gewaltsamen Amtsenthebung im Jahre 1937 aus.

Wieweit die akademische Ausbildung Felix Nussbaum geprägt hat, ist heute nur noch schwer auszumachen. Jedenfalls findet sich in seinem Werk keine Spur von der Kunstauffassung Willy Jaeckels. Ebensowenig sind Einflüsse von Paul Plontke, bekannt als Kirchenmaler, festzustellen. Cesar Klein wird ihm allerdings einige Anregungen gegeben haben (wie noch im einzelnen zu zeigen sein wird). Zumindest verdankt Nussbaum ihm wohl eine solide handwerkliche Basis – Klein verstand es in bestaunenswertem Umfang, alle künstlerischen Techniken, bis hin zur eigenhändigen Herstellung und Mischung der Farben, zu unterrichten. Gegen Ende seiner Ausbildung ist Nussbaum Meisterschüler von Hans Meid gewesen. So sehr er auch Meid als Person und Lehrer geschätzt hat, dessen feinsinnig abgestufte Radierkunst im Nachklang Slevogts schlägt sich in Nussbaums Werk nicht unmittelbar nieder.

Außerdem wird Nussbaum in einigen Kritiken der Zeit als Meisterschüler Karl Hofers bezeichnet – eine Tatsache, die nachweislich nicht stimmt und trotzdem erklärbar ist. 1920 war Hofer als Lehrer an die Hochschule berufen worden. Nach einem steilen Aufstieg Anfang der zwanziger Jahre war er einer der

Paul Plontke, Selbstbildnis, 1926

Karl Hofer, Selbstbildnis im Atelier, 1932

So erinnert sich z. B. Hermann Teuber in seinem Aufsatz ›Karl Hofer als Lehrer‹, geschrieben 1955: »Die Generation, an der wir uns entzündeten, waren die ersten Fensterbilder von Hofer, seine Mädchen mit Blumen und Früchten, der ›Harlekin‹ (. . .) und die Landschaften aus dem Tessin. (. . .) Die Probleme des Weltraums überließen wir den Physikern und Mathematikern und ein eventuelles Gewitter auf dem Mars den billigen Lockrufen illustrierter Zeitschriften. Wir fühlten uns der Erde, auf der wir geboren waren, verpflichtet, und für die Empfindungen der Freude, der Einsamkeit, der Melancholie, für unsere Sehnsüchte und Träume fanden wir analoge Bilder im Menschen, in der Landschaft, im Gegenstand. (. . .) Wir hatten sehr viel Verehrung für Hofer. (. . .) Das Sichfügen in seine Kritik bewirkte, daß fast alle Schüler mit den Anschauungen Hofers malten und die Bilder untereinander kaum zu unterscheiden waren. (. . .) Soviel ist sicher, daß jeder (. . .) eine malerische Grundhaltung mitbekam, auf der er sein ganzes Leben lang weiterbauen konnte.« (Abgedruckt in: Katalog der Hofer-Ausstellung, Staatliche Kunsthalle Berlin 1978, S. 98).

bekanntesten deutschen Maler und ein sehr begehrter Lehrer. Wenn auch Nussbaum nicht zu den direkten Schülern seiner Malklasse gehörte, so sind künstlerische Anregungen durch Hofer doch in vielfacher Form zu erkennen (wie ebenfalls noch im einzelnen zu zeigen sein wird). Hofers Einfluß an der Hochschule war so groß, daß fast alle Schüler mit den Augen Hofers malten.

Unter Umständen hat Nussbaum sogar der Name Hofers dazu angehalten, nach Berlin zu gehen. Uns sind Äußerungen von Zeugen überliefert, die besagen, daß schon früher in seinem Elternhaus die Maler van Gogh, Utrillo und eben Hofer oft den Mittelpunkt der Gespräche zwischen Vater und Sohn bildeten.

Generell aber mag gelten, daß Felix Nussbaum wohl weniger durch den akademischen Lehrbetrieb als vielmehr durch das allgemeine Kunstleben Berlins geformt worden ist. Obwohl alle, die ihn kannten, immer wieder seinen immensen Studienfleiß betonen – vieles, was an der Akademie gelehrt wurde, kann er nur unvollkommen angenommen und verarbeitet haben. Seine Stärke lag in seiner malerischen Naivität. Über künstlerische Zusammenhänge zu reflektieren – diese Fähigkeit war ihm sicher nur in geringem Umfange gegeben. »Er zeigte seine Bildern gern und stolz her, redete aber nicht über sie«, so charakterisiert ihn ein Mitschüler. Einige gravierende technische Mängel wie unsichere Standflächen vieler Figuren, auffallende Unstimmigkeiten in den Proportionen oder malerische Unzulänglichkeiten lassen sich eigentlich nur so erklären.

Felix Nussbaum litt nicht an mangelndem Selbstbewußtsein und überschätzte wahrscheinlich sein Können. Der Vater förderte ihn in seiner Kunstbegeisterung voller Bewunderung und Stolz, in Osnabrück hatte er als ›Progressiver‹ und ›Wunderkind‹ für Aufsehen gesorgt – daher glaubte er sicherlich, allein seinem Naturtalent vertrauen zu können.

Die Erinnerungen von Hermann Wilhelm, einem seiner Mitschüler in der Plontke-Klasse, scheinen diese Vermutung zu belegen. Wilhelm schreibt in einer Tagebuchnotiz: »Er hieß Nussbaum (. . .). Er war klein und zierlich, braungesichtig, schwarzhaarig und musterte mit klugen Augen die Malschüler, die reserviert seinen Einstand abwarteten. Felix Nussbaum malte einen Stiefel herunter, der selbst das faltige Gesicht Herrn Riebkes noch in ein tausendfältiges Grinsen verzog. Aber das genierte den Felix nicht, der pinselte und spachtelte unverdrossen Tag für Tag sein Pensum herunter. Keiner hielt dafür, daß Nussbaum jemals Furore machen würde, doch dieser hatte für unsere Ablehnung nur ein freundliches Lächeln parat. Sonst verhielt er sich bescheiden und bewies den anerkannten Malgenies die übliche Achtung. Van Gogh war damals für viele Jungen ein Gott. Die unmittelbare, rasch zupackende, flammende Art seiner Handschrift war etwas Neues. Felix entschied sich für van Gogh. Er war sein Bildungserlebnis. Von ihm aus steuerte er sein weiteres Tun. Aber das kann man nicht in ein Naturerlebnis ummünzen, die Sprache eines Meisters vermag man zu lernen und nachzuahmen, doch für die eigene Seele gewinnt man nichts. Er müsse doch aus sich das Wagnis unternehmen. Wenn man die Klaviatur kenne, erlernt habe, müsse man doch ein Eigenes, Selbständiges auszudrücken vermögen, nicht im geborgten Kleid eines anderen. Aber Nussbaum lächelte bloß und entschwand eines Semesterendes für ein Jahr unseren Augen. Als er wiederkam, überraschte er uns mit einer Ausstellung seiner Werke in der Galerie Goldschmidt. Er war den Spuren seines Gottes in Arles gefolgt und hatte alle

Mündliche Auskunft von Rudi Lesser vom 11. 10. 1978

Motive van Goghs im Angesicht der Natur getreulich mit dessen Handschrift nachgemalt. Von der Sonne des Südens ausgedörrt, von den bösen provençalischen Winden gegerbt, bestimmter als je auftretend, ein kleiner Napoleon der Malerei, stand er uns gegenüber. Wir sahen schwarz für ihn. Wie werden sie ihn verrupfen, die Glaser, Osborn, Dery, Westheim und Genossen! Aber unser Benjamin lächelt sein gewohntes Lachen. Er hat rechtbehalten, seine Ausstellung war ein Erfolg, und uns fiel die Butter vom Brot.«

Wilhelm, Hermann: Erinnerungen I., Nürnberg o. J., Privatdruck, S. 96 f.

Keine sonderlich freundlichen Sätze, aber doch wohl in vielem zutreffend. Felix Nussbaum hatte seinen persönlichen Stil noch nicht gefunden.

Van Gogh, Rousseau und die Folgen

Erste merklich ablesbare Anzeichen der van Gogh-Begeisterung Nussbaums zeigen sich schon 1925 – noch völlig undistanziert – im Grüssauer Prozessionsbild (Nr. 2). Das Porträt seiner Mutter von 1926 hat bereits eine andere Kraft (Nr. 5).

Erstaunlich die Sicherheit, mit der dieses Werk eines Zweiundzwanzigjährigen komponiert und ausgeführt ist. Vor einem Fensterausblick plaziert, blickt die Porträtierte nach links aus dem Bild heraus. Repräsentatives Schwarz, äußerst gekonnt ›farbig‹ gestaltet, umrahmt ein sehr sorgfältig ausmodelliertes Gesicht, das, leicht aus der Mittelachse gerückt, seinen Halt am Wandstreifen findet. Ein Blumenstrauß antwortet dieser Verlagerung und hält das Bild, verstärkt durch die Farbgebung, im Gleichgewicht. Das Blau des Halstuches strahlt in Spuren über das Bild aus, verfestigt sich im Wandstreifen und läuft im komplementären Farbkontrast des Blumenstraußes aus. Die Blumen sind nicht etwa nur als kompositorisch brauchbare und zusätzlich schmückende Beigabe gedacht, sondern sollen die Dargestellte als große Blumenliebhaberin charakterisieren. Derartige symbolhafte Verwendung (vor allem auch der Blume als Bedeutungsträger) werden wir noch häufiger im Werk Nussbaums antreffen. Gerade die Blumen sind es nun auch, die in ihrem heftigen Pinselstrich und dem reliefartigen Farbauftrag sehr stark an van Gogh gemahnen.

Meine Mutter ist noch kein eigenständiges Werk. Es sprengt nicht den Rahmen des konventionellen Porträts, zitiert den kunstgeschichtlichen Begriff des Repräsentationsbildnisses vor einem Fensterausblick und eben auch van Gogh, aber trotz allem ist es doch verblüffend treffsicher und in seiner Qualität überzeugend.

Nicht im gleichen Maße läßt sich dieses positive Urteil über viele Bilder dieser und der folgenden Jahre fällen. Die von Wilhelm angesprochenen Bilder der Provençereise folgen dem Vorbild van Gogh von der gelegentlichen Motivanleihe bis zum bedenkenlosen Plagiat, wobei der direkte Vergleich, nicht nur wegen der mangelnden schöpferischen Bildfindungskraft, sondern auch wegen vieler technischer Unfertigkeiten (siehe z. B. die mißlungenen Proportionen und perspektivischen Verzeichnungen in *Talea* [Nr. 22]) für Nussbaum natürlich oft vernichtend ausfällt. Das berühmte Bildungsreisemotiv der *Gräberallee in Arles* (Nr. 53) von 1929, speziell für den van Gogh-Interessierten noch mit den Augen van Goghs gemalt, markiert dennoch den Beginn eines Wendepunktes. Die

Meine Mutter, 1926 (WV   Nr. 5)

Sonnenblumen, 1928 (WV Nr. 44)

Vincent van Gogh, Sonnenblumen, 1888

Handschrift wirkt gemildert, das Bild beruhigt sich. Keine aufgewühlte Emotion mehr, statt dessen die abgeklärte Schilderung einer Lokalität.

Dieser sich anbahnende Stilwandel ist auf ein weiteres künstlerisches Vorbild zurückzuführen, das Felix Nussbaum ebenso bedingungslos und unreflektiert übernimmt wie das van Goghs. Wilhelm schreibt dazu in seinen Erinnerungen: »Zur gleichen Zeit etwa wurde der Zöllner Henri Rousseau ein Objekt der Kunstschreiber. Wilhelm Uhde, der ein Faible für ihn und die sogenannte Sonntagsmalerei hatte, war sein Entdecker für die Kunstwissenschaft. Das war ungefähr in den Jahren 1906–1910. Jetzt aber, da in Berlin und Düsseldorf der magische Realismus proklamiert wurde, entsann man sich des braven Autodidakten, der so schöne Traumbilder gemalt hatte, und so wurde er zum Ahnherrn der von den Kunstschreibern später kreierten ›naiven Malerei‹ (. . .). Unser Felix

Talea, 1927 (WV Nr. 22)
Talea ist ein in Ostfriesland häufig
vorkommender Vorname. Die Porträtierte war Hausgehilfin der Familie Gossels in Emden.

44

mauserte sich. Sein Gott wurde zur vergangenen Größe. Sein neuer Stern hieß Henri Rousseau. Flechtheim stellte ihn mit einer schönen Kollektion den Berlinern vor. Damals malte ich die übergroßen Schwarten (...). Unser Felix stieg ins andere Extrem. Er malte kleine Bildchen, im ›Kabinettformat‹, sagte man früher, Briefmarken, witzelten wir. Das Vorbild war unverkennbar: die Turnerriege, die Fußballmannschaft, der Briefträger. Sein Erfolg war unbestritten. Kritik, Sezession und Akademie akzeptierten ihn, ein höchst originelles Talent begann seinen Höhenflug in die, ach, zu sehr von Aktualität zu Aktualität eilende Welt.

Er war inzwischen zu Hans Meid übersiedelt, weil er dort eines der kleinen Ateliers zur Verfügung bekam. Bei uns krebste er ab und zu auf, um neue Leinwände gegen unsere bemalten zu tauschen. Diese alten, steinharten Schwar-

Henri Rousseau, Die Rugbyspieler, 1908

Fußball, 1929 (WV Nr. 55)

Wilhelm, a. a. O., S. 97

ten schnitt er sich auf seine Formate zurecht, und darauf malte er seine modernen Hosemanniaden: ›Weißt du‹, sagte er, ›das flutscht so schön‹. Über die Haltbarkeit machte er sich keine Gedanken.«

Typisch für Felix Nussbaum, daß beide von Wilhelm angesprochenen Ausstellungen große Erfolge darstellten, typisch aber auch die bis zur künstlerischen Selbstaufgabe reichende Übereinstimmung mit einem großen Vorbild. Paul Westheim, einer der einsichtigsten Kunstkritiker der Zeit, hat wohl recht, wenn er in dem von ihm begründeten ›Kunstblatt‹ anläßlich einer Ausstellung Felix Nussbaum als »begabt, gefährlich begabt« charakterisiert und darauf hinweist, daß sich erst noch erweisen müsse, wie weit er fähig sei, Talent und Kraft zu organisieren und zu disziplinieren. Weiter heißt es bei Westheim: »Begabter Kerl, scheint er ganz das Zeug zu haben, zu eigener Art zu kommen. Diese ›Turner‹, das ist nicht nur als Einfall reizvoll, ist auch überlegt und wirklich gut komponiert. Die schwarzen Flächen in rhythmischer Reihe vor der gelb-grauen Wand, die horizontal die Bildebene teilt, das beweist, daß Nussbaum Fläche und Raum beherrscht. (...) Es wird gearbeitet, gediegen und ernsthaft gearbeitet. Man ist bemüht um gutes Handwerk. (...) Nicht unbedenklich ist vielleicht eines nur: die Neigung, mehr darzustellen als Form zu gestalten.«

›Kunstblatt‹, Jg. 13, 1929, S. 9f.

Was Rudolf Arnheim anläßlich einer Akademieausstellung über die von ihm als Belletristiker bezeichneten Maler schreibt, trifft auch auf Felix Nussbaum zu: »Der Unterschied zwischen Bildern und Bilderbüchern ist nicht populär, und

Turner, 1929 (WV Nr. 54)

ein Maler, der Geschichten erzählt, statt zu arbeiten, gilt keineswegs als Müßiggänger. (...) Bei solchen Bildern kann man nur von der Handlung sprechen, weil ästhetisch nichts zu holen ist. Jedes Ding ist sinngemäß koloriert, unverbindlich und zureichend, aber wenn der Verfasser einmal ein simples Porträt oder eine Landschaft malt, so sieht mit Recht niemand hin, weil da keine Neuigkeiten zu holen sind. In solchen Fällen fehlt, ganz abgesehen von Begabung und Unbegabung, dem Maler die rein verstandesmäßige Erkenntnis, was es denn bedeute, ein Bild zu malen, und was nicht. «

Arnheim, Rudolf: Die Akademie-Ausstellung, in: ›Weltbühne‹, Erstes Halbjahr 1928, S. 868

Süsterstraße, 1927 (WV Nr. 21)
Das Schild trägt die Aufschrift ›Herm. Vogt u. Co. Grabmalskunst Osnabrück‹. (In diesem Betrieb arbeitete der junge Erich Maria Remarque als Buchhalter – s. Remarques Roman ›Der schwarze Obelisk‹.)

Pernickelturm, 1926/27 (WV Nr. 16)

Genau damit wird der kritische Punkt in Nussbaums Frühwerk angesprochen. Seine Jugendstilanfänge sind praktisch folgenlos geblieben. Die eruptive Phase unter dem Leitstern van Goghs entsprach wohl mehr einer Modeerscheinung der Zeit und war ihm letzten Endes wesensfremd. Sein eher zartes Naturell drängte zur Bescheidung auf anmutige Motive und liebenswerte Formate, wie wir sie schon in seinen ersten Bildern finden. Osnabrücker Motive wie *Pernickelturm* (Nr. 16) von 1926/27 oder *Süsterstraße* (Nr. 21) von 1927 zeigen recht deutlich, daß Felix Nussbaum auch von Berlin aus den häuslichen Kontakt, die Rückendeckung durch die Familie, wohl stets gesucht hat. Ganz besonders anschaulich wird dies am Beispiel des Bildes *Funkturm Nr. 2* (Nr. 34), das auf der Rückseite »Berlin April 1928« und auf der Vorderseite »1928 Osnabrück« signiert ist, also offensichtlich in Berlin oder Osnabrück noch einmal überarbeitet wurde. Vor allem aber: den Dunstkreis provinzieller Kleinmalerei hat er noch keineswegs verlassen. In seinen Bildern aus Osnabrück oder Ostfriesland herrscht noch die pure Reproduktion beliebig-netter Ansichten vor (*Häuser in Emden* [Nr. 15] kann für viele stehen). Idyllische Fleckchen und Gassen, »malerische« Winkel, dekorative Windmühlen, stimmungsvolle »Landstraßen« ... Genau diese Themen entsprachen dem »ungemein liebenswürdigen Talent Felix Nussbaum«.

›Cicerone‹, Jg. 21, 1929, S. 170

So kennzeichnet ihn Willi Wolfradt in einer – durchaus wohlwollenden – Kritik und schreibt weiter: »Man mag es als Zeiterscheinung nicht unbedenklich finden, wenn so viele junge Maler sich bescheiden, kleine freundliche Bilder von angenehmen Qualitäten herzustellen und größerer Vorsätze zu entraten. In einem Falle wie diesem aber entwaffnet solcherlei Bedenken die seltene Grazie der Anschauung und die Leichtigkeit der Hand, die ebenso glücklich darin ist, sehr entzückend zusammengewählte Farben zu impulsieren wie sie durch feinnervige und spitzfindige Umrisse abzusetzen. Mehrere Zeichnungen aus Ostende beglaubigen noch besonders die Gabe des beachtenswerten jungen Künstlers.«

Das Bildungserlebnis der naiven Malerei, vermittelt durch das Werk Rousseaus, bestärkt Felix Nussbaum in diesen Ansätzen. Eine reizvoll-stillvergnügte und anspruchslose Bilderkunst entsteht. Nicht nur in der Themenwelt (Sport- und Alltagsszenen) auch im Bildaufbau wird dieses deutlich: Figuren ins Puppenhafte stilisiert, in der Bewegung erstarrt und in rhythmischer Reihung vorgestellt. Farbe bis zur Buntheit gesteigert. Bildparalleler Aufbau, häufig in einfacher Frontalität, und kleiner Maßstab. Wolfradt charakterisiert Nussbaum in einem ihm gewidmeten Artikel der Kunstzeitschrift ›Die Horen‹ von 1928/29 treffend: »Hinter irgendeiner Mauer turnen ein paar Jungen emsig an Barren und Reck, – kranzgeschmückt hält der siegreiche Rennradler sich bereit, bewundert und wohl gar abgemalt zu werden, – geschäftig eilen die Postboten über den Hof des Postamtes, ihre Austragetaschen sind dick, und die Stadt wartet schon: Poesie und Possierlichkeit dieser einfältigen Szenen ist mit fröhlicher und sachter Hand eingefangen. Und es ist keinerlei Kokettieren mit simpler Empfindung dabei. Eine sprühende Formerregung kann diese Bildchen durchzucken, gesteigert durch den hellen Esprit der Farben. Mitunter erinnert die Verbindung von elektrisiertem Strich und offener Markanz der farbigen Fläche an van Gogh, der nur zum Leichteren noch und ins Spielerische variiert erscheint. In aller Selbstbeschränkung ist Nussbaums Beginn durchaus verheißungsvoll.«

Willi Wolfradt bezieht sich hier auf die Gemälde *Turner* von 1929, *Der Sieger des Sechstagerennens* von 1929 und *Posthof* von 1928 (s. WV Nr. 54, 56, 37).

Was Felix Nussbaum in seiner Spätzeit zu viel des Guten tut, die Bilder nämlich mit Pathos, Empfindungsschwere und Symbolgläubigkeit zu über-

›Die Horen‹, Jg. 5, 1928/29, H. 9, S. 4

Häuser in Emden,
um 1926/27
(WV   Nr. 15)

frachten, unternimmt er hier zu wenig. Sicherlich: das meiste ist sehr gekonnt, aber eben nicht mehr – nicht mehr als »nettes Bildchen«. Nichts von der feierlichen Poesie oder der magischen Distanz, die aus den Bildern des Zöllners Rousseau aufleuchtet. Kein Bild weist über sich hinaus. So fehlt z. B. in seinen Sportbildern (und wir können gerade hier sehr gut vergleichen, da Bilder mit sportlichen Themen aktuell waren und fast jeder bedeutende Maler dazu seinen Beitrag geleistet hat) die Sperrigkeit Beckmanns, die eindringliche Schärfe Räderscheidts oder die hymnische Feier der rasanten Bewegung. Nussbaum bleibt in der reinen Außenschilderung befangen. Nur der *Sieger im Sechstagerennen* (Nr. 56) weist über solche Außenschilderung hinaus. Von den Tendenzen der ›Neuen Sachlichkeit‹, die das Bild der Kunst der zwanziger Jahre so entscheidend geprägt hat, ist er lange nur am Rande berührt worden.

Giorgio de Chirico, Melancholie einer Straße, 1914

Realismus zwischen den Kriegen

Der Erste Weltkrieg hatte politische, soziale und geistige Veränderungen größten Ausmaßes mit sich gebracht: wilhelminische und habsburgische Monarchie waren zerbrochen, und die Russische Revolution gab dem Weltgeschehen eine neue Stoßrichtung. In Deutschland war eine – von weiten Kreisen ungeliebte – Republik errichtet worden, deren wechselnde politische Fronten durch die Wirtschaftsmisere ständig verschärft aufrissen.

Die Kunst konnte von diesem gewandelten Klima nicht unberührt bleiben. Leer geworden waren die ekstatischen Gebärden und das Pathos des Expressionismus, dessen Vision vom ›Neuen Menschen‹ im Schützengraben der Materialschlachten verblutet war. Sachlichkeit hieß die Formel der Stunde. Notgeld, das jede Stadtverwaltung auf eigene Faust ausgeben durfte und das keiner haben wollte; Revolten und Gegenrevolten; Hunger und Repression bestimmten den ernüchternden Alltag. Ihm wandten sich die Künstler nachdrücklicher denn je zu und entdeckten die sichtbare Wirklichkeit als bildnerische Aufgabe wieder. Kriegserlebnis und ständige Wirtschaftskrisen, die Bedrohung der persönlichen Existenz hatten ein Bedürfnis nach Ordnung und Sicherheit geweckt. Um das Chaos zu bewältigen, knüpfte man noch vor dem Beginn der zwanziger Jahre überall wieder an realistisches Gestalten an. Dieser Realismus zwischen den Kriegen besaß keinen einheitlichen Stil, aber gemeinsame Motive, gemeinsames Engagement und vergleichbare künstlerische Mittel.

Zwischen 1911 und 1919 entstanden in Italien die Bilder Giorgio de Chiricos und Carlo Carràs, die sich zur ›Pittura metafisica‹ verbunden hatten. Diese ›metaphysische Malerei‹ folgte den Grundregeln klassischer Tradition. Harmonie und Gleichgewicht, raumgreifende Perspektiven und Architekturen bestimmten die Bilder, deren Geist und Atmosphäre jedoch alles andere als klassisch zu nennen war. Aus der Zusammenfügung der Dinge, die im einzelnen durchaus realistisch wiedergegeben waren, formte sich eine Welt der kühlen Unwirklichkeit, poetisch und beängstigend zugleich: tiefe Schlagschatten, leere Plätze und Straßen, in denen der Mensch nur noch stellvertretend gegenwärtig ist. Statuen, Gliederpuppen und Marionetten haben ihn ersetzt. Der aus dem Bild verbannte Mensch steht einer Welt der Dinge gegenüber, in der er sich – fremd geworden – nicht mehr zurechtfindet.

Berlin, Hochburg der kurzlebigen und bald gescheiterten deutschen Revolution, war von 1918 an Schauplatz eines künstlerischen Aktivismus ohne Beispiel. Dort trafen jene Kräfte zusammen, die auf den Trümmern des Kaiserreiches einen neuen demokratischen und sozialistischen Staat errichten wollten. Der

George Grosz, Grauer Tag, 1921

Otto Nagel, Asylisten, 1930

gemeinsame Kampf galt den Brutalitäten, die der Krieg gelehrt hatte, dem nationalistischen Pathos, das verdächtig wach geblieben war, und der bürgerlichen Ästhetik, die doch nur das Kulturbedürfnis der gehobenen Schichten befriedigte. Die engagiertesten Künstler Berlins vereinten sich in der Ende 1918 gegründeten ›Novembergruppe‹. George Grosz' Bilder der Großstadt mit ihren Arbeitslosen und Ausgestoßenen, Otto Dix' Porträts von Kriegskrüppeln und Huren waren Ausdruck einer ganzen Generation, die sich und ihre Ideale verraten sah und mit bohrend genauem Verismus Protest erhob.

»Es liegt mir daran, repräsentative Werke derjenigen Künstler zu vereinigen, die in den letzten zehn Jahren weder impressionistisch aufgelöst noch expressionistisch abstrakt, weder rein sinnenhaft äußerlich noch rein konstruktiv innerlich gewesen sind. Diejenigen Künstler möchte ich zeigen, die der positiven greifbaren Wirklichkeit mit einem bekennerischen Zuge treu geblieben oder wieder treu geworden sind.« Dieses Rundschreiben versandte der Direktor der Städtischen Kunsthalle Mannheim, G. F. Hartlaub, 1923 an alle in Frage kommenden deutschen Maler. Zwei Jahre später, im Sommer 1925, konnte er das Fazit mit einer Ausstellung ziehen, die unter dem von ihm selbst gewählten Titel ›Neue Sachlichkeit‹ gezeigt wurde, einer ersten Bestandsaufnahme jener Malerei, die der Kunstkritiker Franz Roh kurz zuvor als ›Magischen Realismus‹ gekennzeichnet hatte.

Beide Bezeichnungen sind inzwischen gebräuchlich. Wenn sie auch nicht in jeder Einzelheit dasselbe meinen, so charakterisieren sie doch den realistischen Stil der zwanziger Jahre: Nüchternheit und Schärfe des Blicks; unsentimentale Sehweise; Interesse für das Alltägliche und Banale; keine Scheu vor dem ›Häßlichen‹; fest gefügter Bildaufbau, der oft an einen geradezu luftleeren

Alexander Kanoldt, Olevano, 1924

Carlo Carrà, Pinie am Meer, 1921

gläsernen Raum denken läßt; keine erkennbaren Spuren des Malprozesses oder der künstlerischen Handschrift.

Diese Neue Sachlichkeit hatte Zentren in allen Teilen Deutschlands. So kamen in München Alexander Kanoldt, Georg Schrimpf und Carlo Mense unter dem Einfluß der ›Pittura metafisica‹ zu einer fast klassizistisch bzw. ›neuromantisch‹ zu nennenden Lösung. Die jahrhundertealte Italiensehnsucht deutscher Maler wird hier noch einmal gegenwärtig. Einen härteren, mehr diesseitig-unfeierlichen Ton schlugen die Neusachlichen in Berlin an. Zu ihnen gehörten neben den schon erwähnten Veristen auch Otto Nagel, August Wilhelm Dressler, Gustav Wunderwald, Christian Schad oder (in Köln) Anton Räderscheidt. Ihre Motive waren der Welt und Umwelt des kleinen Mannes entnommen: die Straßenecken

Karl Hofer, Tessiner Landschaft, 1937

und Häuserzeilen der Städte, Wohnzimmer und Dachböden, Stilleben und Familienbildnisse.

Ein ›linker Flügel‹ der Neuen Sachlichkeit, betont klassenkämpferisch und propagandistisch, formte sich u. a. in Berlin und Dresden aus. Alle diese Künstler gehörten der ›ASSO‹ an, einer 1928 in Berlin gegründeten kommunistischen ›Assoziation Revolutionärer Bildender Künstler‹, die bei ihrem Verbot 1933 über 500 Mitglieder in allen Teilen Deutschlands gehabt haben soll. Kunst war ihnen Waffe mit dem Zweck, die düstere Kehrseite der angeblich so goldenen zwanziger Jahre zu erhellen.

Noch einmal muß von Italien, von Giorgio de Chirico und Carlo Carrà, die Rede sein. In Fortführung ihrer ›Pittura metafisica‹ strebten beide unmittelbar nach dem Ersten Weltkrieg eine Kunst der archaischen Einfachheit an. Hauptinitiator und wortgewaltiger Verkünder war wiederum de Chirico, der im Jahre 1919 hymnisch seine »Rückkehr zu den Meistern« bekanntgab. Jedes Ding sollte wieder in seiner wesenhaften Größe und Würde aufscheinen. So sind z. B. Carràs Landschaften von zeitloser Ruhe und ernster Feierlichkeit.

Mit solchen Bildern hat Carrà den Magischen Realismus der Deutschen beeinflußt, z. B. auch Karl Hofer. In seinen Bildern sind die Konstruktionslinien und Konturen hart gezogen, und betont spröde ist die Farbe aufgetragen. Jede trügerische Idylle wird vermieden. Bei aller farblichen Delikatesse sind Hofers Tessiner Landschaften voll von Melancholie und Trauer. Hofers klassischer Realismus hat Figurenbilder hervorgebracht, in denen die Menschen einer ahnungsvollen Angst ausgeliefert scheinen. In den späten Bildern Felix Nussbaums wird uns dieser Grundton häufig wiederbegegnen.

Der neue Realismus besaß verschiedene Seiten. Schon früh hat man zwei Flügel der Neuen Sachlichkeit erkannt. So unterschied schon im Jahre 1922 Hartlaub in seiner Antwort auf die Umfrage im ›Kunstblatt‹ nach einem »neuen Naturalismus« zwei Flügel der Bewegung, einen »rechten« und einen »linken«: »Ich sehe einen rechten, einen linken Flügel. Der eine konservativ bis zum Klassizismus, im Zeitlosen Wurzel fassend, will nach so viel Verstiegenheit und Chaos das Gesunde, Körperlich-Plastische in reiner Zeichnung nach der Natur wieder heiligen. (...) Der andere, linke Flügel, grell zeitgenössisch, weit weniger kunstgläubig, eher aus Verneinung der Kunst geboren, sucht mit primitiver Feststellungs-, nervöser Selbstentäußerungssucht, Aufdeckung des Chaos, wahres Gesicht unserer Zeit.«

Zusammenfassend lassen sich die Tendenzen der ›Neuen Sachlichkeit‹ weniger als neuer – schon gar nicht einheitlicher – Stil, denn als eine neue Sehweise umschreiben. Felix Nussbaum aber bleibt stilistisch noch lange der Tradition, nach der er angetreten war, verhaftet. Ob seine Sicht auf die Dinge und seine Themenstellungen unbedingt neu waren, ob sein Selbstverständnis als Künstler auf die Brüche und Neuanfänge der Zeit zwischen den Kriegen reagierte, wird im folgenden zu klären sein.

Felix Nussbaum und seine Zeitgenossen

Die oben beschriebenen Umwälzungen haben Felix Nussbaums Lebens- und Kunstauffassung kaum einschneidend ändern können. Er bleibt mit vielen Bildern der Tradition bürgerlicher Genremalerei verhaftet. Einige Werke ragen allerdings über dieses Niveau hinaus, da sie auf die Zeit und ihre Anforderungen reagieren (so z. B. das Osnabrücker Synagogenbild [Nr. 6] oder *Der tolle Platz* [Nr. 76]). Andere lassen in ihrer malerischen Qualität die übrigen Bilder weit hinter sich und brauchen den Vergleich mit dem Besten, das die Weimarer Zeit hervorgebracht hat, nicht zu scheuen. Wenn sogar einer der bedeutendsten Kunstkritiker der Zeit, Willi Wolfradt, der wegen seiner arroganten Attacken höchst gefürchtet war, auf Nussbaum aufmerksam wurde und seine Werke wohlwollend besprach, so ist dies ein Indiz für die Qualität vieler Produktionen Nussbaums aus dieser Periode.

In Berlin war es besonders schwer, eine künstlerische Position zu erreichen, bzw. diese auch zu halten und weiterhin Beachtung zu finden. Der hektische Kunstrummel ließ selbst erfahrene und instinktsichere Beobachter manchmal den Überblick verlieren. Bedenkt man die allgemeine wirtschaftliche Situation der Zeit, die allenthalben fühlbare große Unsicherheit, und nimmt man die Fülle an mehr oder weniger gut ausgebildetem Nachwuchs hinzu, die einen ohnehin schon reichlich übersetzten Kunstmarkt überschwemmte, so zeugt Nussbaums Entschluß, sich 1929 als »selbständiger Künstler« auf eigene Füße zu stellen, von Mut wie auch von Naivität. Sein Vertrauen in die Qualität seiner Gemälde muß sehr groß gewesen sein, desgleichen sein Vertrauen darauf, mit seinen Bildern auf der Geschmackslinie der Zeit und des Kunstmarktes zu liegen. Materiell war er ohnehin durch die Familie abgesichert.

Nussbaums künstlerischer Standort innerhalb des weitgespannten Feldes realistischer Malerei ist einigermaßen schwierig zu umreißen. Zu vielen, oft disparaten Einflüssen hat er sich ausgesetzt, zu vieles übernimmt er bereitwillig und unbefragt. Zu vieles findet sich ohne direkten Einfluß – ganz einfach, weil es ›in der Luft lag‹. So sind z. B. seine Bilder von Turnern, Radlern und Fußballern nicht nur auf Rousseau zurückzuführen. Nach einem langen Zeitraum der Prüderie setzte in der Weimarer Ära eine taumelartige Begeisterung für Körperertüchtigung ein. Sport und Badeleben traten als Motive von Literatur und Kunst in zunehmendem Maße auf: George Grosz porträtierte Max Schmeling, Anton Räderscheidts Bilder wimmeln von Turnern und Tennisspielern, und Bertolt Brecht hatte eine geradezu fanatische Vorliebe für Autorennen und für das Boxen.

Neben den Einfluß von Rousseau (der 1926 in der Galerie Flechtheim ausgestellt wurde – Nussbaum eignet sich eilfertig und geschickt dessen Weltsicht an) treten Anlehnungen an Utrillo, den Vater und Sohn gleichermaßen verehren. Felix Nussbaum befindet sich mit seinen Werken ganz im Trend der Zeit. So schreibt Willi Wolfradt in zwei Artikeln über Nussbaum unter anderem: »Unverkennbar die Neigung zum anmutigen Bildchen, zur Harmlosigkeit in der zeitgenössischen Malerei. Es bereitet den mit einem pathetischen Begriff von Kunst und vollends von Jugend Behafteten viel Verdruß, daß gerade die Talentiertesten aus den Reihen des Nachwuchses, anstatt gehörig überzuschäumen, nach den Sternen zu greifen und was des jünglingswilden Gebarens mehr ist, sich dazu bescheiden, ruhige, hübsche Kleinformate herzustellen, die ein schlichtes Stück Welt oder Leben beschaulich und intim wiedergeben. Delikatesse der Farbempfindung und der Handschrift kann die Enttäuschung über den Mangel an großartigeren Impulsen nur verschärfen. Wenn sogar die Jugend Wagnisse und heiße Träume meidet, dann darf man sich freilich nicht wundern, daß die Tendenz zur Gefälligkeit, zum Idyll, zur Unproblematik kaum mehr auf Widerstand stößt – schelten sie. Etwas ist schon dran. Aber gerade angesichts der überaus reizvollen kleinen Bilder des jungen Nussbaum, die ja offensichtlich von solcher Kritik einer Generationserscheinung mitgetroffen werden, wird man sich überzeugen, daß in dieser Wendung als etwas doch recht Positives die Absage liegt an künstlerische Renommisterei und Deklamation. Man will aus dem geistigen Hochmut heraus, flüchtet aus dem Schwulst ins phrasenlos Banale, aus der großen Bekenntnisarie in die Wahrhaftigkeit freundlichen Schilderns, aus der Rhetorik ins Leichte. Man brüstet sich nicht geheimer Zwiesprache mit Erzengeln, sondern freundet sich kindlich heiter mit Briefträgern an. «

›Die Horen‹, Jg. 5, 1928/29, S. 789 ff.

»Kindlich unbefangene Grazie der Anschauung, der sich die Welt in lauter Spielzeug und drollige Unschuld verwandelt. Auch die intime Kunst Felix Nussbaums erfreut nicht zum wenigsten durch solche naiv gelaunte Stillvergnügtheit der Betrachtungsweise, der nun freilich das spöttische Vorzeichen nicht fehlt, wenn sie beispielsweise die Ecke eines Posthofes aufnimmt mit den emsig hin und her eilenden Briefträgerchen in ihren blitzblauen, rotbelitzten Uniformen, oder auch putzige Sportsleute von heute und gestern, Pärchen, die über vergißmeinnicht-farbenes Kleinstadtpflaster stolpern, den von Booten und Möwen umschaukelten, bunt ausgeflaggten Ostender Seesteg und dergleichen mehr. In diesen Bildern ist keinerlei erkünstelte Naivität, sie entzücken vielmehr gerade durch ihre besondere Natürlichkeit, die ein reizender Anflug unverbildeter Schelmerei des Gemüts noch erhöht. Dabei sichert die nicht gewöhnliche Kultur des Malwerks, das die Farbenschicht sanft sprühen und perlen läßt und ihr einen schuppigen Schmelz verleiht, vor jeder infantilen Dünne des Ausdrucks, im Bunde mit jener eigentümlichen Phantastik der Beschaulichkeit, die eine gewisse Schwäche hat für Friedhöfe und noch gruseligere Plätze. Nussbaum malt Galgen und Gerippe, an denen rosaohrige Ratten knabbern: ein Alptraum aus Zuckerguß und Marzipan. Eine Spur davon ist durch alle seine Bilder hindurchzuschmecken. «

s. *Ostender Seesteg, 1928 (WV Nr. 40)*

s. *Begräbnis, um 1930 (WV Nr. 66)*

›Kunst der Zeit‹, 1930, S. 246 ff.

An anderer Stelle äußert sich die Kritik – »entzückt gleichermaßen durch die Liebenswürdigkeit der Anschauung wie durch koloristische Anmut und zarte Diktion« – folgendermaßen: »Mit freundlich-spöttischem Blick nimmt er etwa die Ecke eines Posthofes auf mit emsig hin und her eilenden Briefträgern in

s. *Uferpromenade von Nizza, 1929 (WV Nr. 51)*

›Cicerone‹, Jg. 22, 1930, S. 202
Hafenstücke und provençalische Landschaften s. WV
Nr. 38–41, 50–53

Mein Atelier, um 1930 (WV Nr. 68)

blitzblauen, rotbelitzten Uniformen. Oder putzige Sportler von heute und gestern, Pärchen, die über vergißmeinnichtfarbenes Kleinstadtpflaster stolpern, sein hübsch aufgeräumtes Atelier, Nizzas Uferpromenade mit reizenden Spielzeughotels. Dann sind da ein paar schauerliche Bildchen mit Galgen und Gerippen und rosaohrigen Ratten, – bezaubernd! Hafenstücke, provençalische Landschaften lassen vollends den zärtlichen Farbenschmelz zur Geltung kommen. Die Zeichnungen stehen nicht nach. «

Etliche Bilder Felix Nussbaums kommen über die reine Ansichtsschilderung nicht hinaus. Die Neigung zur Idylle, die bescheidene Freude am bunten Frieden tritt offen zutage. Aber sie ist zu ehrlich, um blanke Sorglosigkeit vorzugaukeln, sie blickt nicht ohne leichte Ironie auf das unbekümmerte Treiben und das Winkelglück. Die Grenzen einer solchen Kunstauffassung macht ein Blick auf das Bild *Trauer* (Nr. 30) von 1928 deutlich. Hier wird Trauer lediglich illustrierend erzählt. Ein verweintes Taschentuch, die »blaue Stunde« des Fensters sollen das Gefühl der Trauer evozieren – was diesem Bild in seiner naiven Buntheit aber fehlt, zeigt ein Vergleich mit einem zeitgleichen Werk eines anderen Künstlers. Franz Radziwills ›Das Fenster meines Nachbarn‹ strahlt wesentlich mehr unausgesprochene Trauer (das überdeutliche Erzählmotiv der Person bleibt ausgespart!) und bedrückendes Geheimnis aus, als Nussbaum zu vermitteln in der Lage ist. Radziwill verschiebt das eigentliche Fenstermotiv aus der Bildachse. Ungleichgewicht ruft Irritation hervor. Vertrautes wie der

Trauer, 1928 (WV Nr. 30)

Franz Radziwill, Das Fenster meines Nachbarn, 1928

Nachbar wird fremd. Nussbaum muß in seinem symmetrisch gestalteten Bild Erzählendes zu Hilfe nehmen, um Gefühl zu verdeutlichen. Dabei gelangt er nicht wie Karl Hofer zu einer festgefügten Bildeinheit, in der das architektonische Gerüst zugleich als Bildrahmen und kompositorischer Bogen bildbauend fungiert. Wo Hofer gestaltet, bleibt Nussbaum erzählend, eine Stileigentümlichkeit, die den biedermeierlichen Zügen eines Georg Schrimpf verwandt ist.

Karl Hofer, Blumenwerfende Mädchen, 1925

Andererseits entstehen zu gleicher Zeit Bilder wie *Fußball* (Nr. 55), *Turner* (Nr. 54), *Landbriefträger* (Nr. 36), die sich bei aller bunten Puppenhaftigkeit (so ist z. B. wenig von der Dynamik des Bewegungsspiels Fußball in das Gemälde eingegangen) durch die Bemühung um einen soliden Bildaufbau auszeichnen. Tatsächlich gelingt es Nussbaum häufig, eine Bildfläche aus dem Funktionellen heraus zu gestalten. Das ist zweifellos nicht zuletzt dem Einfluß von Karl Hofer zu verdanken. Die spürbar von van Gogh angeregte Malweise der frühesten Bilder wird sehr schnell mit einem flächigen Farbauftrag und harmlosen Bildthemen in der Nachfolge Rousseaus verbunden. Nun kommt die Fähigkeit zu bildbauender Flächenaufteilung, zu einer fester gefügten Tonart hinzu. Curt Glaser führt zu diesem prägenden Einfluß Hofers u. a. aus: »Junge Künstler, die sich solcherart nicht nur der Führung, sondern noch der Fernwirkung großer Meister anvertrauen, mögen recht haben, wenn sie erklären, sie wüßten keinen besseren Weg, als ihn die vielgepriesenen Vorbilder neuer Malerei zu zeigen vermögen. Aber schon Cézanne hat sich heftig dagegen gewehrt, daß Jüngere von ihm lernen wollten. Er konnte es nicht hindern, daß sein ›truc‹ nachgeahmt wurde, wie er es selbst genannt hat, in den Landschaften und Stilleben des Grafen Merveldt mag man einen späten Nachklang dieser neuen Akademie erkennen. (Der Name Merveldt wird uns später in einem anderen Zusammenhang noch einmal begegnen, d. Verf.) Kein anderer aber hat, als Lehrer, seinen ›truc‹ in solchem Maße auf Schüler übertragen wie Karl Hofer, dessen Tonart aus zahlreichen Bildern der jungen Berliner Malerei vernehmlich widerklingt. (...) Schließt man noch Felix Nussbaum dieser Gruppe an, der allerdings schon vielfache Einflüsse erfahren und verarbeitet, nur für sein tüchtiges Können noch keinen sicher überzeugenden Ausdruck gefunden hat, so mag die Reihe genügen, die Reichweite des Einflusses einer Lehrerpersönlichkeit zu charakterisieren, der sich noch in manche andere Ateliers erstreckt...«

›Kunst und Künstler‹, Jg. 29, 1931, S. 246 ff.

Voll spöttischer Ironie stellt Nussbaum den von Siegeskranz und Blumenstrauß fast erdrückten *Sieger im Sechstagerennen* (Nr. 56) fernab von der Stätte seines Triumphes zur Schau. Nur der Pfeil ›Zu den Tribünen‹ weist noch auf den Ort des Geschehens hin. Hier aber steht der Radmatador im Abseits, eingezwängt von Siegesschleife, Fahrrad, Stellwänden und seinem ihn dominierenden Manager. In Ansätzen macht hier überlegter Bildaufbau Abhängigkeiten sichtbar. Überlegt gebaut und feinnervig ausgeführt ist auch ein weiteres Porträt dieser Zeit, das in seinem ausgeprägten Einfühlungsvermögen zu Nussbaums bedeutendsten Leistungen der Frühzeit zu zählen ist: *Porträt eines jungen Mannes* (Nr. 23) von 1927. In August Sanders erstem Fotobuch findet sich ein Bildnis von 1926: ein Student aus wohlhabender Familie, typischer Repräsentant der damaligen Gesellschaft – aufgenommen ganz im Geiste der Neuen Sachlichkeit. Nichts in dem hintergrundlosen Bild oder in der Haltung des Mannes läßt auf unverwechselbar individuelle Züge schließen. Der von Nussbaum Porträtierte vertritt stellvertretend für viele seinesgleichen den Typ des jungen Mannes aus wohlhabender Familie – dargestellt in der für Sanders Fotografie charakteristi-

Der Sieger im Sechstagerennen, 1929
(WV Nr. 56)

Porträt eines jungen Mannes,
1927 (WV Nr. 23)

Erinnerung an Norderney, 1929 (WV   Nr. 61)

schen emotionslosen Sicht. Auch Nussbaum gibt die Gestalt, in annähernd
gleicher Haltung, frontal in der Mittelachse stehend vor leerem Raum und deutet
Persönliches nur an: den in leichter Melancholie nach innen gerichteten Blick; die
jüdisch anmutenden Gesichtszüge; die Bilder an der Wand, die vermuten lassen,
daß es sich um einen Atelierbesucher oder gar Freund des Malers handelt.

Heiter und doch auch ironisch zugleich ist das Bademotiv gefaßt, welches das
Zentrum des Bildes *Erinnerung an Norderney* (Nr. 61) von 1929 einnimmt. Das
Gemälde sagt mehr als alle anderen zeitgleichen Werke eine Menge über Felix
Nussbaums künstlerische Stellung aus. Nicht – wie bisher – reine Abschilderung
eines Ortes, sondern eben Erinnerung daran. Dementsprechend spielt sich das

Villa Nordsee, 1932, Feder in Tusche (WV   Nr. 81)

Geschehen auf zwei Bildebenen ab: eine überdimensionale Ansichtskarte, Dokument sorglosen Strandlebens, kontrastiert zu ihrer eher dumpfen Umgebung, das ›Bild im Bild‹ als optischer Ausdruck eines zwiespältigen Verhältnisses zur Wirklichkeit – ein Darstellungsmittel, das sich nicht nur hier, sondern bei vielen Vertretern der ›Neuen Sachlichkeit‹ findet. Worauf aber läuft diese Zweiteilung des Bildes hinaus? Beginnen wir, bevor wir eine Antwort auf diese Frage versuchen, mit einer Beschreibung des Bildes.

Der Betrachter blickt auf einen schmalen, in überspitzter Perspektive dargestellten Landstreifen mit Ferienpension und an Land gezogenem Fischerboot. Keine Ansicht also (wie die Zeichnung der *Villa Nordsee* [Nr. 81]), sondern

ZUM ANDENKEN AN DIE SILBERHOCHZEIT
NORDERNEY. 29. Mai 1925.

Felix Nussbaum (links) mit seinen Eltern und dem Bruder Justus. Die Eltern feiern ihre silberne Hochzeit auf Norderney

Felix Nussbaum auf Norderney, um 1925

komprimierte Essenz einer von Fischerei und Tourismus lebenden Insel. Mehrere Fischerboote im Hintergrund nehmen diesen Faden wieder auf. Allerdings ist das Meer, auf das sie sich hinausgewagt haben, seltsam unbewegt und grünlich. Die leichte Irritation verstärkt sich: auf der steil nach hinten fluchtenden Uferpromenade rollt ein großes, zerbrochenes Rad, ein Tierschädel zieht im Vordergrund die Aufmerksamkeit auf sich, starke Schlagschatten zerteilen das Bild. In dieser kulissenartig verstellten, befremdlichen Landschaft hat Nussbaum nun das Kontrastbild einer heilen Welt aufgestellt, vom Mast des Fischerbootes durchstoßen und so sinnfällig im Bildganzen verankert. Die Unterschrift der Ansichtskarte schlüsselt das bisher noch wenig verständliche Bild auf: »Gefühl von Trauer – welches, gleich einem Rade über unserem Gemüt rollt. Aber trotzdem bin ich kein Spielverderber – und sind wir eine ganz fidele Gesellschaft. Überlassen wir also die Dinge – die unserem Auge unsichtbar sind –, den modernen Malern. Für heute innigste Grüße und Küsse Euer Euchl.(iebender) Sohn Felix.«

Eine der auf dem Badebild porträtierten Personen wertet das Gemälde als Erinnerung an »freudige, gemeinsam verlebte Tage einer glücklichen Zeit« und an einen heiteren, lebensfrohen Menschen. Rudi Lesser, ein Mitschüler Nussbaums, sagte uns hierzu, daß zu dem so eigenartig verschlüsselten Bild ein Vergleichsstück existiert hat, ebenfalls mit einem hineinzitierten Reisebrief. Aber das andere Bild war heiterer, ohne sarkastischen Unterton, meint Lesser, ein Indiz dafür, daß das Gemälde sicher nicht derart eindeutig gelesen werden kann. In der Zweiteilung des Bildes schwingt viel von der Ambivalenz der Person Nussbaums (zwischen Bonvivant und Melancholiker) mit. Dumpf empfundener Bedrängnis stellt er trotzig überzogene Lebenslustigkeit entgegen: er weigert sich, die Verfallszeichen der Zeit zu akzeptieren und zieht sich aus der brüchig gewordenen Umgebung auf die noch intakt geglaubte Welt bürgerlich-familiärer Bindung zurück. Der unheilvolle Verlauf der Geschichte korrigiert ihn nur wenige Jahre später und zerschlägt in brutaler Deutlichkeit diese Rückzugsmöglichkeit.

Wie um zu beweisen, daß er künstlerisch voll auf der Höhe der Zeit ist, benutzt Nussbaum aktuellste Gestaltungsmittel. Ein zeitgleiches Gemälde seines Lehrers Cesar Klein mit dem Titel ›Ischia‹ weist das gleiche Thema modellhaften Inseldaseins, erarbeitet mit versatzstückähnlichen Elementen, auf. Auch die Parallelen zu Herbert Bayers ebenfalls 1929 entstandenem Werk ›Hoffnung am Meer‹ fallen ins Auge, so daß man die reine Zufälligkeit in Frage stellen möchte.

Darüber hinaus sind die stark fluchtende, leere Promenade, die harten Schlagschatten, das Kulissenhafte der wie aufgeklappt wirkenden Villa, die Leere des Platzes, alles lyrische Elemente der ›metaphysischen‹ Malerei de

Briefliche Auskunft von Lori Gittelsohn, New York, aus dem Jahre 1974

Mündliche Auskunft vom 11. 10. 1978

Rudi Lesser in der Meid-Klasse, 1929

Cesar Klein, Ischia, 1929

Herbert Bayer, Hoffnung am Meer, 1929

Karl Rössing, Kunstpapst, 1928, aus der Holzschnitt-
folge ›Mein Vorurteil gegen diese Zeit‹, Büchergilde
Gutenberg, 1932, 1974

Heinz Kiwitz, ›Partei? Nein. Mein Gott unsereiner,
so als Individuum?‹, 1931

Chiricos. Die Galerie Cassirer hatte den Italiener kurz zuvor in Berlin vorgestellt, und wieder übernimmt Nussbaum, nur wenig hinterfragt, ein großes
Vorbild. Aber im Gegensatz zu der Atmosphäre, welche die Bilder des Italieners
bestimmt, wird hier alles Inkongruente und unerklärbar Bedrohliche mit
burschikoser Geste hinweggewischt. Nussbaum treibt lediglich sein ästhetisches
Spiel mit einem naiv verstandenen Surrealismus. (Auch hier holt ihn das Grauen
der Zeit nur wenige Jahre später ein: die hier nur als Versatzstück zitierte Welt de
Chiricos mit ihrer stummen Angst wird schon bald zum alleinigen Bedeutungsträger, wie z. B. ein Blick auf den *Orgelmann* [Nr. 276] von 1943 beweist.)

Das Spiel mit zwei Bildebenen, die einander in Frage stellen, ist ein beliebtes
Thema in der realistischen Kunst der zwanziger Jahre. Dahinter steht die
Erfahrung, daß die brüchig gewordene Realität sich nicht mehr unreflektiert
abbilden läßt, sondern im Bild neu konstruiert werden muß. Nussbaum gelingt
dies nur selten. Im Norderney-Bild meistert er die Aufgabe jedoch formal
souverän.

Bei allem Einklang mit Tendenzen der Zeit ist er dennoch kein Moderner.
Es ist schwer auszumachen, ob und wieviel Ironie in dem Satz mitklingt:
»... überlassen wir also die Dinge – die unserem Auge unsichtbar sind – den
modernen Malern.« Sind hier etwa Maler wie Paul Klee gemeint, der gesagt
hatte: »Kunst gibt nicht das Sichtbare wieder, Kunst macht sichtbar«? Aber eine
Folgerung darf man wohl ziehen: Nussbaum verstand sich nicht als ›moderner
Maler‹; immer hat er, gegen jene Zeitgenossen, die nichtgegenständliche Bilder
malten, an der Aussagekraft des abgebildeten Gegenstandes (und – je später,
desto stärker – an dessen symbolischen Verweischarakter) festgehalten.

Überhaupt gehört es zu den Eigentümlichkeiten dieser Epoche, daß eine
Zeitlang paradoxerweise konservativ gesinnte Künstler die Avantgarde bildeten. Ein typisches Beispiel dafür findet sich in der kulturkritischen Holzschnitt-
folge ›Mein Vorurteil gegen diese Zeit‹ von Karl Rössing. Einer der Holz-
schnitte, ›Kunstpapst‹ von 1928, schildert folgende Situation: Formatfüllend und
hochnäsig schreitet ein Kunsthändler, eine Grafikmappe mit der Aufschrift
»Arrivierte, die ohne Risiko angekauft werden können«, unter dem Arm, durch
das Bild – ohne Blick für den verhärmt aussehenden jungen Künstler im
Hintergrund. Verschüchtert sucht dieser nicht-arrivierte Nachwuchsmaler sein
neuestes Werk anzubieten: eine Stadtlandschaft, die ebensogut von Felix Nussbaum sein könnte.

Felix Nussbaum war seiner sozialen und geistigen Herkunft nach kein
Neuerer. Wenn er überhaupt unter einem Stilbegriff zu rubrizieren ist, so gehört
er noch am ehesten dem konservativen Flügel der ›Neuen Sachlichkeit‹ an. Trotz
gelegentlicher Kritik, die meist noch ironisch verspielt daherkommt, hat er mit
dem politischen Aspekt realistischen Malens nichts gemein. Von 1931 ist ein
Holzschnitt von Heinz Kiwitz, Mitglied der ASSO, datiert, der zwei Maler im
Gespräch zeigt; an der Wand ein Stilleben, auf dem Tisch ein Heft des
›Querschnitt‹, Titel: ›Partei? Nein. Mein Gott unsereiner, so als Individuum?‹
Das ist auf einen Künstler vom Schlage des jungen Felix Nussbaum gezielt,
Maler »harmloser Bildchen« und Mitarbeiter des ›Querschnitt‹. Ätzende Kritik
an einem Kollegen, den wie Felix Nussbaum konservative Sehnsüchte geprägt
haben. Diese lassen sich tatsächlich an der Idyllik der Nussbaumschen Stadtland-
schaften ablesen. Dessen Vorliebe für malerisch verfallene Schornsteine alter
Häuser steht in krassem Gegensatz zu der Bildwelt der Veristen, die u. a. den

Hans Baluschek, Obdachlose, 1919

Industrieschornstein oder die technische Großapparatur als Vorlage wählten.
Werke wie die von Carl Grossberg, Themen wie Arbeitslosigkeit und soziale
Not, die das Schaffen von Grosz, Dix, Otto Nagel oder Hans Baluschek
bestimmen, sind dem Osnabrücker Bürgersohn wesensfremd. Nussbaums
privilegierte Stellung erklärt sicher einiges. Während z. B. im Jahre 1926 in
Berlin 225000 Arbeitslose registriert sind, davon allein 1900 Künstler von der
Erwerbslosenfürsorge leben müssen, kennt er dank der Förderung durch die
Familie keine finanzielle Not.

Carl Grossberg, Kessel in einer Raffinerie, 1933

Zuckmayer, Carl: Als wärs ein Stück von mir, Berlin 1966, S. 445 f.

»Wer durch Berlin fuhr, sah in jedem Bezirk, besonders in den östlichen und nördlichen Stadtteilen, lange Schlangen von Männern anstehen, die elend aussahen, in abgerissener Kleidung, die Gesichter fahl und gedunsen, ungesund, unterernährt. Das waren die ›Stempelbrüder‹, deren Schar mit der Zeit immer größer, deren Anblick immer erbärmlicher wurde.« Diese Beobachtungen Carl Zuckmayers werden auch Felix Nussbaum nicht verborgen geblieben sein. Seine eigene Situation läßt sich aber wahrscheinlich eher mit den Worten Klaus Manns wiedergeben, der die Zeit der Wirtschaftskrise aus folgendem Blickwinkel sah: »Sonderbarerweise hat die Zeit von 1928 bis 1930 in meiner Erinnerung wenig mit Massenelend und politischer Spannung zu tun. Eher mit Wohlstand und kulturellem Hochbetrieb. Natürlich wußte ich, daß die Zahl der Arbeitslosen erschreckend stieg – waren es drei Millionen? Waren es schon fünf? Man konnte nur hoffen, daß die Regierung bald Abhilfe schaffen werde. (...) Übrigens schienen die Geschäfte nicht ganz schlecht zu gehen, trotz der ›Krise‹, von der man so viel in der Zeitung las. Auf kulturellem Gebiet jedenfalls wurde gut verdient, erfolgreiche deutsche Autoren, Schauspieler, Maler, Regisseure, Musiker schwammen geradezu im Gelde. Offenbar gab es doch noch einen starken Sektor des angeblich ruinierten Mittelstandes, der willens und fähig blieb, beträchtliche Summen für Theaterkarten, Bücher, Bilder, Zeitschriften und Grammophonplatten auszugeben.«

Mann, Klaus: Der Wendepunkt, München 1976, S. 242

Von dem bereits erwähnten ›rechten‹ Flügel der neusachlichen Kunst wird Nussbaum zweifellos einige Anregungen erhalten haben. Sie sind heute nicht mehr nachprüfbar, belegen aber gemeinsames Empfinden und Kunstwollen. So findet sich in den Bildern des gleichaltrigen Berliners Werner Heldt (1925–1930 Schüler der Akademie, es bestand also durchaus die Möglichkeit zum Kontakt) die gleiche Vorliebe für Stadtlandschaften voll zerfressenen Mauerwerks. Gustav Wunderwald, den Paul Westheim den »Berliner Utrillo« genannt hat, lebt von der gleichen Ruinenromantik der Vorstadt. Von den grobflächig

Gustav Wunderwald, An der Landsberger Straße, 1928

Werner Heldt, Rosa Mauer, 1930

Georg Schrimpf, Hockende, 1923

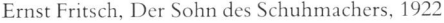
Ernst Fritsch, Der Sohn des Schuhmachers, 1922

August Wilhelm Dressler, Krankenschwester, 1922

statuarischen Menschenbildern des zwölf Jahre älteren Berliners Ernst Fritsch lassen sich ebenso Querverbindungen zum Werk Felix Nussbaums ziehen, wie dies für die Kunst eines anderen Akademieschülers, August Wilhelm Dressler, gilt, dessen verloren wirkende, in engen Raumfluchten und leeren Zimmern arrangierte Personen der Bildkonzeption Nussbaums gelegentlich verblüffend ähnlich sind. Unschwer lassen sich auch verwandte Züge in den Werken der

›Neuromantiker‹ Carlo Mense und Georg Schrimpf finden. Die seelenvolle Großäugigkeit ihrer entindividualisierten, stark typisierten Figuren entspricht vielen Porträtschöpfungen Nussbaums. Und daß der bürgerliche Künstler Nussbaum sich in seiner Themenwelt gelegentlich am Rande der Bürgerlichkeit (Zigeunerbildnisse) und nahe der Morbidität (Friedhofs- und Begräbnisszenen) ansiedelt, bedeutet keinen Widerspruch: Viele junge Maler der Zeit haben dies getan: Ernst Wilhelm Nay malt Friedhofszenen, Otto Pankok in den mittzwanziger Jahren Werke, die ›Leichenzug‹, ›Beerdigungstag‹ und ähnlich betitelt sind. Der Reihe der Zigeunerbildnisse Pankoks um 1930 lassen sich gleiche Werke Hofers oder Beckmanns an die Seite stellen. Auch hier entspricht Nussbaum durchaus der Stimmungslage der Zeit.

Die Frage, wer von wem Impulse empfangen hat, wem die Priorität gebührt (wahrscheinlich war Felix Nussbaum mehr der Nehmende als der Gebende), ist belanglos. Wichtig ist nur: Felix Nussbaum steht nicht in der vordersten Linie der Neuerer, sondern im konservativen Lager. Und – er steht dort nicht allein. Während von den Geistesströmungen, die uns in der Weimarer Republik begegnen, die revolutionäre rasch versandet, durchzieht eine breite restaurative Strömung die gesamte Zeit zwischen Weltkriegsende und Hitlerdiktatur. Der größere Teil des geistigen Deutschland lebte damals in einer nachrevolutionären Situation, ohne je selbst durch eine Revolution hindurchgegangen zu sein. Dies gilt vor allem für die zweite Hälfte der zwanziger Jahre (und auch für Felix Nussbaum). Bei allen glänzenden Einzelleistungen bleibt darum diese sich selbst wiederfindende bürgerliche Kultur oft steril. Viele Künstler der Zeit retirieren vor dem heraufziehenden Chaos in eine vermeintlich heile Welt, deren drohenden Verfall sie entweder nicht wahrnehmen oder nicht wahrhaben wollen.

Jahre in Berlin (II)

Erster Höhepunkt

Künstlerische Fertigkeiten und stilistische Positionen, die er sich bisher angeeignet hat, führt Nussbaum nun zu einem ersten Höhepunkt. Wir können einen, wenn auch nur sprunghaft belegten Weg seiner Malerei nachzeichnen, der, von van Goghschen Stilelementen ausgehend, über Konturenverhärtung und sich steigernde Flächenbetonung bis hin zur *Bildnisgruppe* (Nr. 70) von 1930 reicht. Das Gemälde ist voll von der jahrhundertealten Italiensehnsucht deutscher Maler und von klassischer Ausgewogenheit. Sicher nicht zufällig erinnert die zentrale Gruppe der beiden Frauen an *das* Werk deutscher Italienbegeisterung, das Bild ›Italia und Germania‹ des Romantikers Friedrich Overbeck. Gerade in den zwanziger Jahren ist die Kunst der Nazarener (deren Begründer und Mentor Overbeck war) wiederentdeckt und neubewertet worden, wie allein ein Blick auf die großäugig-seelenvollen Frauentypen Carlo Menses oder die arkadischen Landschaften von Georg Schrimpf zeigen kann. Die Revolutionswirren und die darauffolgenden unsicheren Jahre hatten auch in weiten Kreisen der Künstler ein Bedürfnis nach klarer Ordnung und harmonischer Ruhe geweckt. Daß so etwas wie die ›Neuromantik‹ innerhalb der Neuen Sachlichkeit entstehen konnte, findet hierin seine Erklärung. Die Nazarener, die zu Beginn des 19. Jahrhunderts die verknöcherte Kunst der Akademien durch die Rückbesinnung auf die altdeutsche und vorraffaelische italienische Malerei erneuern wollten, waren schon damals restaurativ gesinnt und beherrschten bald, zu einem neuen Akademismus ausgetrocknet, die offizielle Kunst des gesamten 19. Jahrhunderts. Nun versucht der ›rechte‹ Flügel der Neusachlichen, dem Nussbaum nahesteht, das Gleiche noch einmal: konservative Erneuerung durch den Rückgriff auf etwas, das schon vor einem Jahrhundert nach rückwärts orientiert war!

Felix Nussbaum steht mit seiner bürgerlich-bewahrenden Haltung also keineswegs allein. Mit der *Bildnisgruppe* gelingt ihm allerdings ein Werk, das diesen dürren Traditionalismus weit übersteigt. Nie wieder wird es ihm gegeben sein, porträtierte Personen in eine derart magische Distanz zu rücken. Nicht beschaulich rückwärtsgewandt, nicht stürmisch nach vorn gerichtet; feierliche Zeitlosigkeit spricht aus diesem Bild und vermag in ihrer festgefügten Überzeugungskraft jeden Vergleich mit den bedeutendsten Stücken der zwanziger Jahre aufzunehmen. Die so gewonnene Distanzierung überschreitet die Grenzen der bis dahin in Nussbaums Werke eingegangenen Bürgerlichkeit. Man ist versucht,

Carlo Mense, Mädchenbildnis (Naomi), 1927   Friedrich Overbeck, Italia und Germania, 1811/28

dieses Gemälde als Reifepunkt seines Œuvres zu bezeichnen. Nur: dieses Bild ist keine Wende in seinem Schaffen. Er geht den einmal eingeschlagenen Weg nicht konsequent weiter, denn die Bilder aus den späteren Jahren, so delikat sie auch gemalt sein mögen, bleiben doch oft genug weiterhin Reproduktion oder Ausdruck spätbürgerlicher Melancholie über verfallende Vergangenheit.

Was uns in der *Bildnisgruppe* entgegentritt, ist eine Balkonszene an einem imaginären südlichen Gestade, die durch die Einbeziehung von Tier, Pflanze und Landschaft den Gedanken der Liebe zu allem Kreatürlichen in zeitloser Odnung mitteilt. Erstmals begegnet hier keine kleinteilige Erzählfreude, sondern monumentale Formung; zugleich eine Liebeserklärung an die Lebensgefährtin Felka Platek, die Nussbaum in Berlin kennenlernte und in der Frau mit Kappe porträtiert hat. Ein Detail mag zeigen, wie nachdrücklich Sehnsucht die Dinge entrealisiert: Die dunkelhaarige Felka Platek ist im Bild blond. Rückblickend – in Kenntnis der NS-Rassenideologie und mit Celans ›Todesfuge‹ im Ohr – ein besonders irritierendes Moment! Im späteren *Selbstbildnis mit Felka Platek* (Nr. 268) von 1942 läßt er seine Lebensgefährtin als dunkelhaarige, nahezu orientalische ›Sulamith‹ auftreten (siehe auch S. 160). Die anderen Personen sind hier nicht zu identifizieren, sollen es auch gar nicht sein. Vielmehr sind sie – und das gilt auch für die Figur Felka Plateks – bewußt entpersönlicht. Ins Runde vereinheitlichte, großäugige Gesichter, das Fehlen jeglichen psychologischen Ausdrucks,

Bildnisgruppe, 1930 (WV Nr. 70)

diese Momente geben dem Werk seine klassisch zu nennende Stille und einen mediterran-heiteren Ernst. Unterstrichen wird die daraus resultierende eigentümliche Atmosphäre des Bildes noch durch die zeitlich nicht festlegbare Mode der Kleidung und die absolute Bewegungslosigkeit des Dargestellten. Selbst der Inbegriff des Vorüberziehenden, die Wolken, verharren in feierlicher Ruhe. Die Luft flirrt nicht, sondern ist kristallklar. Trotzdem wirkt das Bild nicht starr: einander entsprechende oder gegenläufige Kurvaturen, rhythmische Gliederungselemente, das Spiel der Hände und die bei allem Gleichklang so verschiedenen Frauentypen verlebendigen das Gemälde im höchsten Maße, ohne ihm seine mögliche Distanz zu nehmen.

Kaum ein Bild Nussbaums wirkt so streng komponiert wie diese *Bildnisgruppe*. Die Kompositionsmittel haben die Aufgabe, die Atmosphäre des Gemäldes zu stützen, dabei ist das feste Ordnungsgefüge zugleich Ausdruck einer geistigen Welt. Diesem Gefüge ordnet sich alles unter: Schatten modellieren nicht, sondern verklammern das Bildganze in diagonalen Flächen. Einzelne Details wie der Arm der Figur am rechten Bildrand, werden als bildbauende Formen – unter dem Einfluß Karl Hofers – aus dem Zusammenhang des Körpers isoliert und führen ein Eigenleben voller Bezüge. Die Wolken, keineswegs bloße Dekoration einer Leerfläche, sind den Köpfen der Kinder und einer Frau zugeordnet. Wie z. B. auch Georg Schrimpf in seinem Gemälde ›Mädchen in südlicher Bucht‹ entrückt Nussbaum seine Figuren in eine ferne Zeitlosigkeit. Barrieren wie eine Mauer bzw. ein Tisch sichern die Dargestellten vor dem

Georg Schrimpf, Mädchen in südlicher Bucht, 1923

Zugriff des Betrachters und erhöhen sie zugleich sockelartig. Zwar blicken die Figuren aus dem Bilde heraus, aber doch ohne den Betrachter direkt anzusprechen. Die typisierten Gesichter, der strenge Bau des Ganzen (Ausrichtung auf die Mittelachse, Komposition durch Waagerechte und Senkrechte, ausgewogene Kurvaturen, die Augen auf Horizonthöhe versammelt) und der Einzelteile, die Ruhe des gesamten Bildzusammenhangs geben sowohl dem Gemälde von Schrimpf wie auch dem von Nussbaum ihre fast klassisch zu nennende Wirkung. Beide Werke sind Gegenbilder: sie setzen die Ordnung der Kunst gegen die Unordnung der Zeit. Nussbaum kommt mit diesem Werk dem disziplinierten Ordnungsgefüge seines Lehrers Cesar Klein sehr nahe. Auch die Farben wirken ordnend: in reinem Kontrast stehen Blau- gegen Gelbtöne, die dritte Grundfarbe Rot gibt in Tisch, Haaren und den Schattenpartien den Begleitakkord.

Cesar Klein, Zwei Frauen mit Brief, 1928/29

Nussbaum erreicht mit diesem Bild, was ihm bisher verwehrt war. Dem immens geschickten frühen Künstler (aber eben doch nur geschickt als Epigone) und dem vor lauter Erzählen den Bildaufbau oft vernachlässigenden Maler gelang vorher nur selten, was hier in voller Meisterschaft vor Augen steht: Das Gerüst des formalen Aufbaus betont den Bildvorwurf stärker als jede narrative Beschreibung. Felix Nussbaum hat gelernt, daß Malerei mehr ist als redende Wiedergabe.

Meisterschüler des Zeichners Hans Meid

Wieweit Felix Nussbaum die akademische Ausbildung ernst genommen hat, läßt sich nicht mehr genau rekonstruieren. Die Aussagen darüber widersprechen sich. Sicher ist nur: er hatte Erfolg. Aus den noch vorhandenen Unterlagen der Hochschule geht hervor, daß er spätestens am 23. Mai 1928 zum Meisterschüler ernannt worden ist. Eine Auszeichnung, die dem Studierenden einen überdurchschnittlichen Erfolg während seiner Studienzeit bescheinigt. Meisterschüler zu sein bedeutete, zwei weitere Semester bei einem Lehrer eigener Wahl arbeiten zu dürfen. Nussbaum entschied sich für Hans Meid, und im Wintersemester 1929/ 1930 wurde ihm zusammen mit anderen Meisterschülern ein Atelier in der Abteilung Freie Kunst zur Verfügung gestellt.

Die enge Bindung Felix Nussbaums an Hans Meid erscheint auf den ersten Blick rätselhaft. Meid war – weil unkonventionell – als Lehrer allgemein sehr geschätzt, und auch Nussbaum hat sich nur anerkennend über ihn geäußert. Aber: Meid war fast ausschließlich Zeichner und Radierer. Nussbaum hingegen, soweit wir aus dem noch vorhandenen Werk schließen können und wie auch seine Mitschüler betonen, war in erster Linie Maler.

Doch Nussbaums erstes erhaltenes Werk ist, wie bereits erwähnt, eine Federzeichnung. Er hat Illustrationszyklen geschaffen, für Zeitschriften gezeichnet, ein selbstverfaßtes Hochzeitsgedicht für Freunde mit Marginalien in Tuschezeichnung versehen. Er hat radiert und auch in seinen letzten Schaffensmonaten noch gezeichnet. Vermutlich hat ihn Hans Meid stärker geprägt, als bisher angenommen wurde (besonders das im März 1980 von der Stadt Osnabrück erworbene Konvolut von Zeichnungen vermag Nussbaums Rang als Zeichner durchaus zu belegen).

Alle Nussbaums Studienzeit an der Berliner Hochschule betreffenden Unterlagen wurden freundlicherweise vom Archiv der Preußischen Akademie der Künste, Berlin, zur Verfügung gestellt.

Paul Westheim, in: ›Kunstblatt‹, Jg. 12–13, 1928/29

Auch Kunstkritiken der endzwanziger Jahre loben Felix Nussbaum immer wieder als Zeichner (»... verfügt über beachtliche zeichnerische Gaben«; »die Zeichnungen stehen in nichts nach«; »mehrere Zeichnungen aus Ostende beglaubigen noch besonders die Gaben des beachtenswerten jungen Künstlers«; »... jung, begabt, ein Könner und, wie die Zeichnungen beweisen, ein ernsthafter Arbeiter«). Paul Westheim bringt die Wertschätzung des Zeichners Nussbaum auf folgenden Nenner: »Von Nussbaum gibt es Zeichnungen, die so eminent gekonnt sind, daß er sich alles erlauben zu können scheint, und so reizt es ihn, nicht einfach zu sein, sondern verspielt, kapriziös, romantisierend.«

Kollegen rechnen Nussbaums Zeichnungen zu seinen wohl »persönlichsten, spontansten Äußerungen«. Und tatsächlich beherrscht Nussbaum beides; die spontane und zugleich treffsichere Niederschrift ebenso wie die ausgefeilt-raffinierte Zeichenkunst. Aber gerade wegen der vergleichsweise geringen Zahl der auf uns gekommenen Zeichnungen und grafischen Arbeiten der Frühzeit müssen wir uns ein abschließendes Urteil versagen.

Eines wird bei genauerer Betrachtung seines Werkes dennoch deutlich: Felix Nussbaum hat auch als Maler oft genug zeichnerisch gedacht. Anfangs – noch im Banne van Goghs – führt er den Pinsel ›zeichnerisch‹, später übernimmt er die Konturierung Karl Hofers. Neben Bildern, die rein von der Peinture her aufgefaßt sind, gibt es eine Anzahl von Werken, bei denen die Vorzeichnung, das lineare Gefüge der Komposition, noch sichtbar durchscheint. Skizzen belegen zudem, wie sehr Nussbaum die Bildidee zuerst äußerst sorgfältig in der Zeichnung abgeklärt hat, bevor er sie als Maler ins Bild setzte. Als Beispiel seien hier die bereits erwähnten, wenn auch verschollenen Vorzeichnungen zum ›Synagogenbild‹ (Nr. 6) erwähnt. Ein weiteres Beispiel bietet sich in *Maler im Atelier* (Nr. 75) an, wo auf der Staffelei am rechten Bildrand eine Vorzeichnung – ganz im Geiste Karl Hofers – sichtbar wird.

Stilleben mit Pinseln, 1929 (WV Nr. 60)

Diese peinlich genaue Vorarbeit zum Besten seiner Gemälde verdankt Nussbaum seiner akademischen Ausbildung, die Hermann Wilhelm folgendermaßen beschreibt: »Ich glaubte, das Bild in mir zu haben, und griff die Quadratmeter an. (...) Hofer, der mich einmal unversehens überfallen hatte, meinte: bei allem Respekt, was ich da vorhabe, sei aussichtslos, so ginge es nicht, und er wundere sich, daß meine Intelligenz auf so einen Irrsinn reinfiele. Plontke fragte gleich unwirsch, wo ich denn meine Ideenskizzen habe, wo die nötige farbige Klärung sei und wo der übliche Karton zum Übertragen? Ich dürfe mir nicht einbilden, mehr zu können und zu wissen als die alten Meister, die sich vor der Ausführung bis ins Detail klar gewesen wären. (...) Beide hatten die Erfahrung für sich und das Recht zu verurteilen.«

Wilhelm, a. a. O., S. 96 f.

Die einheitliche Wertschätzung der grafischen Arbeiten Felix Nussbaums bestand nicht zu Unrecht, beherrschte er doch ein breites Spektrum grafischer Techniken: den samtenen Klang und die Tonwerte der Kaltnadelradierung ebenso wie den klar akzentuierenden Federstrich; die Sprache der ausgesparten Partien ebenso wie den flächigen Auftrag mit Pinsel und Tusche. In meisterhafter Form stehen z. B. in der *Villa Nordsee* (Nr. 81) die mitsprechenden Leerflächen des Papiers dem scharf umreißenden Linienspiel gegenüber und halten so das Werk bei aller Verliebtheit ins Spielerische im Gleichgewicht (siehe S. 63).

Überlegt eingesetzte Leerflächen prägen auch das *Stilleben mit Pinseln* (Nr. 60) von 1929. Die Art, wie hier impulsiv-überlegt gesetzte Akzente in Weiß das Bild bauen, Schattierungen in Kohle Räumliches andeuten, im Gegensatz dazu die

Pinsel im Krug am rechten Bildrand jedoch nur skizziert und flächig gegeben werden, macht die Meisterschaft dieser Zeichnung aus.

Verliebtheit ins Spielerische und eine ganz anders gelagerte Könnerschaft sprechen – in voller Übereinstimmung mit dem Geist dieser Zeitschrift – aus Nussbaums Arbeiten für den ›Querschnitt‹. Heiter fließende Linien, sparsam eingesetzt, umschreiben in ihrem grafischen Witz die Ironie der Bildmotive; der Absolvent der Kunstgewerbeschule (in Hamburg) zeigt auch hier seine sichere Hand.

WV   Nr. 84, 85, 91–93
Zu den Arbeiten für den ›Querschnitt‹ s. das Kapitel ›Erfolg‹, S. 87

Werkstatt im Freien, 1932, Feder und Pinsel in Tusche (WV   Nr. 83)

Hinterhof mit Leitern, 1932, Bleistift, Kohle, Feder und Pinsel in Tusche (WV   Nr. 82)

Der tolle Platz, 1931 (WV Nr. 76)

›Der tolle Platz‹

»In seiner Art war er ein nettes Kerlchen, ein heiterer, sorgenloser Mensch. Die Malerei war ihm ein Vergnügen.« So beschreibt Hermann Wilhelm seinen Mitschüler Felix Nussbaum. Dem Oeuvre ist diese Grundhaltung allerdings oft zur Gefahr geworden: stilistische und thematische Beliebigkeit, ja Auswechselbarkeit und große Qualitätsschwankungen sind immer wieder festzustellen. Häufig lassen sich diese Schwachpunkte im Werk auf Nussbaums kaum vorhandene Fähigkeit zurückführen, über Inhalte und Methoden der Malerei nachzudenken. Zu oft übernahm er nur Halbverstandenes in seine Bilder oder malte in aller Naivität unbekümmert »drauf los«.

Man kann diesen Aspekt jedoch auch positiv sehen, so wie dies z. B. – bei aller Skepsis – Paul Westheim anläßlich der Besprechung einer Ausstellung junger Künstler im Warenhaus Wertheim im ›Kunstblatt‹ von 1929 tut: »Vielleicht ist das Anziehende bei Felix Nussbaum, daß er sich so wacker gegen die Schule zu behaupten vermag.« Und wirklich, dieses Sichbehaupten gegen Lehrzwänge gelingt ihm einige Male in verblüffender Manier. Unbekümmerte Frische läßt zeitweilig Bilder entstehen, die gerade durch ihr unreflektiertes Draufgängertum ansprechen. Eines dieser Bilder ist *Der tolle Platz* (Nr. 76) von 1931.

›Kunstblatt, Jg. 13, 1929, S. 9

Der tolle Platz: das ist der Pariser Platz, flankiert vom Brandenburger Tor und dem Gebäude der Akademie. Was geschieht auf diesem von Menschen wimmelnden Bild? Würdig-steife Professoren schreiten auf kostbarem Teppich, von pummeligen, fahnenschwingenden und musizierenden Engeln mit Blumen bestreut, in die Akademie. Eine Gruppe junger Maler, aufgeregt und dichtgedrängt umeinandergeschart, begehrt mit ihren frischgemalten Werken Einlaß. Ohne Frage ein Schlüsselbild zur Kunstsituation Berlins kurz vor Ausbruch des Dritten Reiches. Hermann Wilhelm, der dieses Gemälde als eines der letzten Werke seines Mitschülers vor der Emigration zu sehen bekam, glaubt, Nussbaum »illustriere die Revolte der Künstlerjugend gegen die Diktatur der Akademie«.

Aber die Revolte des Siebenundzwanzigjährigen ist doch auffallend widersprüchlich geraten. Denn umstürzlerisch und rebellisch wirkt nun gerade nicht, was die jungen Künstler an Bildern vom Lastwagen entladen: Blumenstilleben und Stadtlandschaft, Friedhof und Masken im Mondschein, ein Jude im Gebet, das Genrebild einer Näherin und einige Akte; überwiegend im Miniaturformat gemalt. Wer die protestierenden Künstler sind, konnte bisher nur teilweise festgestellt werden (obwohl viele ausgesprochene Porträtköpfe darunter sind): Ganz links hat sich der junge Nussbaum selbst porträtiert, mit einem Protestschreiben in der Hand. Der Rothaarige neben ihm ist der gleichaltrige Rudolf Riester. Beide begannen 1925 ihre Ausbildung an den Vereinigten Staatsschulen, beide waren seit 1928 Meisterschüler bei Hans Meid, beide unternahmen 1929 eine längere Südfrankreichreise (gemeinsam?), und beide beteiligten sich häufig gemeinsam an Ausstellungen in Berlin. Neben Nussbaum mit Brille: Alfred Kitzig, Maler und Grafiker, Jahrgang 1902. Mit Baskenmütze der Karikaturist Marcel Frischmann; und in der rechten Bildhälfte, mit Glatze, der Künstler Herbert Höfner.

Die Kenntnis dieser Namen gibt für die Entzifferung des Bildes nicht viel her, umschreibt wohl lediglich den Kollegen- und Freundeskreis Nussbaums. Die

Gemälde jedoch, welche die Gruppe bei sich führt, sind in zweierlei Hinsicht aufschlußreich: Sie sind Eigenzitate Nussbaums und vor allem – und dies ist für den Bildinhalt äußerst wichtig – sie manifestieren den einen Pol des Widerspruchs in Nussbaums Selbstverständnis. Auf drei Bildern im Bild sind nämlich die Eltern Felix Nussbaums, der Bruder Justus mit seiner Frau Herta sowie Felka Platek porträtiert. Da macht sich ein junger Künstler über eine verknöcherte Institution lustig und bringt als Plus der Jugend eine noch ältere Einrichtung ins Spiel, die Familie. Gegen alle Erfahrung löst Nussbaum die aus unserer Sicht nahezu selbstverständliche Verbindung von Revolte und Generationskonflikt und zieht eine neue Frontlinie, die diagonal zu der uns geläufigen zwischen jung und alt verläuft. Hier hält, wenige Jahre vor der größten Katastrophe des deutschen Bürgertums, ein Siebenundzwanzigjähriger an einem Anspruch fest, den eben jene in den Untergang schlitternde bürgerliche Gesellschaft zu einer ihrer tragenden Maximen erhoben hatte: Die Zukunft liegt bei der Familie. Verrät sich also in dem Bild *Der tolle Platz* ein restaurativer Grundzug Nussbaums? Gilt seine Revolte weniger der Institution ›Akademie der Künste‹ als vielmehr deren Verfall?

Vieles spricht dafür. Nussbaum hat die reale Architektur des Platzes in symbolisierender Umdeutung abgeändert. Die Baulücke im rechten Teil des Gemäldes hat zum Zeitpunkt der Entstehung des Bildes nicht existiert. Die Siegessäule (sie befand sich damals noch dort und nicht an ihrem heutigen Standort) war ebenso unversehrt wie das Wohnhaus Max Liebermanns, des Akademiedirektors, neben dem Brandenburger Tor. In Nussbaums Gemälde ist Berlins Stolz zerborsten, die ›Victoria‹ wird durch die Luft geschleudert, Liebermanns Haus ist schon zur Hälfte angefressen und eingestürzt. Oben, wo das Atelier war, sieht man den Altmeister deutscher Kunst im Zusammenbruch noch an seinem Selbstbildnis malen, das in die Gloriole eines Goldrahmens gekleidet ist – wie ebenso aber auch das Porträt der Felka Platek. Revolte also – aber weniger das Aufbegehren eines Avantgardisten als vielmehr naive Ironie eines im Grunde Konservativen.

Der tolle Platz ist eine Variation eines 25 Jahre früher gemalten Bildes von Henri Rousseau, greift also auf die Tradition (wenn auch auf eine unakademi-

Für die Identifizierung der einzelnen Personen gab Frau Ursula Prinz von der Berlinischen Galerie (in deren Besitz sich das Gemälde befindet) wertvolle Hinweise.

Porträt der Lebensgefährtin Felka Platek

Vgl. auch das *Bildnis der jüdischen Malerin Platek, um 1929 (WV Nr. 58)*

»Bilder wie *Der tolle Platz*, diese vehemente Persiflage auf den Akademiebetrieb, hat er mehrere gemalt. Da muß vieles verloren gegangen sein.« (Mündliche Auskunft des Bildhauers Fritz Szalinski, Osnabrück, vom 24. 2. 1971)

Ausschnitte aus *Der tolle Platz* (WV Nr. 76), Bilder im Bild: Porträts der Eltern

Luftaufnahme des Pariser Platzes mit dem Brandenburger Tor um 1930. Rechts an das Tor anschließend das Wohn- und Atelierhaus Max Liebermanns. Linke Mitte: das Gebäude der Preußischen Akademie.

Bilder im Bild: Porträt des Bruders Justus und der Schwägerin Herta (*Der tolle Platz* [Nr. 76])

Mataré, Ewald: Tagebücher, Köln 1973, S. 36

Briefliche Auskunft vom 2. 7. 1979

sche) zurück. Was bei Rousseau noch so verheißungsvoll als ›Die Freiheit lädt die Künstler zur Teilnahme an der 22. Ausstellung der Unabhängigen ein‹ betitelt ist, droht hier allerdings ins Apokalyptische umzuschlagen. Bei Felix Nussbaum sind der fahnenstrotzende Fortschrittsglaube und die stolze, löwenhafte Sicherheit Rousseaus brüchig geworden. Aber allzuviel trennt beide Bilder nicht. Den ›tollen Platz‹ hat ein Künstler gemalt, der das Rad der Geschichte (und der Kunstgeschichte) eher zurückdrehen als antreiben will. »Ganz trostlos kann einem werden, wenn man die sogenannte gebildete Jugend ansieht«, schreibt Ewald Mataré, Schüler der Hochschule in den zwanziger Jahren. »Nicht eine Spur von ernstem Begriff unserer Zeit, ja, ihre Gefühle sind eher nach rückwärts gerichtet.« Auch Felix Nussbaums Geisteshaltung ist mit diesen Worten umschrieben: Ironisch verkleidete Attacke, kein Frontalangriff.

Hermann Teuber, ein zehn Jahre älterer Mitschüler (»Nussbaum und ich kannten uns und schätzten gegenseitig unsere Arbeiten«), teilte uns zu diesem Bild folgendes mit: »Als Mitglied der Dresdener Künstlervereinigung Lenné-Straße erhielt ich den Auftrag, jüngere gute Berliner Maler aufzufordern, für eine Ausstellung je ein Bild zur Verfügung zu stellen. Neben Nay u. a. wählte ich auch Nussbaums Tollen Platz aus. Dieses Bild machte ihn schon in Berlin populär und erregte schmunzelnde Anerkennung.«

»Weg von Liebermann heißt es heute bei uns«, schreibt Ewald Mataré in seinen Tagebüchern schon Jahre früher. Aber dieser Aufruf galt mehr dem impressionistischen Maler als dem Akademiedirektor. Als Präsident der Akademie sah es Liebermann als seine hauptsächlichste Aufgabe an, die Jugend zu fördern, und wenn er die Maler der jüngeren Generation und ihre Werke auch nicht immer verstand, so empfand er doch tief die Verpflichtung seiner Stellung gegenüber der Zukunft: »Wer selbst in seiner Jugend die Ablehnung des Impressionismus erlebt hat, wird sich ängstlich hüten, gegen eine Bewegung, die er nicht, oder noch nicht versteht, das Verdammungsurteil zu sprechen, besonders als Leiter der Akademie, die, wiewohl ihrem Wesen nach konservativ, erstarren würde, wenn sie sich der Jugend gegenüber rein negativ verhalten

Henri Rousseau, Die Freiheit lädt die Künstler zur Teilnahme an der 22. Ausstellung der Unabhängigkeit ein, 1906

Die Verbindung zu Rousseau hatte schon Paul Westheim in seiner begeisterten Würdigung des *Tollen Platzes* gezogen (›Kunstblatt‹, Jg. 15, 1931, H. 5, S. 159). Er schreibt von den »durch Bärte vor Zugluft geschützten Professoren« und dem »Jungvolk, geschart um Paul Klee, den die Akademie ja auch noch nicht kennt, (das) sich drängt, schiebt und stößt und mit all den frisch gemalten, schönen Bildern draußen zu bleiben hat«. Eine treffende Wiedergabe des ironischen Bildinhaltes. Nur der Hinweis auf Paul Klee (der wohl mehr privater Vorliebe Westheims entsprach) ist nicht haltbar.

wollte. « Getreu dieser Devise hatte er durch seine Ausstellungs- und Berufungspolitik die Akademie zu einer liberalen Leitinstitution gemacht. 1920 wurde Karl Hofer von ihm zur Übernahme einer Malklasse berufen, der von seiner Arbeit sagte: »Diese Lehrtätigkeit, die Beobachtung der Entwicklung junger Menschen hat mir Freude gemacht. Einer ganzen Reihe begabter Schüler vermochte ich jene Erkenntnisse zu übermitteln, die ich mir selbst Schritt für Schritt langsam

Liebermann, Max: Die Phantasie in der Malerei, Frankfurt/M. 1978, S. 187

Hofer, Karl: Aus Leben und Kunst, Berlin 1952, S. 13 f.

Die Jury der Akademie (darunter Käthe Kollwitz und Max Liebermann) prüft eingereichte Arbeiten.

Karl Hofer, Schwarze Zimmer, 1930

Ostwald, Hans: Das Liebermann-Buch, Berlin 1930, S. 304

habe erarbeiten müssen. Die meisten dieser Schüler hat die Nazizeit ins Ausland getrieben.«

Felix Nussbaum war – im übertragenen Sinne – einer dieser Schüler. Hofer verdankt er nachweislich viel. Liebermann erweist er im Bild, wenn auch gebrochen, eine gewisse Anerkennung. Denn diese zwar wenig ehrfurchtsvolle, prächtig gelungene Satire sprengt mit ihrer überlegten Komposition und der deutlich vorgetragenen Lust an der Peinture durchaus nicht die Vorstellungen akademischer Malweise. Nussbaums Verhältnis zur Akademie und somit auch zur malerischen Tradition war also durchaus zwiespältig. *Der tolle Platz* belegt es.

Der tolle Platz ist nicht allein als Schlüsselbild zur Kunstsituation zu verstehen, er berührt darüber hinaus sicherlich auch die politischen Ereignisse der Zeit. Am rechten Bildrand, wo die Zerstörung am weitesten fortgeschritten ist, marschiert – Trommler voran – eine Phalanx dunkler Gestalten auf. Ein Vergleich mit Karl Hofers ›Schwarzen Zimmern‹ von 1930 drängt sich auf: zu seiner Zeit sprach man von Hofers Bild als vom ›Trommler‹, womit der politische Aspekt des Gemäldes angedeutet werden sollte. Vorboten kommenden Unheils auch bei Nussbaum. Vor wem versucht Liebermann (der zu dieser Zeit schon faschistischen Angriffen ausgesetzt war) eigentlich sich und sein Gemälde zu retten – vor den protestierenden Studenten oder vor der Formation der trommelnden Totengräber? Ein gutes Jahrzehnt später fallen Liebermanns Haus und die Siegessäule den Bomben des Krieges zum Opfer.

Kaum ein anderer als Max Liebermann gibt ein derart prägnantes Beispiel für das Kulturleben Deutschlands von der Jahrhundertwende bis zum Einbruch des Faschismus. Zwar wählte die damalige Königlich Preußische Akademie der Künste Berlins ihn 1898 zum Mitglied, den Vorschlag aber, ihn im Jahre 1915, nach dem Tode des bei Hofe äußerst geschätzten Militärmalers Anton von Werner, zum Direktor zu ernennen, sah Kaiser Wilhelm II. als »famosen Witz« an. Erst nach der Novemberrevolution bekleidete der Maler ab 1920 das Präsidentenamt und übte diese Funktion bis zu seinem 85. Geburtstag im Jahre 1932 aus. Unter seiner Leitung und dank seiner Liberalität erwarb die Akademie sich ihren ausgezeichneten Ruf als Regulator des Kunstlebens ihrer Zeit. Die Hochschule der Akademie wurde zur lebendigsten Kunstschule des Reiches.

Als Außenminister Rathenau, ebenfalls Jude (und Liebermanns Vetter), ermordet wurde, erkannte Liebermann keineswegs die auch ihm drohende Gefahr: »Neulich hat ein Hitlerblatt geschrieben – man hat mir das zugeschickt –, es wäre unerhört, daß ein Jude den Reichspräsidenten malt. Über so etwas kann ich nur lachen. Ich bin überzeugt, wenn Hindenburg das erfährt, lacht er auch darüber. Ich bin doch nur ein Maler, und was hat die Malerei mit dem Judentum zu tun?«

1933 war Liebermann bereits verfemt. Zwei Jahre später starb er. Als er zu Grabe getragen wurde, folgten nur wenige Menschen, darunter Käthe Kollwitz, dem Sarg des noch vor kurzem so hoch angesehenen Mannes. Seine zahlreichen Bilder verschwanden in den Depots der Museen oder wurden beschlagnahmt und als »entartet« gebrandmarkt. Liebermanns Ehefrau nahm sich 1943 das Leben, um Auschwitz zu entgehen.

Leierkastenmann, 1931 (WV   Nr. 71) ▷

Erfolg

Mündliche Auskunft Rudi Lessers vom 11. 10. 1978

Neben Nussbaum waren auch der bereits erwähnte, gleichaltrige Rudolf Riester (dargestellt im *Tollen Platz*) und der drei Jahre ältere Berliner Rudi Lesser Meisterschüler von Hans Meid. Lesser berichtet uns, daß Felix Nussbaum Meids Atelier benutzte und dessen Korrekturhilfen dankbar annahm – und zugleich ein eigenes »schönes Atelier« in der Xantener Straße 23, nahe dem Kurfürstendamm, besaß.

Eine beneidenswerte Situation, bedenkt man die massenhafte Arbeitslosigkeit und Existenzunsicherheit der Zeit, auch unter Künstlern! So verwundert es nicht, daß Felix Nussbaum viele Neider gehabt hat. Während Willi Wolfradt in einem Artikel in der ›Weltbühne‹ die »massenhafte Existenz von Hantierern mit Farbe und Meißel« als »soziales Problem« beklagt und den Kunstbetrieb der Zeit auffordert, ihnen, »die er ausbrütet, um sie dann verkommen zu lassen«, zu helfen, kann sich Nussbaum den Luxus einer gesicherten bürgerlichen Lebensweise leisten. Und nicht nur das: er kann auch Studienreisen unternehmen. Kurzen Aufenthalten an der ostfriesischen Küste und am Niederrhein folgt im Sommer 1928 eine einjährige Studienreise nach Belgien (vornehmlich Ostende) und Südfrankreich. Hier entstehen in sorgenfreier Atmosphäre eine Vielzahl provençalischer Landschaften, Städteansichten von Arles und Cagnes-sur-Mer, Bilder der Küstenpromenade von Nizza. Offensichtlich geht es dem Sohn aus der Osnabrücker Kaufmannsfamilie mit eigenem Atelier, mit ideellem und materiellem Rückhalt durch die Familie, die ihn oft in Berlin und die er oft in Osnabrück besucht, sehr gut, jedenfalls augenfällig besser als vielen anderen Künstlern in Berlin.

Wolfradt, Willi: Kunstbetrieb, in: ›Weltbühne‹, Jg. 28, zweites Halbjahr 1932, S. 683 f.

s. WV Nr. 49–53

Max Liebermanns Wort »Heutzutage ist der junge Maler, der die Kunstschule absolviert hat, ganz allein auf sich gestellt: Er soll frei schaffen, ohne in sich frei zu sein«, traf in gewisser Weise natürlich auch auf Nussbaum zu. Aber: vor solidem finanziellen Hintergrund konnte er es sich eher als jeder andere leisten, sich 1929 als »selbständiger Maler« niederzulassen.

Liebermann, a. a. O., S. 216

Schon während seiner Studienzeit, besonders aber seit er sich als freischaffender Künstler auf eigene Füße gestellt hatte, war Nussbaum auf Kollektiv- und Einzelausstellungen verschiedener Galerien vertreten. Auch die ›Berliner Secession‹ stellte ihn aus. Felix Nussbaum gehörte zu den wenigen Malern, die in regelmäßigen Abständen Reproduktionsrechte an Zeitschriften verkaufen und dadurch ihren Lebensunterhalt bestreiten konnten.

s. das Ausstellungsverzeichnis im Anhang, S. 257

Zudem schrieb man wohlwollende Kritiken über ihn – auch in den führenden Kunstzeitschriften. Im ›Kunstblatt‹ und im ›Cicerone‹ wird Nussbaum häufig in einem Atemzug mit Malern wie Gustav Wunderwald, Otto Herbig oder Anton Räderscheidt genannt. So schreibt Willi Wolfradt 1929 über die Ausstellung der ›Berliner Secession‹ abschließend: »Nay, Nussbaum, Fuhr gehören hier *wie regelmäßig* (Hervorhebung vom Verf.) zum Hervortretenden.«

›Cicerone‹, Jg. 21, 1929, S. 619

Wichtiger noch als die Wertschätzung der Kritik war für Nussbaum zweifellos, daß man sich nun auch seiner Mitarbeit zu versichern begann. So brachte ›Der Querschnitt‹ Zeichnungen von ihm als Titelblätter, und im ›Querschnitt‹ vertreten zu sein, bedeutete sehr viel. Dieses »Saxophon des Snobismus« war eine Art intellektuelles Statussymbol der Zeit. Peter de Mendelssohn charakteri-

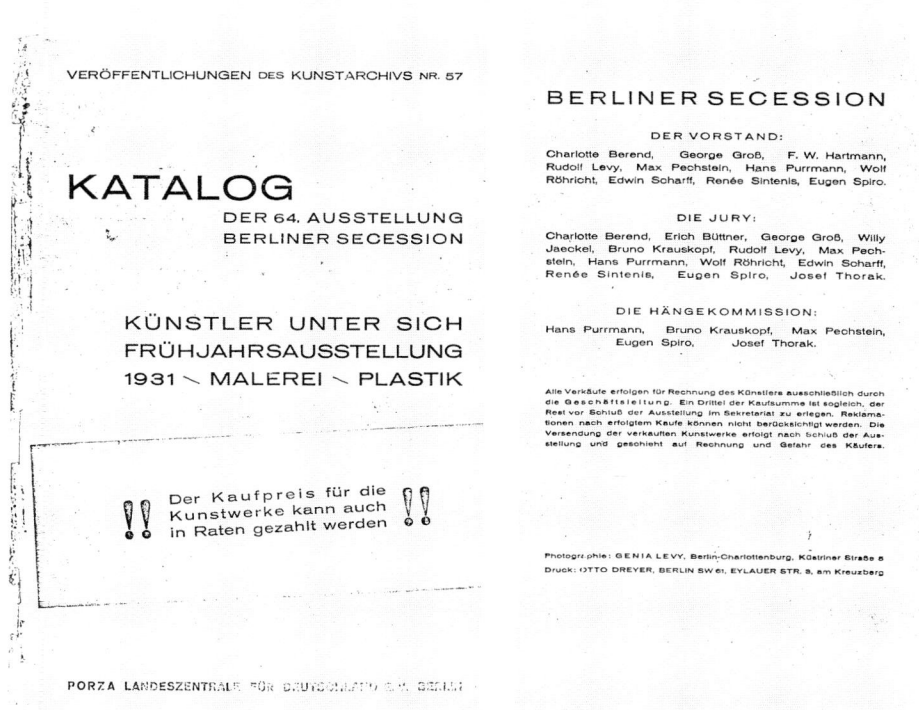

VERÖFFENTLICHUNGEN DES KUNSTARCHIVS NR. 57

KATALOG

DER 64. AUSSTELLUNG
BERLINER SECESSION

KÜNSTLER UNTER SICH
FRÜHJAHRSAUSSTELLUNG
1931 ~ MALEREI ~ PLASTIK

Der Kaufpreis für die ‼ ‼
Kunstwerke kann auch
in Raten gezahlt werden ‼ ‼

BERLINER SECESSION

DER VORSTAND:

Charlotte Berend, George Groß, F. W. Hartmann, Rudolf Levy, Max Pechstein, Hans Purrmann, Wolf Röhricht, Edwin Scharff, Renée Sintenis, Eugen Spiro.

DIE JURY:

Charlotte Berend, Erich Büttner, George Groß, Willy Jaeckel, Bruno Krauskopf, Rudolf Levy, Max Pechstein, Hans Purrmann, Wolf Röhricht, Edwin Scharff, Renée Sintenis, Eugen Spiro, Josef Thorak.

DIE HÄNGEKOMMISSION:

Hans Purrmann, Bruno Krauskopf, Max Pechstein, Eugen Spiro, Josef Thorak.

Alle Verkäufe erfolgen für Rechnung des Künstlers ausschließlich durch die Geschäftsstelle. Ein Drittel der Kaufsumme ist sogleich, der Rest vor Schluß der Ausstellung im Sekretariat zu erlegen. Reklamationen nach erfolgtem Kaufe können nicht berücksichtigt werden. Die Versendung der verkauften Kunstwerke erfolgt nach Schluß der Ausstellung und geschieht auf Rechnung und Gefahr des Käufers.

Photographie: GENIA LEVY, Berlin-Charlottenburg, Küstriner Straße 6
Druck: OTTO DREYER, BERLIN SW 61, EYLAUER STR. 8, am Kreuzberg

PORZA LANDESZENTRALE FÜR DEUTSCHLAND E.V. BERLIN

Katalog der ›Berliner Secession‹

Hochzeitspaar mit Kamelen, Titelblatt für den ›Querschnitt‹, Themenheft ›Die Ehe von heute‹, Oktober 1932 (WV Nr. 85)
Weitere Arbeiten für den ›Querschnitt‹ s. WV Nr. 84, 91–93

Zitiert nach Koch, Thilo: Die goldenen zwanziger Jahre. Frankfurt/M. 1970, S. 134ff.

siert den ›Querschnitt‹ so: »Er war das Gegenteil von umfassend. Er war ausgesprochen exklusiv. Er war das Gegenteil von populär. Er war ausgesprochen anspruchsvoll und keineswegs frei von snobistischem Hochmut. Er war alles andere als gemeinverständlich; er sprach geradezu eine Geheimsprache. Er war nicht einfach; er war getüftelt, überspitzt. (...) Und doch war er ein ›Querschnitt‹ im rechten Sinn des Wortes, nicht durch die Ereignisse, sondern durch das Lebensgefühl, das jene hervorbrachten. Er war keineswegs weitverbreitet: aber jedermann wußte von ihm.« Weltbekannte Künstler schrieben und zeichneten für dieses interessanteste Kulturmagazin der Zeit (1921 von dem Galeristen Alfred Flechtheim gegründet, 1936 wegen »zersetzendem Intellektualismus« verboten), dessen thematische Vielschichtigkeit und künstlerisches Niveau beispiellos waren.

In Berlin war man auf Nussbaum aufmerksam geworden (und das mit Recht, denn gerade die Arbeiten der Jahre um und nach 1930 beweisen eine erstaunlich durchgehaltene Qualität). Was lag für den jungen Maler näher, als jetzt auch die breite, offizielle Anerkennung zu suchen? – *Der tolle Platz* war eines von fünf Gemälden, die Nussbaum am 24. März 1932 bei seiner Bewerbung für den ›Großen Staatspreis‹ vorlegte. Der ›Große Staatspreis‹, besser bekannt als ›Rompreis‹, wurde alljährlich von der Berliner Akademie ausgeschrieben und zählte zu den begehrtesten Auszeichnungen, die ein aufstrebender Künstler erringen konnte. Die Akademie unterhielt nicht nur die Hochschule für bildende Künste als Unterrichtsanstalt, sie war gleichzeitig Künstlergesellschaft und autonome Kunstbehörde. Von ihren Ausstellungen sprach man in Berlin und in ganz Deutschland. Zugleich war ihr Senat begutachtende Stelle für das Ministerium für Wissenschaft, Kunst und Volksbildung, das den ›Rompreis‹ federführend vergab.

s. WV Nr. 76–80

Unter einer Vielzahl von Einsendungen (mit bekannten Namen darunter!) wählte der Senat der Akademie die folgenden Bewerber aus:

als Stipendiaten   die Maler Hubertus Graf von Merveldt, Adolf de Haer, Hans Oberländer;
die Bildhauer Joachim Karsch, Erich Geiseler, Arno Breker.

als Studiengäste   die Maler Walter Karl Jähn, Karl Rössing, Felix Nussbaum.

Im Gutachten heißt es: »Die von Felix Nussbaum vorgelegten Arbeiten, besonders die Zeichnungen und ein koloristisch starkes kleines Ölbild lassen eine recht gute Begabung erkennen. Die Berücksichtigung seiner Bewerbung in erster Linie wird befürwortet. Nussbaum kann als Studiengast eines der der Akademie zur Verfügung stehenden Ateliers erhalten. «

Der ›Große Staatspreis‹, verbunden mit einem Stipendium, war es nicht geworden, aber: Felix Nussbaum war als Studiengast aufgenommen in den Kreis der Bekannten und Vielversprechenden. (Übrigens spricht es für die Liberalität der Akademie, daß sie mit Felix Nussbaum einen Maler auszeichnete, der sie doch gerade mit einer der vorgelegten Arbeiten recht massiv angegriffen hatte.)

Am 8. August 1932 erhielt Nussbaum folgenden offiziellen Bescheid: »Den gewünschten Studienaufenthalt in der Deutschen Akademie (Villa Massimo) in Rom bewillige ich Ihnen als Studiengast vom 1. Oktober 1932 ab zunächst für 6 Monate. Ein Geldstipendium ist mit der Aufenthaltsbewilligung nicht verbunden, jedoch wird Atelier und freie Wohnung einschließlich Beleuchtung sowie

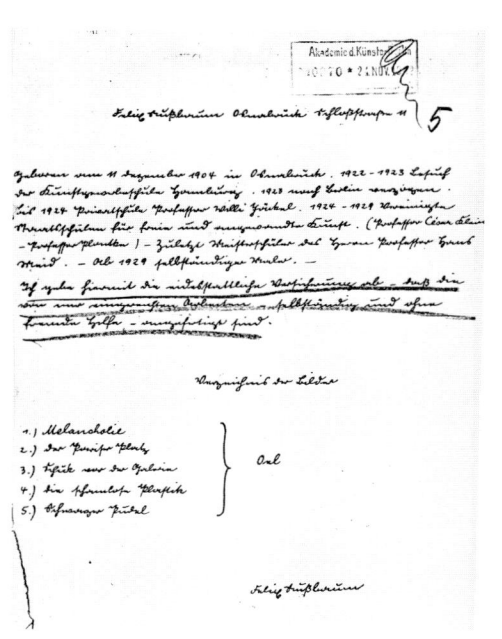

Bewerbungsschreiben Felix Nussbaums für den ›Großen Staatspreis‹ 1932

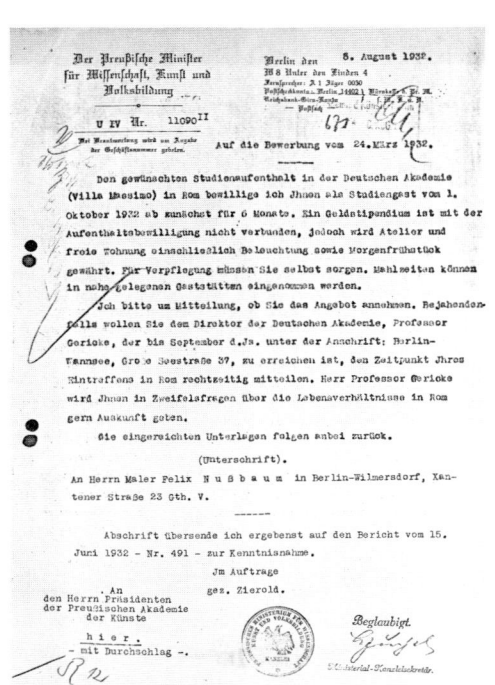

Schreiben des Preußischen Ministeriums für Wissenschaft, Kunst und Volksbildung an Felix Nussbaum

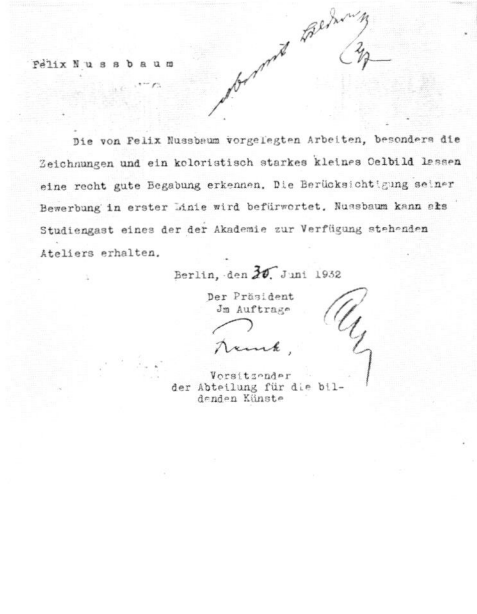

Gutachten des Vorsitzenden der Abteilung für die bildenden Künste innerhalb der Preußischen Akademie, Philipp Frank, vom 30. 6. 1932

Morgenfrühstück gewährt. Für Verpflegung müssen Sie selbst sorgen. (. . .) Ich bitte um Mitteilung, ob Sie das Angebot annehmen. Bejahendenfalls wollen Sie dem Direktor der Deutschen Akademie, Professor Gericke (. . .) den Zeitpunkt Ihres Eintreffens in Rom rechtzeitig mitteilen (. . .).«

Natürlich nahm Nussbaum das Angebot an. »Zumal die Vergünstigung für mich ja nicht sehr groß ist (. . .), so entschließt man sich letzten Endes doch nur aus dem Grunde zu der Bewerbung der Aufnahme in der Villa Massimo, um eine besondere Auszeichnung darin zu sehen«, heißt es u. a. in seinem Antwortschreiben. Ein etwas konfuses Antwortschreiben übrigens, aus dem hervorgeht, wie wenig sich Nussbaum im institutionalisierten Kunstbetrieb auskannte. Er blieb auch hier – wie in seinem Werk – mehr autodidaktisch geprägter Einzelgänger als Professioneller, ein Einzelgänger allerdings, dem nunmehr offizielle Anerkennung zuteil geworden war.

Südliches Zwischenspiel

Rom: Villa Massimo

Ein Palazzo im Pseudo-Empirestil innerhalb eines ummauerten, mit altem Baumbestand bewachsenen Geländes hinter der Porta Pia – das war die Deutsche Akademie Villa Massimo im nordöstlichen Stadtgebiet Roms. Am Rande des Geländes lagen zwölf Ateliers, jedes mit eigenem Eingang und von beträchtlichen Ausmaßen, hervorragend belichtet mit Seiten- und Oberlicht. Hinzu kamen die notwendigen Nebenräume zu Wohn- und Schlafzwecken.

Einer der reichsten Männer Berlins, der deutsch-jüdische preußische Geheimrat Eduard Arnhold, Unternehmer und Kunstmäzen, hatte die Villa Massimo 1910 gekauft und dem preußischen Staat übergeben. Seine Absicht war, »eine Stiftung zu schaffen, durch die hoffnungsvolle Künstler, auch solche, die bereits einen Namen hatten, aber denen doch nicht die Mittel zur Verfügung standen, ihr Talent ausreifen zu lassen, an einer bestimmten Stelle zum Studium vereinigt wurden«.

Arnhold, Eduard: Ein Gedenkbuch, 1928, S. 264

Wenn für Nussbaum auch zweifellos im Zusammenhang mit dem Rompreis die Anerkennung das Wichtigste war, der Aufenthalt in der Villa Massimo bot vor allem die Möglichkeit, über einen längeren Zeitraum unter besten räumlichen und technischen Bedingungen und im Kontakt mit anderen Künstlern zu arbeiten – »eingegliedert in eine Gesamtheit, in der der eine den anderen klärte und steigerte«.

Arnhold, a. a. O.

Der Studiengast hatte absolute Freiheit und konnte sich ohne Leistungsnachweis und in gelockerter Atmosphäre ganz nach Veranlagung entwickeln. Nussbaums Selbstporträt aus dieser Zeit ist leider verlorengegangen: ersatzweise kann das zwei Jahre zuvor entstandene ›Selbstbildnis (Villa Massimo)‹ von August Wilhelm Dressler etwas von der fördernden Zwanglosigkeit des Romaufenthalts vermitteln. Felix Nussbaum nutzte seine Chance und arbeitete mit immensem Fleiß. Nach nur drei Monaten bat er um eine Beihilfe zur Materialbeschaffung.

Gemäß den Statuten hatte jeder Stipendiat der Deutschen Akademie Villa Massimo ein in Rom entstandenes Werk zur Verfügung zu stellen. Felix Nussbaum lieferte ein *Selbstbildnis* im Format 50 × 71 cm (s. WV Nr. 90), das in den Wirren der Nachkriegszeit verlorenging.

Ausgelöst wurde dieses Gesuch durch einen unglücklichen Zwischenfall in der Heimat. Nussbaum hatte während seiner Abwesenheit sein Berliner Atelier an einen anderen Maler vermietet. In dieser Zeit brannte das Atelier aus, und das Feuer vernichtete mit ca. 150 Bildern beinahe Nussbaums gesamte bisherige künstlerische Produktion. Mit doppeltem Eifer wird sich Nussbaum nun in Rom in die Arbeit gestürzt haben.

In einem empfehlenden Begleitschreiben Herbert Gerickes, des Direktors der Villa Massimo, zum Unterstützungsgesuch Nussbaums an das Preußische Ministerium für Wissenschaft, Kunst und Volksbildung vom 6. 1. 1933 heißt es: »Anliegendes Gesuch des Malers Felix Nussbaum übersende ich ergebenst mit der Bitte um gefällige Prüfung, ob dem Genannten aus dortigen Mitteln eine besondere Zuwendung

Mauer in Rom, 1932 (WV Nr. 86)

Die erhaltenen Werke aus Rom und Umgebung zeigen: Wenn auch das Kunsthistorische Institut und das Archäologische Institut in Rom Führungen und Vorträge anboten und die antiken Kunstdenkmäler zum Greifen nahe lagen, Nussbaum bleibt sich treu. Ihn interessiert das Alltägliche der Stadt, und ihre abgelegenen Winkel werden als bildwürdig erkannt. Ein so belangloses Motiv wie die *Mauer in Rom* (Nr. 86) gewinnt Bedeutung nicht durch seinen Gegenstand, sondern allein durch seine farbige Gestaltung, die als bildimmanente Architektur eingesetzt wird. Wenige Mittel gliedern das Bild unauffällig: drei gleichwertige horizontale Zonen, in den ruhigen, harmonisierenden Farben Braun, Rotbraun und Ocker gehalten, bauen das Gemälde auf, wobei der untere und der obere Streifen stark gestisch aufgetragen sind und die Mittelzone wieder als bildverstellende Mauer agiert. Das Wagenrad ist genau in das Zentrum des Bildes gesetzt und sendet radial Ockerflächen aus, denen grüne Äquivalente antworten. So überhöhen Form und Farbe einen banalen Gegenstand zu einem Bildgefüge, welches über das Dargestellte hinausweist. »Rom zerstreut die nordischen Nebel«, hatte Karl Hofer gesagt. Auch im Werk Nussbaums macht sich Rom als ordnender Faktor bemerkbar.

ausnahmsweise gewährt werden könnte. Herrn N. ist durch einen Brand seines Berliner Ateliers, das er einem andern Maler vermietet hatte, fast seine ganze künstlerische Produktion verbrannt, so daß gerade er, der zu den wenigen Malern gehörte, der in regelmäßigen Abständen besonders an Zeitschriften Reproduktionsrechte verkaufte, einen nicht wieder gut zu machenden Schaden erlitt. Wie ich hier sehe, arbeitet Herr Nussbaum ungemein fleißig. Es ist ihm auch gelungen, an den Verlag Ullstein für Titelbilder der Zeitschrift ›Querschnitt‹ einige Arbeiten zu verkaufen. Auf diese Weise war es ihm möglich, seinen Lebensunterhalt, den er hier mit RM 120,— bis 130,— monatlich angibt, zu bestreiten. Falls ihm für die nächsten Monate eine Hilfe von RM 300,— bis 400,— zuteil werden könnte, so wäre er von den äußeren Sorgen, die ihn stark an seiner künstlerischen Tätigkeit behindern, befreit. Da Herr Nussbaum zur Zeit in der Ausstellung ›Berliner Sezession‹ zwei Bilder im Werte von ca. RM 400,— ausgestellt hat, wäre es vielleicht möglich, durch Erwerb einer dieser Arbeiten ihm zu Hilfe zu kommen.«

Briefliche Auskunft von Arno Breker, Düsseldorf, vom 27. 4. 1978

Briefliche Auskunft von Arno Breker, Düsseldorf, vom 27. 4. 1978

Zitiert nach: Rabe, a. a. O., S. 43

August Wilhelm Dressler, Selbstbildnis (Villa Massimo), 1931

Nussbaum hat seit der *Bildnisgruppe* (Nr. 70) eine unaufdringliche Meisterschaft erreicht, die sich auch hier beweist, unaufdringlich und zurückhaltend wie sein Wesen. »Nussbaum war eine sensible, schmalbrüstige Erscheinung von scheuer Natur, aber der Arbeit ganz ergeben. Man sah ihn selten. Eine Diskussion über seine Arbeiten war nicht gegeben.« So charakterisiert ihn aus der Erinnerung einer seiner Mitstipendiaten. Den Eindruck, daß er »der Arbeit ganz ergeben« gewesen sei, scheint die Akademieleitung geteilt zu haben. Auf seinen Antrag wird ihm der Studienaufenthalt in Rom bis zum 30. Juni 1933 verlängert.

Während dieser Zeit wächst der latent in Deutschland immer schon vorhandene Antisemitismus sprunghaft an und äußert sich in Anfeindungen, die auch Rom erreichen. Der Direktor der Villa Massimo war selbst antisemitischen Pressionen ausgesetzt, und auch Nussbaum wurde in Auseinandersetzungen verwickelt, die in Tätlichkeiten gegen ihn endeten. »In diese Zeit fallen auch persönliche Bespitzelungen. Das früher als selbstverständlich vorausgesetzte Vertrauen wurde zum Trugbild. In dieser Aera hatte Nussbaum eine peinliche Auseinandersetzung mit dem Maler Merveldt, und im Verlauf der Diskussion wurde Nussbaum von ihm geohrfeigt.« Spätestens jetzt wird sich Felix Nussbaum der Worte erinnert haben, die der Begründer der ›Stadtwächter‹, einer Schrittmacherpartei der NSDAP in Osnabrück, anläßlich der Ehrung Nussbaums durch die Akademie in seiner Zeitung veröffentlich hatte: »Nussbaums Kunst sind Leistungen, die sich auf der Kegelbahn oder im Futterraum eines Pferdestalls allenfalls noch sehen lassen können, das Gepinsel des Herrn N. hat mit echter Kunst nichts zu tun.« Wenn dem jungen Künstler schon vor seinem Romaufenthalt diese Welle von Haß entgegenschlug, mußte er dann nicht ahnen, was ihn erwartete?

Im März bat Nussbaum um eine Verlängerung seines Romaufenthaltes. Vielleicht waren auch Gründe der künstlerischen Entwicklung maßgebend für diesen Entschluß. Aber ist die Vermutung so abwegig, daß der im Grunde unpolitische Nussbaum ahnte, was den Deutschen und somit auch ihm bevorstand? Im Januar war Hitler zum Reichskanzler berufen worden, im Februar brannte der Reichstag, sechs Tage vor Ablauf seiner Aufenthaltsfrist in Rom wurde in Berlin das Ermächtigungsgesetz verabschiedet. Sah Felix Nussbaum die Möglichkeit, durch ein Verbleiben in Rom dem Erahnten zu entkommen? Nussbaum hatte wohl noch in Berlin erleben müssen, wie Karl Hofer schon 1931 als Zielscheibe rechtsradikaler Angriffe, als Jude (der er nicht war) und »artfremder« Künstler beschimpft wurde. Zwei Jahre später, im Mai 1933, wurde Hofer als Lehrer »beurlaubt«, und Max Liebermann zwang man dazu, seine Ehrenpräsidentschaft an der Preußischen Akademie der Künste aufzugeben. Nachrichten dieser Art erreichten sicher unverzüglich die Villa Massimo und machten Nussbaum wohl unmißverständlich klar, daß er selber nun als Jude und unliebsamer Künstler gefährdet war. Noch in den Zeitraum seines Romaufenthalts fielen der Boykott jüdischer Geschäfte und die Bücherverbrennung »wider den undeutschen Geist«. Deutlicher konnte es nicht mehr gesagt werden: In Rom war Nussbaum lediglich lästigen Anfeindungen ausgesetzt; in der Heimat war er an Leib und Leben bedroht.

»Nach Lage der Dinge herrschte im großen und ganzen eine Atmosphäre des vorsichtigen Abtastens. Keiner kannte einen der neuen Kollegen aus früheren Begegnungen. Nussbaum zählte zu den zurückgezogensten Erscheinungen.

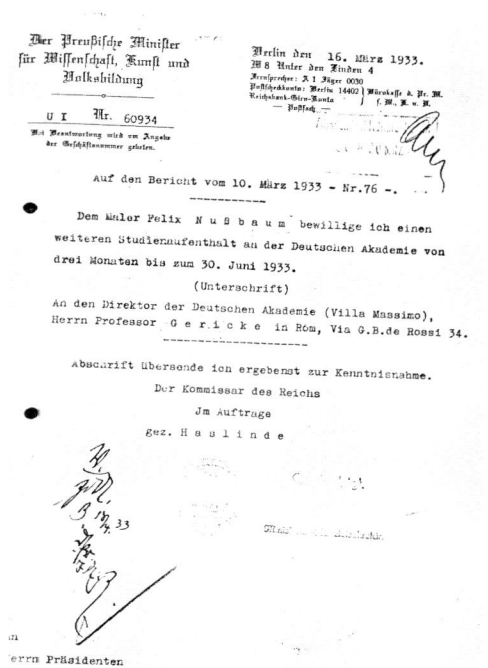

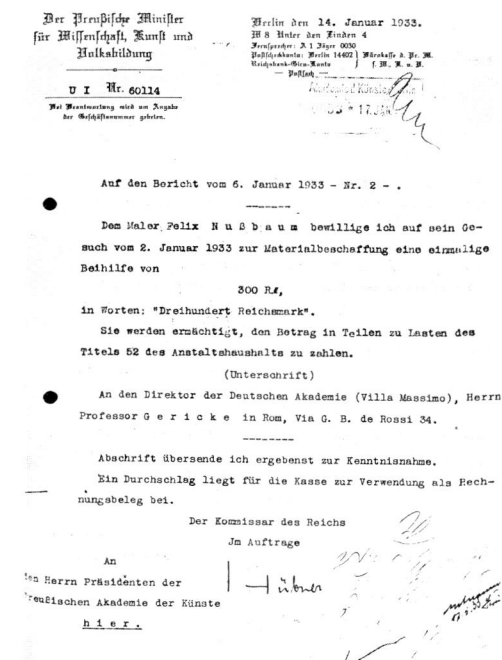

Bereitschaft
Plastik von
Arno Breker

Antwortschreiben des Preußischen Ministeriums für Wissenschaft, Kunst und Volksbildung an Felix Nussbaum auf dessen Verlängerungsantrag für den Studienaufenthalt in Rom

Bewilligung einer einmaligen Studienbeihilfe durch das Preußische Ministerium für Wissenschaft, Kunst und Volksbildung

Arno Breker, Bereitschaft, 1937

Vielleicht ahnte er, was auf ihn zukommen würde.« So erinnert sich der schon einmal genannte Mitstipendiat. Dem Abtasten waren Spannungen und tätliche Auseinandersetzungen gefolgt, die es ratsam erscheinen ließen, Rom den Rücken zu kehren. »Felix Nussbaum verließ Rom mit unbekanntem Ziel«, heißt es weiter in dessen Bericht.

Der bereits zitierte Mitstipendiat wohnte mit Nussbaum in der Villa Massimo Zimmer an Zimmer. Sein Name: Arno Breker. Der eine avancierte nur wenige Jahre später zu Hitlers Lieblingsbildhauer – dem anderen wurde sofort das kurz vorher noch verlängerte Stipendium entzogen. Der eine setzte nach Stil und Inhalt die Weltanschauung des Nationalsozialismus ins Bild, der andere fiel ihr zum Opfer.

Breker schreibt in seinen Memoiren: »Inzwischen war in Deutschland die Machtübernahme durch den Nationalsozialismus erfolgt. Der erste deutsche Minister, der von Mussolini 1933 empfangen wurde, war Dr. Goebbels. Nach Abschluß der offiziellen Gespräche äußerte er den Wunsch, die Deutschen in Rom kennenzulernen. (...) Am folgenden Tage besichtigte Goebbels – allein, ohne Begleitung – die Deutsche Akademie, wo ihm alle Stipendiaten vorgestellt wurden.« Das war im April – schon Ende Mai reiste Nussbaum überhastet ab, ohne noch einmal nach Rom zurückzukehren. In einem Brief vom 11. Juni 1933 an Herbert Gericke, den Direktor der Deutschen Akademie, erwähnt er die »plötzliche Abreise«, die ihn »nicht alles ordnungsgemäß erledigen ließ«.

Die Gründe für die überstürzte Abreise liegen, wenn auch im Brief nicht direkt ausgesprochen, offen zutage: Der Entzug des Stipendiums, die Begegnung mit Goebbels müssen ihm die Augen geöffnet haben. In *Zerstörung* (Nr. 103) von 1933 malt Felix Nussbaum seine eigene Stimmungslage. Im Vordergrund liegen zerbrochene Bilder und Reste eines Keilrahmens, Zeugen einer zerstörten

Briefliche Auskunft von Arno Breker, Düsseldorf, vom 27. 4. 1978

Breker, Arno: Im Strahlungsfeld der Ereignisse, Preußisch-Oldendorf 1972, S. 77f.

Wie sehr Nussbaum im Innersten getroffen sein mußte, beweist eine zeitgleiche, thematisch ähnliche Pinselskizze (s. WV Nr. 102), in der neben zerstörten Säulen und Statuen, einem eingestürzten Amphitheater und einem sich neigenden Campanile auch als Reminiszenz eine heimische Windmühle zu sehen ist. Eine unheilvolle, hörnerblasende Gruppe durchschreitet das Bild. Zugleich entsteht, in trotziger Rückbesinnung auf die eigentliche Ursache seiner Gefährdung, das unvollendet gebliebene Bild *Faltbuch* (s. WV Nr. 104).

93

Zerstörung (2), 1933 (WV Nr. 103)

Zitiert nach: Das Dritte Reich, hrsg. von Heinz Huber und Artur Müller, Bd. 1, München 1964, S. 212

Brief Felix Nussbaums an Herbert Gericke vom 11. 6. 1933 (freundlicherweise zusammen mit anderen Dokumenten und Auskünften von der Villa Massimo zur Verfügung gestellt)

Breker, a. a. O., S. 73

künstlerischen Existenz, vor einem teilweise zerstörten antiken Amphitheater. Nationalsozialistische Kulturpolitik beginnt nun auch die deutschen Institutionen im Ausland zu erfassen. Der Geist, der aus den Worten des Museumsleiters und SS-Führers Graf Baudissin spricht: »Die vollkommenste Form, das herrlichste Gebilde, das in der letzten Epoche geschaffen wurde, entstand nicht in den Ateliers unserer Künstler, sondern war der Stahlhelm«, hat seinen Einzug gehalten. Nussbaum berichtet in dem bereits genannten Brief, von dem Mitstipendiaten Hans Oberländer eine Karte mit der Nachricht von der Schließung der Akademie erhalten zu haben. Außerdem deutet er an, daß auch Gericke vielleicht nicht mehr in Rom sei. (Wenn auch diese Andeutungen nicht stimmen – Gericke wurde erst im April 1938 zwangsweise abgesetzt; die Villa Massimo bestand noch bis 1942 – so sind sie doch bezeichnend für das geistige Klima der Zeit.)

»Meinen römischen Studienaufenthalt in der Deutschen Akademie 1932–33 betrachte ich als schicksalshafte Wende«, schreibt Arno Breker in seinen Erinnerungen. Und um eine »schicksalshafte Wende« handelt es sich tatsächlich: für ihn – und für Nussbaum. Schon vier Jahre später bekommt Breker höchste

Staatsaufträge und fertigt seine einschüchternd-heroischen Kolossalstatuen, wie z. B. die ›Wehrmacht‹ und die ›Partei‹ für die neue Reichskanzlei, porträtiert die Führer des Regimes (und auch heute wieder die führenden Wirtschaftsgrößen). Nussbaums »schicksalshafte Wende« sieht anders aus: Mit Rom beginnt das Exil, das Ende heißt Auschwitz (und die totale Vergessenheit, der er und sein Werk heute wieder mühsam entrissen werden müssen).

Vorstand der Berliner Secession um 1929 (mit Charlotte Berend-Corinth)

Heitere Bildwelt

Das »unbekannte Ziel«, von dem Breker spricht, der Ort, von dem Nussbaum an Gericke schreibt, heißt Alassio. Alassio, Seebad und Kurort an der italienischen Riviera, war Mittelpunkt gesellschaftlichen Lebens und auch als Aufenthaltsort für Künstler sehr beliebt. Sein Hafen und die umliegenden kleinen Küstenorte waren bevorzugte Motive vieler Maler.

Postkarte Felix Nussbaums an Herbert Gericke

Auch Charlotte Berend-Corinth, Schülerin und Witwe des berühmten Lovis Corinth sowie führendes Mitglied in der ›Berliner Secession‹, weilte zu dieser Zeit intensiv malend in Alassio. »Frau Corinth habe ich noch nicht getroffen. Ich überlasse dieses nämlich lieber dem Zufall«, schreibt Nussbaum kurz nach seinem Eintreffen in Alassio am 27. Mai 1933 an Gericke nach Rom. Offensichtlich war also eine Begegnung (auf Anraten und Kontakt Gerickes?) geplant. Welchem Zweck diese Begegnung dienen sollte, wissen wir nicht. Ein kollegiales Treffen von Maler zu Malerin wird der sehr zurückhaltende Nussbaum kaum gesucht haben. Wahrscheinlich besaß Charlotte Berend-Corinth als Prominente genügend Einfluß, Nussbaum eine Ausstellungsmöglichkeit zu verschaffen (sie selbst hat in Alassio in größerem Umfang ausgestellt). Der Ort war »schön und teuer«, wie Nussbaum klagt. Ihm mußte also die Möglichkeit, ausstellen und verkaufen zu können, sehr angelegen sein. Und tatsächlich hat er wohl, auch wenn sich Näheres nicht mehr feststellen läßt, Ausstellungen bestritten. Nach Berichten von Zeugen beschäftigte der Vater einen Ausschnittdienst, der alle Kritiken über das Werk seines Sohnes aus italienischen, später holländischen und belgischen Zeitungen sammelte. In Rom jedenfalls hat er noch – nach Aussagen entfernter Verwandter – ausgestellt und soll auf sehr positive Kritik gestoßen sein.

Der direkte Anlaß des bereits mehrfach genannten Briefes aus Alassio ist die Bitte an die Leitung der Villa Massimo, ihm das Paket, in dem er seine Bilder verpackt habe, nachzusenden. Von nun an wird Felix Nussbaum alle Bilder, gelungene und nichtgelungene, fertige und unfertige, ständig mit sich führen, um sie vor der Vernichtung zu bewahren. (Ein der Villa Massimo statutengemäß hinterlassenes Selbstbildnis [Nr. 90] ist während der Kriegszeit verlorengegangen und nie wieder aufgefunden worden.)

Im Brief nimmt Nussbaum auch zu seiner Arbeit Stellung. Überraschend – weil sich ein derartiger Hinweis vorher nie gefunden hatte – teilt er mit, daß er »seiner alten (!) schriftstellerischen Tätigkeit wieder nachkomme« und den Hauptteil seiner Zeit einem Roman widme! (Von einem wie auch immer gearteten literarischen Werk ist uns jedoch nichts erhalten. Rückschlüsse von dort auf das bildnerische Werk sind also nicht möglich. Bei aller Vorsicht läßt sich höchstens die anekdotische Themenwelt seiner Bilder, der Hang zum

Erzählerischen daraus ableiten.) Weiter heißt es in dem Brief: »Das Malen geht mir leicht von der Hand. Kurzum: Ich bin vollen Mutes. «

Felix Nussbaum war nicht grundlos »vollen Mutes«. Zum einen erhielt er finanzielle Unterstützung durch seine Eltern, die bald darauf Deutschland den Rücken kehrten und über die Schweiz nach Italien einreisten. Zum anderen war Italien (trotz Mussolini, dessen Politik nur in geringem Umfang antisemitisch war: noch 1934 nahm das faschistische Italien wohlwollend jüdische Flüchtlinge auf) ein durchaus angenehmer Aufenthalt. Wie so viele Emigranten der ersten Jahre richtete sich Nussbaum wohl nur auf eine kurze Zeit der Abwesenheit ein, unter südlicher Sonne hoffnungsvoll den Zusammenbruch des nationalsozialistischen Regimes abwartend. Die briefliche Bitte, der deutschen Botschaft »meine Adresse mitzuteilen«, legt den Schluß nahe, daß Nussbaum um Verlängerung seines Reisepasses einkommen wollte.

An ein Visum für Belgien oder Frankreich, an ein endgültiges Exil hat Nussbaum zu diesem Zeitpunkt wahrscheinlich noch nicht gedacht. Er bleibt für längere Zeit in Italien, malend und reisend. Heiter und unbekümmert ist die Bildwelt der erhaltenen Gouachen, die ausweisen, daß er sich noch 1934 in Italien, genauer, im Rivierabad Rapallo aufgehalten hat.

Die unter dem Schatten faschistischer Bedrohung unerwartete Heiterkeit seiner Bildwelt findet eine einleuchtende Erklärung. In Rapallo trifft Felix Nussbaum, dem doch die Familie und speziell die Beziehung zu seinem Vater so viel bedeutet, seine Eltern wieder. Noch einmal verlebt die wieder vereinte Familie eine kurze, relativ glückliche Zeit. Die zahlreich erhaltenen Ölbilder und Gouachen aus Alassio und Rapallo geben uns einen Eindruck dieses (noch!) fast problemlosen Daseins. Nussbaum hat in dieser Zeit intensiv gearbeitet, auch an sich selbst und seinen künstlerischen Fähigkeiten.

In Alassio und Rapallo entsteht eine große Anzahl von Hafenstücken und Strandszenen, die als Motive immer wieder Fischerboote und Badende aufweisen. Aber bei aller begrenzten Thematik wiederholt sich Nussbaum nur selten, sein Variationsreichtum ist erstaunlich. Wie schon in Rom sucht er nur selten die ›touristischen‹ Winkel, sondern kommt mit wenigen, alltäglichen Versatzstükken aus. Diese wenigen Einzelmotive komponiert er häufig zu einem souveränen Bildganzen. In der *Gasse zum Meer* (Nr. 117) rahmt ein Torbogen das Geschehen, in *Fischerboote mit Insel* (Nr. 115) gibt eine übereck gestellte Mole dem Bild im Vordergrund den nötigen Halt. Das *Weiße Boot vor einer Mauer* (Nr. 112) steht für ein besonders gelungenes Beispiel: Nichts als eine Mauer, davor die Großform eines Fischerbootes, in der rechten Bildhälfte der Ausblick auf das Meer – komponierte Stille, ähnlich den klassisch gesinnten Werken eines Carlo Carrà, von gleicher Wirkungskraft und gleichem Rang.

Wie handwerklich vielfältig Nussbaum zu arbeiten vermag, zeigt ein Blick auf die in diesem Werk thematisierte Mauer. Ohne in leeres Virtuosentum zu verfallen, zieht er in der Wiedergabe des Oberflächenreizes alle Register seines Könnens. Hier wie auch in anderen Werken der Zeit wirkt die Farbgebung für Sujets wie Mauern und Strände oft wie mit Sand vermengt. Teilweise sind ganze Partien wieder ausgekratzt oder zusätzliche Reliefwirkungen in den Gouachen durch fein aufgespachtelte Lagen von Ölfarbe erreicht. Freie Handschrift wird dabei nie zum Selbstzweck, immer dient sie zugleich der exakten Definition des dargestellten Gegenstandes. Eine heitere Bildwelt herrscht in den Gouachen aus Rapallo, fließt doch die Farbe leicht, locker und schwungvoll über die Begren-

Gasse zum Meer, 1933
(WV   Nr. 117)

Piazza, 1934
(WV Nr. 128)

Weißes Boot vor einer Mauer, 1933
(WV Nr. 112)

zungslinien hinweg. Malerisches und Zeichnerisches werden absichtlich zwei-
stimmig vorgetragen und sollen in Spannung zueinander stehen. Das verleiht
diesen Werken ihre poetische Weichheit und Freiheit.

Doch Ahnung und Heimweh zerstören das Glück auf Zeit. In Rapallo trennen
sich die Wege der Familie. Der Vater, dieser deutsche Jude, der sich immer mehr
als Deutscher denn als Jude verstanden hat, empfindet seine Flucht aus Deutschland als zwar notwendige, aber unehrenhafte Fahnenflucht. Die Eltern werden
ständig von Heimweh geplagt und möchten wieder nach Deutschland zurück.
Der Sohn besitzt mehr Gespür für die Gefahr. Doch die unterschiedliche
Einschätzung der Dauer des Exils ist hier in Italien, so steht zu vermuten, nicht
auf einen Nenner zu bringen. Als die Eltern Anfang 1935 nach Deutschland,
nach Köln zurückkehren, haben Felix und Felka schon den endgültigen Weg ins
Exil angetreten. Mittlerweile im Besitz französischer Visa reisen sie im Januar
1935 nach Paris weiter. Dort halten sie sich nur kurze Zeit auf. Als ihnen
belgische Touristenvisa erteilt werden, setzen sie die Reise fort. Am 2. Februar
1935 treffen sie im Seebad Ostende ein. In der Pension Coulier, bei Freunden,
finden sie erste Unterkunft. Viele Stationen des Exils sollten noch folgen.

Einer von vielen

Der verfolgte Künstler

Dieses Kapitel folgt, stark gekürzt und mit zusätzlichen Anmerkungen versehen, dem Werk von Franz Roh: Entartete Kunst, Hannover 1962, S. 49ff., 61f.

»Was hat die Malerei mit dem Judentum zu tun?«, hatte Max Liebermann gefragt. Er wurde gewaltsam belehrt. 1932 verkündete der ›Kampfbund für deutsche Kultur‹: »Wir gehen in Front! (...) Die Regimenter der deutschen Zukunft stehen mitten in der Schlacht. (...) Millionen aller Schichten, jahrzehntelang von Artfremden oder Rückschrittigen gegeneinander ›geführt‹, fanden zur Bluts- und Volksgemeinschaft zusammen. (...) Durchdrungen von der Erkenntnis, daß jede Kultur aus Art und Wesen eines Volkes hervorwächst, blutgebunden und bodenverwurzelt, geht der Kampfbund für deutsche Kultur in Front!«

Schon neun Jahre vorher hatte Hans Günther in seiner ›Rassenkunde des deutschen Volkes‹ die theoretische Grundlage derartiger kulturpolitischer Maßnahmen geliefert. Der Glaube an die alleinige Überlegenheit des ›nordischen‹ Menschen, pseudowissenschaftlich verkleidet und von Schultze-Naumburg ästhetisch verbrämt, gipfelte 1930 in Alfred Rosenbergs ›Mythos des 20. Jahrhunderts‹ in einer nationalsozialistischen Kunstlehre, die hier mit einigen Zitaten umrissen sei: »Das Mestizentum erhebt den Anspruch, seine bastardischen Ausgeburten, erzeugt von geistiger Syphilis und malerischem Infantilismus, als Seelenausdruck darstellen zu dürfen.« »(...) unterwertige und niederziehende Kunst (...)«. »Wir sehen Bolschewismus im Kultus mit dem Untermenschentume der Kollwitz, Zille, Barlach, der technischen Stümper Nolde, Schmidt-Rottluff, Chagall, im ethischen Nihilismus der Dix, Hofer und Grosz.«

Diffamierungen der übelsten Sorte stehen neben Äußerungen voller Ignoranz. Gerade Chagall, der die französische Tradition der Peinture fortsetzte, oder Nolde, der z.B. das Aquarell zu seinen äußersten Möglichkeiten trieb, als technische Stümper zu bezeichnen, ist genauso widersinnig, wie ausgerechnet Karl Hofer, dem letzten ›Klassizisten‹ unter den modernen Malern, der zeitlebens am durchgeformten Menschenbild festhielt, ethischen Nihilismus vorzuwerfen. Aus welchen Quellen eine solche ›Kunst‹lehre schöpft, wird vollends durch die skrupellose Verquickung von ideologischen (»Bolschewismus«) und rassischen Termini (»Mestize«, »Bastard«) deutlich. Kunst wird nach Gesichtspunkten der Rasse (oder was man dafür hält) definiert. 1933 schrieb die ›Deutsche Kulturwacht‹: »Was uns im Berliner Kronprinzenpalais als neue deutsche junge Kunst vorgeführt wird, sind Juden, nichts als Juden.« Kunst hatte, aus der Sicht des braunen Regimes, eben sehr viel mit dem Judentum zu tun!

100

1933 wurde einhellig gefordert, aus deutschen Museen alle »weltbürgerlichen« Bilder zu entfernen, alle betroffenen Museumsleiter sofort zu beurlauben, die Namen sämtlicher, »von Marxismus und Bolschewismus mitgeschwemmter« Künstler öffentlich nie mehr zu nennen. Eine Schandausstellung ›Regierungskunst von 1918 bis 1933‹ erledigte u. a. auch Liebermann.

Als die Berliner Olympiade von 1936 zu Ende war, fielen alle Rücksichten auf ein noch wohlmeinendes Ausland. Hitler kündigte den »unerbittlichen Säuberungskrieg gegen letzte Elemente der überwundenen Vergangenheit« an. Adolf Ziegler, ein drittklassiger Aktmaler, wurde mit der »Sicherstellung entarteter Kunstwerke« in den deutschen Museen beauftragt. 1937, bei der Einweihung des ›Hauses der Deutschen Kunst‹ in München und der gleichzeitigen Eröffnung der Ausstellung ›Entartete Kunst‹ schrieb Adolf Hitler, der verhinderte Künstler, in seiner Rede genau vor, wie Kunst beschaffen sein müsse. Er verbot schlichtweg, daß Maler auf Bildern Farben anwenden, die das normale Auge nicht gewahre. Wer es dennoch tue, sei entweder krank, dann müßten die Ärzte seine Vererbung unterbinden, oder er sei ein Betrüger und müsse sich dem Strafrecht beugen. Was diesen Vorstellungen eines kulturell verspäteten Kleinbürgers nicht entsprach, galt nicht für würdig, im »hehren Tempel deutscher Kunst« vertreten zu sein, und wurde gnadenlos verfolgt.

Viele Künstler sind auf dieser ›Entarteten‹ entehrt worden. Damit noch nicht genug: in einem symbolischen, propagandistischen Akt wurden 1938 im Hofe der Berliner Hauptfeuerwache 1004 Gemälde und 3825 grafische Blätter verbrannt.

Schon kurze Zeit nach der Machtübernahme, im September 1933, hatte Goebbels das gesamte Kunstschaffen unter seiner Kontrolle. Wer in irgendeiner Form öffentlich künstlerisch tätig sein wollte, mußte bei der neugegründeten ›Reichskulturkammer‹ mit ihren sieben Fachbehörden (Musik, Bildende Künste, Theater, Schrifttum, Presse, Rundfunk, Film) gemeldet sein. Aufgenommen wurde nur, wer einen gesicherten Ariernachweis besaß. Auf diese Weise schuf man sich überall bürokratisch perfekt die ›Ordnung‹, ohne die sich der heroisch ummäntelte Spießergeschmack der Machthaber nicht derart verheerend hätte durchsetzen können. Jede künstlerische Ausdrucksform, die den Machthabern nicht genehm war, wurde so zum Schweigen gebracht und als »entartet« gebrandmarkt.

Als »entartet« galt alles, was der eigenen »Blut und Boden«-Ideologie zuwiderlief, ohne daß diese Begriffe je exakt definiert wurden. Anhand der beschlagnahmten Werke läßt sich aber nur zu leicht feststellen, was darunter zu verstehen war:

Ausstellung ›Entartete Kunst‹, 1937. Auf dem Titelblatt des Kataloges eine Skulptur von Otto Freundlich

Goebbels beim Rundgang durch die Ausstellung ›Entartete Kunst‹

a) Arbeiten jüdischer Künstler;
b) Bilder mit jüdischen Themen, auch wenn sie von »arischen« Künstlern stammten;
c) Bilder, die »unschöne« Gestalten (als Verherrlichung einer minderwertigen Rasse) darstellten;
d) Arbeiten mit sozialistischen oder marxistischen Tendenzen;
e) pazifistische Darstellungen;
f) Kriegsbilder, soweit sie den Krieg *nicht* verherrlichten;
g) alle expressionistischen Werke;
h) alle abstrakten Werke.

Unerwünschte Künstler haben im ›Dritten Reich‹ kaum noch die Möglichkeit, zu arbeiten. Schon gar nicht zu verkaufen und ihr Leben zu fristen. Viele werden aus ihren Stellungen gejagt oder erhalten Malverbot und werden so in die lähmende innere Emigration getrieben. Den meisten bleibt nur noch ein Ausweg: die Flucht. Auf dem schnellsten Wege verlassen die Zeichner Thomas Theodor Heine und George Grosz, deren äußerst kritischer Stil schon dem deutschnationalen Bürgertum ein Dorn im Auge gewesen ist, ihre Heimat: sie emigrieren nach Skandinavien bzw. Amerika. Heinrich Campendonk vom ehemaligen ›Blauen Reiter‹, 1933 aus seiner Düsseldorfer Akademieprofessur als »entartet« entlassen, flieht nach Belgien und dann nach Holland. Auch Max Beckmann geht nach Holland und versteckt sich von 1937 bis 1942 in Amsterdam, bis er später nach New York berufen wird. Kurt Schwitters muß nach Schweden flüchten. Als die deutschen Armeen nach Skandinavien einmarschieren, flieht er auf einem Eisbrecher nach England. Auch Josef Scharl, Ludwig Meidner und Oskar Kokoschka leben unter deprimierenden Bedingungen in England. Lyonel Feininger kann ebenfalls nicht mehr bleiben und kehrt in seine Heimat, die Vereinigten Staaten, zurück, ebenso Paul Klee in die Schweiz. Was die genannten Maler und viele andere betrifft, so sind nun auch ihre Schriften verboten. Abstrakte Maler können erst recht nicht wagen, auf deutschem Boden zu bleiben. Laszlo Moholy-Nagy zieht nach London, später nach Chicago, wo er ein ›New Bauhaus‹ gründet. Ähnlich geht es Josef Albers, der dem ›Bauhaus‹ bis zur gewaltsamen Auflösung angehört hat. Auch ein so nobler Geist wie (der in Osnabrück geborene Maler) Friedrich Vordemberge-Gildewart muß fliehen. Wassili Kandinsky wendet sich nach Paris. Der Surrealist Max Ernst wäre sicherlich besonders scharf verfolgt worden, hätte er nicht schon 1924 Deutschland verlassen. Emil Nolde und viele andere bleiben, aber fallen unter Malverbot.

Felix Nussbaum steht zu dieser Zeit als Künstler erst am Beginn seines Weges. Ob der noch verhältnismäßig Unbekannte der Aufmerksamkeit der Nazis allerdings entgangen wäre, muß wohl doch bezweifelt werden. In den Beschlagnahmelisten der Aktion »Entartete Kunst« tauchen neben den Namen Hofers, Kleins, Meids und Jaeckels auch die seiner römischen Mitstipendiaten Adolf de Haer, Joachim Karsch und Willi Geiger auf. Geiger erhält sogar unmittelbar nach seiner Rückkehr aus Rom Malverbot. Und selbst noch jüngere Künstler, zu diesem Zeitpunkt weniger bekannt als Nussbaum, verfallen der Ächtung. Otto Geigenberger, Hans Jürgen Kallmann, Elisabeth Voigt – erst 1935 Stipendiaten der Villa Massimo – sind ebenfalls unter denen, deren Werke zwei Jahre später eingezogen oder vernichtet werden. Auch die vergleichsweise ›Harmlosigkeit‹ seiner Bilder hätte Nussbaum sicherlich nicht geschützt: Zwar können einerseits Werner Peiner und Adolf Ziegler, die als Idylliker der Neuen Sachlichkeit angetreten sind, während der NS-Zeit zu höchsten Ämtern und Ehren aufrükken. Andererseits aber wird schon nach kurzer Schonfrist selbst ein so ›unverfänglicher‹ Maler wie Alexander Kanoldt verfemt.

Felix Nussbaum befindet sich zu diesem Zeitpunkt außerhalb der Reichweite der Nationalsozialisten, und einige Jahre des Lebens und Schaffens sind ihm noch vergönnt. Dann ereilt ihn das gleiche Schicksal wie den Berliner Maler Rudolf Levy oder den Mitbegründer der abstrakten Malerei Otto Freundlich: Obwohl schon zu Beginn des Hitlerregimes geflohen, wird dieser bei der Besetzung Frankreichs gefaßt und in ein Konzentrationslager verschleppt.

Der verfolgte Jude (Beispiel Osnabrück)

Die jüdische Gemeinde zu Osnabrück ist verhältnismäßig klein. So sind z. B. im Jahre 1913 von den 65 957 Einwohnern nur 396 (= 0,6 Prozent) jüdischen Bekenntnisses. Die ca. 100 jüdischen Familien unterhalten mehrere Vereine, so den Israelitischen Wohltätigkeitsverein, den Verein Bikkur Cholim (der dem Krankenbesuch und der Krankenpflege als einer religiösen Pflicht nachkommt), einen Verein für jüdische Geschichte und Literatur, den Israelitischen Frauenverein und den Jüdischen Jugendverein (Sportverein). Das ›Handbuch der Jüdischen Gemeindeverwaltung‹ von 1913, dem diese Angaben entnommen sind, nennt für Osnabrück einige Namen, die uns schon begegnet sind: Im Vorstand der Synagogengemeinde sitzt mit Simon Gossels der Vetter und Geschäftspartner Philipp Nussbaums. Als Kantor und Mohel (d. h. er vollzog die rituelle Beschneidung der Knaben) fungiert der von Felix Nussbaum im Synagogenbild von 1926 porträtierte Elias Abraham Gittelsohn. Samuel Oberschützky hat das Amt des Lehrers an der Israelitischen Elementarschule inne, zu deren Schülern auch Felix Nussbaum gehört hat.

Dieses Kapitel folgt, stark gekürzt und mit zusätzlichen Anmerkungen versehen, dem Werk von Zvi Asaria: Zur Geschichte der Juden in Osnabrück und Umgebung, Osnabrück 1969, S. 27 ff.

Probleme im Umgang mit den nichtjüdischen Bürgern der Stadt gibt es kaum. Die meisten der Osnabrücker Juden sind Kaufleute der unteren oder mittleren Schicht, finanziell abgesichert und allgemein geachtet. Dermaßen konsolidiert, kann es sich die jüdische Gemeinde schon 1900 leisten, in der Rolandstraße ein größeres Grundstück zu erwerben, auf dem dann sechs Jahre später die Synagoge errichtet wird.

Um diese Zeit erscheinen jedoch auch die ersten Flugblätter, auf denen die Große Straße mit allen dort liegenden jüdischen Geschäften abgebildet ist. Unterschrift: »Neu-Jerusalem«. Die Zeitschrift ›Der Hammer‹ und die sektiererische Zeitung ›Der Stadtwächter‹ überbieten sich in antisemitischen Parolen. Schon 1927 beginnt die Saat aufzugehen. Osnabrück verzeichnet die ersten Friedhofs- und Synagogenschändungen.

Am 28. März 1933 gibt die Parteileitung der NSDAP die Anordnung heraus, in jeder Ortsgruppe und den Organisationsgliederungen der NSDAP sofort Aktionskomitees zur praktischen, planmäßigen Durchführung des Boykotts jüdischer Geschäfte, jüdischer Waren, jüdischer Ärzte und jüdischer Rechtsanwälte zu bilden. Bereits am 1. April wird wie in den meisten Zeitungen, so auch im ›Osnabrücker Tageblatt‹ folgender Aufruf veröffentlicht:

»Aufruf! Das Judentum versucht, durch unerhörte und ungeheure Lügen- und Greuelpropaganda im Ausland den Wiederaufstieg unseres Vaterlandes zu sabotieren . . . Bislang ist in Deutschland noch keinem Juden ein Haar gekrümmt worden, aber, wenn das Judentum den Krieg will, soll es ihn haben. Wir fassen den Juden an seiner empfindlichen Stelle – dem Geldbeutel. Es darf daher kein deutscher Volksgenosse vom Juden kaufen oder mit ihm Geschäfte machen (. . .). Jeder deutsche Volksgenosse, der bei einem Juden kauft, ist ein Verräter an seinem Volk!«

Über den Boykott in Osnabrück schreibt das ›Osnabrücker Tageblatt‹: »Der Tag der Abwehr in Osnabrück! Wie in ganz Deutschland, begann gestern morgen pünktlich um 10 Uhr auch in Osnabrück die Durchführung des Boykotts der jüdischen Geschäfte, Rechtsanwälte und Ärzte (. . .). Mehr als 40 Geschäfte wurden auf diese Weise in unserer Stadt boykottiert (. . .)«

Nationalsozialistische Kundgebung auf dem Ledenhof in Osnabrück

Detailliertere Angaben sind den vom Einwohnermeldeamt der Stadt Osnabrück im Jahre 1964 erstellten Listen zu entnehmen

Sämtliche die Familie Nussbaum betreffenden Informationen sind – nicht immer lückenlos – aus alten Adreßbüchern und mit Hilfe von Auskünften Überlebender rekonstruiert.

Leute, die trotz der Boykottwarnungen in diesen Geschäften kaufen, werden fotografiert und die Bilder in der Georgstraße öffentlich ausgestellt. Die Juden müssen ihre Geschäfte äußerlich als ›jüdische‹ kennzeichnen. In den darauf folgenden Jahren werden alle Geschäfte ›arisiert‹.

Noch vor Verkündung der Nürnberger Gesetze findet die gegen die Juden gerichtete Hetze der Partei auch in Osnabrück Widerhall. Eine Masse von 25 000 bis 30 000 Volksgenossen versammelt sich auf dem von Hakenkreuzfahnen umrahmten Ledenhof, um gegen die vermeintlichen Angriffe des Judentums auf das nationalsozialistische Deutschland zu protestieren. In dieser Versammlung führt der Kreisleiter u. a. aus: »Was heute in Osnabrück vor sich geht, ist kein Antisemitismus im üblichen Sinne. Ist kein Kampf gegen die Juden als solche, sondern es ist ein Kampf um die deutsche Seele. (. . .) Das jetzige Vorgehen ist eine Frage der Erziehung des deutschen Menschen, der jahrzehntelang vom jüdischen Gift verseucht ist (. . .)«

Die zweite Verfolgungswelle wird am 15. September 1935 auf dem ›Reichsparteitag der Freiheit‹ mit dem ›Reichsbürgergesetz‹ und dem ›Gesetz zum Schutze des deutschen Blutes und der deutschen Ehre‹ eingeleitet. Von den 50 Mischehen in Osnabrück werden etliche geschieden. Die letzten jüdischen Beamten in Osnabrück werden durch Verordnung vom 14. November 1935 pensioniert. Der sogenannte »Arierparagraph« wird in alle möglichen Satzungen und Verordnungen übernommen. Plakate und Transparente, die durch politische Leiter vom ›Reichsparteitag‹ mitgebracht werden, tragen die Aufschrift: »Juden, hütet Euch, wir kommen aus Nürnberg.«

Im Jahre 1933 ist die Bevölkerung Osnabrücks auf über 94 000 Einwohner angewachsen; der jüdische Anteil ist mit 403 Bürgern jedoch fast gleich geblieben. Einige dieser 403 Personen versuchen sich durch Wohnungswechsel in andere Gemeinden des Reiches wenigstens vorläufig den Demütigungen zu entziehen. Von 1934 bis zum November 1938 flieht die überwiegende Zahl ins Ausland, vornehmlich nach England, USA, Holland und Palästina (aber auch – je nach Familienbindung und Kontakten – nach Shanghai, Spanien, Südafrika, Argentinien und sogar – einen Monat vor Kriegsausbruch! – nach Polen).

Anfang 1934 ist Nussbaums Mutter offiziell in Köln, der Vater und der Bruder Justus sind noch in Osnabrück gemeldet. Tatsächlich aber hält sich nur noch Justus – des Geschäftes wegen – in Osnabrück auf. Die Eltern reisen schon 1933 als ›Pensionäre‹ in die Schweiz und bald darauf weiter nach Italien, um sich 1934 mit Felix in Rapallo zu treffen. Felix, der die bedrohliche Situation angemessener einschätzt, entschließt sich für das endgültige Exil und reist zusammen mit Felka Platek nach Belgien. Die Eltern jedoch, die – selbst zu diesem Zeitpunkt noch! – ihr Deutschtum nicht verleugnen können, treibt das Heimweh zurück. 1935 lassen sie sich in Köln am Sachsenring 93 nieder und glauben sich (ebenso wie die Familie Gossels, die in unmittelbarer Nähe wohnt) in der Anonymität der Großstadt geborgen. Die Familien Philipp Nussbaums und Simon Gossels' leben von dem Erlös, den ihnen der Verkauf von Grundstücken, des stattlichen Wohnhauses in der Schloßstraße und von großen Teilen des Betriebes einbringt.

Der in Osnabrück gebliebene Justus Nussbaum wohnt zusammen mit dem Freund Alfred Gossels ab 1935 in dem bisher leerstehenden Haus Kleine Hamkenstraße 4 (die Väter hatten es im Namen der Firma für die Söhne erworben) und betreibt dort unter dem einst so angesehenen Firmennamen ›Gossels u. Co.‹ eine Autoverwertung. Noch ist den deutschen Juden die materielle Basis nicht vollends entzogen. Gerade der für die nationalsozialistische Rüstungspolitik so wichtige Eisen- und Schrotthandel befindet sich immer noch zu ca. 40 Prozent in der Hand jüdischer Firmen. Entscheidende Maßnahmen zur »Ausschaltung des Juden aus dem Wirtschaftsleben« haben noch nicht stattgefunden, wenn auch seit den Nürnberger Gesetzen die systematische ›Arisierung‹ der Wirtschaft diskutiert und teils auch schon praktisch vorangetrieben wird. »In einigen Städten betrieb die Partei systematisch die Arisierung der Geschäfte, so z. B. in Osnabrück«, heißt es bei Genschel: »Kreisleiter Münzer sprach im August 1936 vor dem Kreisverband der Partei Osnabrück-Stadt von einer Parteiaktion zur Überführung jüdischer Geschäfte in arische Hände, die langsam vorwärtsgehe. ›Man dürfe stolz darauf sein, daß man ohne Zwischenfall die größten jüdischen Geschäfte in Osnabrück in arische Hände habe überführen können, und es sei eine schöne Zeit gewesen, einmal wieder etwas revolutionär handeln zu können. Das mache Freude und frische das Blut auf!‹ (Lebhafter Beifall). «

Genschel, Helmut: Die Verdrängung der Juden aus der Wirtschaft im Dritten Reich, Berlin 1966, S. 126

Justus Nussbaum und Alfred Gossels haben bisher, wenn auch zu Schrott-händlern abgesunken, noch ihr Dasein fristen können. Nun müssen sie ums nackte Überleben kämpfen, denn im Herbst 1937 beginnt eine großangelegte Arisierungswelle. Auswanderung bleibt der einzige Ausweg, und beide fliehen am 2. Juli desselben Jahres nach Amsterdam.

Einen Reisepaß zu erlangen und somit auf legalem Wege aus Deutschland auszureisen, ist zu diesem Zeitpunkt schon schwierig genug. Immer weniger Pässe werden ausgestellt oder verlängert. Im Verwaltungsbericht der Stadt Osnabrück heißt es dazu: »Zurückzuführen ist dies wohl darauf, daß immer mehr deutsche Volksgenossen ihre Ferien in Deutschlands schönen Gauen verbringen oder sich der Einrichtungen von ›Kraft durch Freude‹ bedienen. Besuchsländer waren hauptsächlich Frankreich, Holland, Schweiz und Italien. « An diesen in Bürokratenpoesie eingekleideten zynischen Bemerkungen stimmt nur eines: die Erwähnung der »Besuchsländer«.

Die Realität sieht allerdings anders aus: Der Verkauf von Betrieben, Grundstücken, Häusern oder beweglichen Sachen kann nur weit unter Wert geschehen, und von dem Erlös sind noch 25 Prozent Reichsfluchtsteuer abzuführen. Was nun noch übrig bleibt, kann zwar ins Ausland transferiert werden, aber dabei muß noch einmal ein Verlust von 50 bis 90 Prozent hingenommen werden. Von dem wenigen noch verbleibenden Geld sind dann die Reisekosten und der Aufbau eines neuen Lebens im Gastland zu bestreiten. Ungeheure Opfer – aber sie bedeuten Sicherheit!

In der Nacht vom 9. auf den 10. November 1938 ziehen SA-Leute vom ›Braunen Haus‹ am Heger-Tor-Wall zur nahegelegenen Synagoge und stecken sie mit Hilfe von Benzinkanistern in Brand. Inzwischen plündert der Mob die restlichen jüdischen Geschäfte und einen Teil der Wohnhäuser. Nachdem die Scheiben eingeworfen sind, dringt man in die Häuser ein, zerschneidet die Stoffe und wirft Schränke und Porzellan auf die Straße. Die Grabsteine auf dem jüdischen Friedhof werden umgerissen und zerstört. Lediglich das Gemeindehaus neben der Synagoge bleibt unberührt: Später wird es für Parteizwecke benutzt.

Lori Gittelsohn erinnert sich: »Wir befanden uns in der brennenden Synagoge, ich hatte die Feuerwehr angerufen, aber niemand kam. (. . .) Wir verbrachten den Rest der Nacht zunächst im Schloßkeller bei der Gestapo, dann freigelassen im

Dieser Hinweis fand sich in der erhaltenen Kartei der Osnabrücker Synagogengemeinde. Dort auch eine Eintragung, die besagt, daß beide am 17. 10. 1933 nach Haifa/Palästina gereist und am 21. 1. 1934 von dort wieder zurückgekehrt sind. Über die Beweggründe dieser Reise (evtl. Auswanderungspläne?) war nichts mehr in Erfahrung zu bringen.

Ein nichtjüdischer Augenzeuge berichtet: »Auf dem Weg in Richtung Feuer kamen uns bereits Leute entgegen, die riefen: ›Holt die Feuerwehr, die Synagoge brennt!‹ Einer der Entgegenkommenden rief: ›Brauchen wir nicht, die SA ist dabei und sperrt alles ab. Polizei ist nicht zu sehen!‹ (. . .) Etliche SA-Leute standen schwadronierend und lachend am hinteren Teil der Synagoge. «

Geplündertes jüdisches Geschäft in Osnabrück

Exkurs: Aufstieg und Niedergang einer jüdischen Firma

Die ›Eisenhandelsgesellschaft Gossels & Co.‹ gilt neben den bekannten Firmen von Richter und Henrici als bedeutendes Unternehmen seiner Branche. Die Firma hat sich offensichtlich seit ihrer Gründung von 1900 bis zum Ersten Weltkrieg in einem langsamen, aber stetigen Aufwärtstrend entwickelt.

1900: *Productenhandlung Gossels und Nussbaum*
      mit Kontor Große Rosenstr. 4 und Lager Große Rosenstr. 5
      (beide Häuser im Besitz der Firma).
1902: Erwerb eines weiteren Lagers im Außenbezirk Eversburg.
1905: *Eisen und Metalle en gros.*
1908: Erwerb des Gebäudes Eversburger Str. 20 (mit Gleisanschluß).

Nach dem Ersten Weltkrieg geht die Entwicklung sprunghaft voran. Eine wichtige Rolle spielt hierbei die Gründung und Inbetriebnahme des Osnabrücker Hafens im Jahre 1916. Schiffsladungen mit Eisen sorgen für einen enormen Aufstieg des Hafenumschlags, von dem auch die Firma profitiert.

1926: *Eisenhandelsgesellschaft Gossels & Co.*
      Umzug des Kontors in die Große Hamkenstr. 6, das ehemalige Kontorhaus wird für Wohnzwecke vermietet. Erwerb des Hauses Kleine Hamkenstr. 9 und der Grundstücke Rheinstr. 32 (als Bauplatz) sowie Rheinstr. 98 (als Lager) im Hafengelände mit Gleisanschluß. Erwerb des Hauses Schlagvorder Str. 7 (Wohnsitz der Familie Gossels) und – noch vor 1925 – Bau des Hauses Schloßstr. 11 (Wohnsitz der Familie Nussbaum).

Mit der Machtübernahme der Nationalsozialisten beginnt der Niedergang des Unternehmens. 1934 sind die Firma und beide Familien noch offiziell geduldet, die Firmengründer halten sich jedoch bereits im Ausland auf, und die Söhne führen das Unternehmen weiter. 1937 werden die Väter offiziell als in Köln lebend geführt (und bestreiten ihren Lebensunterhalt aus Verkaufserlösen und Mieteinnahmen). Die Söhne halten anfangs einen stark reduzierten Betrieb aufrecht – bis sie noch im selben Jahr nach Amsterdam fliehen. Die Eltern folgen ihnen ins Exil.

1934: Verkauf der Besitzungen in der Rheinstraße.
1937: *Eisenhandelsgesellschaft Gossels & Co, Autoverwertung;*
      Schrotthandlung in der Kleinen Hamkenstr. 4 (im Besitz der Firma, zugleich Wohnsitz der Söhne). Verkauf der Wohnhäuser, im Laufe des Jahres auch aller anderen Besitzungen. Flucht der Söhne nach Amsterdam.
1939: Flucht der Eltern nach Amsterdam.

Haus von Rafael Flatauer in der Herderstraße, inmitten der Scherben, die Vitrinen des Geschäftes waren umgestürzt, die Ledermöbel aufgeschlitzt. Plötzlich kamen angetrunkene SA-Leute hereingestürzt, um Rafael Flatauer abzuführen, obwohl ihm der Gestapo-Kommissar Kolesi vorher noch Schutz zugesichert hatte. « In der gleichen Nacht werden fast alle jüdischen Männer bis zu 55 Jahren in den Wohnungen festgenommen und so, wie man sie findet – nicht selten im Schlafanzug –, abgeführt, vorbei an der brennenden Synagoge zur Turnerstraße. Nachdem sie hier die erste Nacht und die zweite im Schloßkeller verbracht haben, werden sie am nächsten Morgen mit der Bahn bis Erfurt und von dort mit Lastkraftwagen nach Buchenwald deportiert.

Briefliche Auskunft aus dem Jahre 1974

Nach der ›Kristallnacht‹ gelingt noch 65 Osnabrücker Juden die Flucht. Auch für die Eltern Nussbaum ist die ›Kristallnacht‹ das endgültige Signal. Sie fliehen aus Köln, ursprünglich in der Absicht, zu Felix nach Brüssel zu ziehen. Als Felka, die ihre Schwiegereltern nicht bei sich wissen will, diesen Plan vereitelt, wenden sie sich nach Amsterdam, zu ihrem älteren Sohn Justus.

Die noch in Osnabrück verbliebenen 85 Juden befinden sich nun, wie überall in Deutschland, in lebensgefährlicher Lage. Anfang des Jahres 1941 werden sie in einigen Häusern in der Kommenderiestraße, Heger Straße und Rolandstraße zusammengepfercht und dürfen die Stadt nicht verlassen. Am 13. Dezember beginnt auch für sie die ›Endlösung‹. 40 Personen müssen sich mit 50 kg Gepäck in der Schule am Pottgraben melden, der übrige Besitz bleibt in ihrer Wohnung, die offengelassen werden muß, zurück. In der Schule am Pottgraben wird ein Transport von ca. 500 Juden zusammengestellt, zusammengetrieben aus dem gesamten Landkreis Osnabrück. Mit den Juden aus Münster, Bielefeld, Paderborn und Coesfeld beträgt die Gesamtstärke des Sammeltransportes ungefähr 1500 Menschen. Dieser Transport geht nach Riga.

Während dieser Zeit ist die Familie Nussbaum zwar den mühseligen Bedingungen des Exils unterworfen, aber doch in fast beneidenswerter Sicherheit. Felix und Felka sind bei Freunden in Brüssel untergekommen. Die Eltern und der Bruder leben in Amsterdam unter Bedingungen, wie sie – trotz allem – so günstig nur wenige Emigranten vorgefunden haben. Justus Nussbaum und Alfred Gossels gelingt es, sich im Exil eine neue Existenz aufzubauen. Zusammen mit zwei weiteren jüdischen Kompagnons namens Kahn und Jonas betreiben sie weiterhin einen Schrotthandel: die ›Wemeta-Kompagnie‹ in Prinsen-Eiland im Hafengebiet Amsterdams.

Die folgende Darstellung der Familiengeschichte basiert auf mündlichen Mitteilungen von Auguste Moses, Ramat-Gan.

Nach dem Überfall der Nazitruppen im Mai 1940 auf die Niederlande wird die Firma mit ihrer Metallschmelzerei zu »Wehrwirtschaftszwecken« herangezogen. Derartige »S(perr)-Betriebe« stehen unter dem besonderen Schutz der Rüstungsinspektion. Die jüdischen Firmeninhaber bekommen einen deutschen Verwalter, einen gewissen »Kapitän Sommer«, vorgesetzt. Dieser »Kapitän Sommer«, Angehöriger der Militärverwaltung, hat nicht nur die für die damalige Zeit sehr erhebliche Summe von 6000 Gulden für eine jüdische Untergrundorganisation gespendet, er hat auch lange Zeit die Firmeninhaber, deren Familien und die jüdischen Arbeiter des Betriebes vor Verhaftung und Deportation bewahren können. Mehrmals gelingt es ihm, bereits verhaftete Personen aus der berüchtigten Sammelstelle der »Schouwburg« wieder zu befreien, indem er den durch die Rivalitäten zwischen der Militärverwaltung, der Zivilverwaltung des Reichskommissars Seyß-Inquart und dem SS-Führer für die Niederlande entstandenen Spielraum voll ausnutzt.

Die Wohnungen der Familie Nussbaum in Amsterdam sind (nach den Unterlagen des Internationalen Suchdienstes in Arolsen) bekannt. Justus Nussbaum wohnte Noorder Amstellaan 168, die Mutter Afrikanerplein 40, der Vater Legmeerstraat 60. Von den in der Wohnung des Vaters nachweislich zahlreich vorhandenen Werken Felix Nussbaums ist nicht ein einziges wieder aufgefunden worden.

Wegen der Bedeutung des Betriebes für die Rüstung kann sich Justus Nussbaum in Holland frei bewegen. Sommer macht es möglich, daß Justus Nussbaum öffentliche Verkehrsmittel benutzen darf und keinen Judenstern zu tragen braucht. Die gesamte Familie besitzt illegale Papiere, ausgestellt auf falsche Namen, und hätte unter Umständen nach Übersee entfliehen können. Sie tut es nicht, weil sie sich, von einflußreicher Stelle geschützt, sicher fühlt. Zu sicher – und diese Haltung wird der Familie zum Verhängnis.

Um den starken Widerstandswillen der Amsterdamer Bevölkerung gegen die Judenverfolgungen zu brechen, führt die Gestapo 1943 drei großangelegte Razzien durch, denen fast 13 000 Juden zum Opfer fallen. Haus für Haus werden ganze Wohnviertel durchsucht, die Bewohner auf die Straße getrieben und direkt von der Straße in die Lager abtransportiert. Im August 1943 werden auch »entsternte« Juden, darunter die gesamte sogenannte »Sommer-Liste« verhaftet und in das holländische Lager Westerbork überführt. Von dort werden die Eltern am 8. Februar 1944, Justus am 3. September 1944 nach Auschwitz deportiert.

Als Anfang 1944 die russischen Truppen näherrücken, wird das KZ Riga, in dem sich viele Osnabrücker Juden befinden, aufgelöst, und die Insassen werden in das KZ Stutthof bei Danzig verlegt. Von den 40 Juden, die am 13. Dezember 1941 aus Osnabrück deportiert worden sind, kehren fünf zurück.

Der ersten Deportation nach Riga schließt sich 1941 ein Transport nach Auschwitz an, 1942 geht ein Transport nach Theresienstadt. Von den 31 Juden, die nach Auschwitz und Theresienstadt deportiert worden sind, kehren insgesamt nur vier zurück.

Auch wer, wie die Familie Nussbaum, noch rechtzeitig hat fliehen können, entgeht nicht der Vernichtung. Die meisten fallen im Exil erneut ihren Mördern in die Hände. Von der Familie Nussbaum überlebt am Ende keiner das große Morden.

Im Exil

Emigration nach Belgien

»Immer fand ich den Namen falsch, den man uns gab: Emigranten.
Das heißt doch Auswanderer. Aber wir
Wanderten doch nicht aus, nach freiem Entschluß
Wählend ein anderes Land. Wanderten wir doch auch nicht
Ein in ein Land, dort zu bleiben, womöglich für immer.
Sondern wir flohen. Vertriebene sind wir, Verbannte.
Und kein Heim, ein Exil soll das Land sein, das uns da aufnahm.«

Diese Zeilen Bertolt Brechts sprechen auch Nussbaums Schicksal an. Auch er
floh, wurde ins Exil verbannt. Nach Deutschland ist er nicht mehr zurückgekehrt, sondern hat sich rechtzeitig vor der ansteigenden braunen Flut in
Sicherheit gebracht.

Am 30. Januar 1933, als Hindenburg Hitler zum Reichskanzler beruft, bietet
der ›tolle Platz‹ nicht mehr das vergleichsweise harmlose Bild, das Felix
Nussbaum von ihm entworfen hatte. Nach diesem triumphalen Aufmarsch der
Nationalsozialisten war keine Rückkehr mehr möglich.

Nichts lag näher, als nach Belgien zu emigrieren. Die Familie verbrachte
früher häufig ihren Urlaub in Ostende und hatte dabei persönliche Kontakte
angeknüpft. Auch in Brüssel lebten Freunde. Seine Studienreisen hatten Nussbaum nicht nur nach Südfrankreich, sondern auch nach Belgien geführt. Er
betrat also keinen fremden Boden.

Felix Nussbaum hielt sich während seines belgischen Exils hauptsächlich in
Ostende und Brüssel auf. 1936 traf er für einige Wochen in Ostende mit seinem
früheren Studienfreund Rudi Lesser zusammen. Diesem hatte die SA 1933 sein
Berliner Atelier zertrümmert und ihn auf eine Flucht gezwungen, die ihn über
Skandinavien und die USA erst 1956 wieder nach Deutschland zurückführte.
Beide Künstler waren häufig im Hafen, wo Nussbaum offenbar viel und intensiv
malte. »Wir haben auch über das gesprochen, was in der Welt geschah, aber
wenig; Nussbaum war viel zu sehr mit seiner Malerei beschäftigt.« Viel zu sehr
mit seiner Malerei beschäftigt, schien Nussbaum das drohende Unheil zwar zu
sehen, aber immer noch nicht recht zur Kenntnis nehmen zu wollen. Damit
stand er nicht allein. Zwar schrieb Hermann Kesten schon am 7. August 1933,
ebenfalls aus Ostende: »Nach Deutschland zu reisen, halte ich für jeden Juden

Mündliche Auskunft von Rudi Lesser vom
11. 10. 1978

109

Kesten, Hermann: Deutsche Literatur im Exil, Wien 1964, S. 53

heute für nicht ungefährlich, man will uns ausrotten (...)«, aber überwiegend lebten die Emigranten in der Anfangsphase der Vertreibung (bis ca. 1935) in einem heute kaum noch verständlichen Optimismus. In dem bereits zitierten Brecht-Gedicht heißt es bezeichnenderweise weiter: »Unruhig sitzen wir so, möglichst nahe den Grenzen, wartend des Tags der Rückkehr.«

Die Mehrzahl der später Exilierten lebte um 1932/33 mit erheblichen Illusionen und Selbsttäuschungen: man sah wohl die heraufkommende Gefahr, aber man unterschätzte sie. Kaum einer erkundete Auswanderungsmöglichkeiten und transferierte rechtzeitig Geld ins Ausland. Nur wenige ließen baldigst ihre Pässe verlängern oder erneuern. Die Mehrheit der ca. 500000 deutschen Juden, fast völlig assimiliert, war politisch desinteressiert. Brave Bürger, die sie waren, empfanden sie sich in erster Linie als ›gute Deutsche‹, erst in zweiter als Juden und zu allerletzt als Antifaschisten.

Erst nach 1935 setzte die Zeit der Ernüchterung ein, als auch extreme materielle Sorgen hinzutraten. Zwei Emigrantenstimmen mögen dies verdeutlichen: »Die Emigration war nicht gut. In dieser Welt der Nationalstaaten und des Nationalismus ist ein Mann ohne Nation, ein Staatenloser, übel dran. Er hat Unannehmlichkeiten; die Behörden des Gastlandes behandeln ihn mit Mißtrauen; er wird schikaniert. Auch Verdienstmöglichkeiten bieten sich nicht leicht. Wer sollte sich des Verbannten annehmen? Welche Instanz verteidigte sein Recht? Er hat ›nichts hinter sich‹, keine Organisation, keine Macht, keine Gruppe. Wer zu keiner Gemeinschaft gehört, ist allein«, schreibt Klaus Mann.

Mann, a. a. O., S. 333

Präziser noch, weil der ganze Aberwitz des Exilalltags darin eingefangen ist, Leonhard Frank: »Im Lauf der Jahre war die Hoffnung der Emigranten, wieder in die Heimat zurückkehren zu können, verblaßt und vergangen. Das Wort ›entwurzelt‹ bekam seine grausamste Bedeutung. Die Emigranten gehörten nirgends hin und bekamen Tritte wie Hunde, die sich verlaufen hatten und umherstreunen, und besonders wuchtige Tritte, wenn sie versuchten, im Gastland zu verdienen, was sie zum nackten Leben brauchten. Arbeiten war verboten und wurde hart bestraft, schließlich mit Ausweisung in ein Land, wo Arbeiten verboten war und hart bestraft wurde.«

Frank, Leonhard: Links wo das Herz ist, München 1952, S. 251

Da Belgien kein zentrales Einwanderungsland gewesen ist (wie z. B. Frankreich), gibt es nur wenige Untersuchungen über die belgische Emigrantenpolitik. Die exaktesten Auskünfte liefert immer noch Hans Albert Walter: Asylpraxis und Lebensbedingungen in Europa. Deutsche Exilliteratur 1933–1950, Bd. 2, Darmstadt 1972

Deutsche Staatsangehörige benötigten zur Einreise einen gültigen deutschen Paß und ein Einreisevisum. Beides war schwierig genug zu erhalten. Reisepässe deutscher Emigranten wurden, wenn überhaupt, nur sehr willkürlich verlängert, und die Gastländer waren äußerst zurückhaltend in der Vergabe von Visa. Besonders die kleineren Länder wie Belgien waren oft bemüht, alles zu vermeiden, was der faschistische Nachbar als Verletzung der Neutralität auslegen konnte.

War schon die Einreise schwierig, das tägliche Leben sah für die überwiegende Mehrzahl der Emigranten oft noch wesentlich deprimierender aus. Ausländer, die länger als zwei Wochen in Belgien blieben, waren verpflichtet, einen Meldeschein auszufüllen. Die Aufenthaltserlaubnis, in der Regel mit einem Arbeitsverbot gekoppelt, wurde fast nur Personen gewährt, die über genügende Mittel verfügten, um ohne Arbeit leben zu können. Eine Arbeitserlaubnis wurde erteilt, wenn ein schriftlicher Arbeitsvertrag zwischen Arbeitgeber und Beschäftigtem vorlag und, weit wichtiger, wenn der Nachweis erbracht worden war, daß die Stelle nicht mit einem Belgier besetzt werden konnte. Infolge der auch in Belgien grassierenden Arbeitslosigkeit erwies sich aber diese Klausel als eine fast unübersteigbare Hürde. Zudem war jede Arbeitserlaubnis generell auf zwei

Jahre begrenzt. Weitaus häufiger als vom Ertrag ihrer Kapitalien lebten die Geflohenen von der Mitarbeit ihrer Familienangehörigen, vornehmlich der Ehefrauen. Die Einhaltung des Arbeitsverbots bei Frauen wurde nämlich weniger scharf überwacht als bei Männern. Auch hatte die wirtschaftliche Krise an der Lebensweise der besitzenden Klassen nur wenig geändert; Putzfrauen, Köchinnen oder Dienstmädchen wurden nach wie vor gesucht.

Viele deutsche Emigranten befanden sich bei der Bemühung um Legalisierung ihres Aufenthaltes in einem nervenzermürbenden Teufelskreis: die Arbeitserlaubnis hing von der Aufenthaltsbewilligung ab. Oft genug waren die Antragsteller willkürlich dem guten Willen des jeweiligen Beamten ausgesetzt. Denn die Aufenthaltsbewilligung war befristet und mußte ständig erneuert werden. Es kam durchaus vor, daß man ein Aufenthaltsverbot erhielt, also binnen einer festgesetzten Frist Belgien verlassen mußte. Zwar konnte man gegen dieses ›Refus du séjour‹ Einspruch erheben und bis zur Entscheidung, ob diesem Einspruch stattgegeben würde, in Belgien leben – die ständige Unsicherheit aber blieb bestehen.

Als Belgien die Völkerbundkonvention von 1936 über den »Status der aus Deutschland stammenden Flüchtlinge« ratifizierte, wurde die Rechtsunsicherheit ein wenig abgebaut. Ab Januar 1937 regelten Ausführungsbestimmungen die Bemühungen um Legalisierung und Identitätspapiere. Neben einer ›Carte d'Identité‹ konnte auch eine Art von Reisepaß, ›Titre de Voyage‹ genannt, erworben werden. Die Frage der Arbeitsbewilligung blieb aber weiterhin

Fremdenpaß Felix Nussbaums, ausgestellt 1937. Die bedrängte Situation des Emigranten verdeutlicht der amtliche, handschriftliche Zusatz auf dem Ausweis: »Le porteur du present certificat s'engage, sous peine de renvoi immediat du royaume, a n'occuper en Belgique aucun emploi.« (Der Träger des vorliegenden Ausweises verpflichtet sich, bei Strafe der unverzüglichen Ausweisung aus dem Königreich, in Belgien keinerlei Arbeit anzunehmen.)

Linden, Hermann: Joseph Roth, Leben und Werk. Ein Gedächtnisbuch. Köln 1949, S. 59

Die Einsicht in die Nussbaum-Akte – wie auch fast alle Hinweise für die Zeit des belgischen Exils – verdanken wir Hans Schoemann, Brüssel.

ungeklärt. Erst ein weiteres Völkerbund-Abkommen, das im Oktober 1938 in Belgien in Kraft trat, setzte dem halb-illegalen Dasein der Emigranten ein Ende. Die Einschränkung der Arbeitsbewilligungen wurde de jure (wenn auch nicht immer de facto) aufgehoben, und vor allem wurde jede Ausweisung untersagt!

Nach bürgerlichem Recht den Belgiern endlich annähernd gleichgestellt, ließ sich das Emigrantenleben nun etwas ruhiger an. »Wir haben nicht gehungert, aber waren dauernd in Geldverlegenheit«, berichtet Irmgard Keun, die zusammen mit Joseph Roth, Hermann Kesten, Stefan Zweig, Walter Mehring, Ernst Toller, Egon Erwin Kisch und vielen anderen zu dieser Zeit ebenfalls in Ostende in den »hunderten billiger Hotels« lebte. Felix Nussbaum und Felka Platek erging es wesentlich besser. Ein Freund des Künstlers berichtet: »In der Zeit des Vorkriegsexils versuchte er nie, seine Bilder zu verkaufen, er hatte genug Geld.« Und Rudi Lesser sagte uns hierzu: »Felka Platek ist einer Beschäftigung nie nachgegangen. Sie war immer im Haus. Sie hat den sensiblen Nussbaum bemuttert – immer schon, auch damals in Berlin.«

Wo andere Emigranten sich tagtäglich bis an die Grenze ihrer Nervenkraft und ihres körperlichen Leistungsvermögens aufreiben mußten, um sich das Existenzminimum zu sichern, konnte sich Nussbaum fast als Tourist fühlen. Mit einem Touristenvisum reisten Felix und Felka von Paris aus nach Belgien ein. Im Gegensatz zu vielen anderen Emigranten hatten sie keine großen Schwierigkeiten mit den belgischen Behörden. Nussbaum führte sich bewußt unpolitisch auf und erklärte gegenüber der Fremdenpolizei, »nach Belgien gekommen zu sein, um die flämische Malerei zu studieren«. Beide verfügten über »hinreichende Geldmittel« und konnten leicht die geforderte »Zusage, keine Lohnarbeit anzunehmen«, geben.

Die Nussbaum-Akte der belgischen Fremdenpolizei (Dossier 146129) hat sich bis heute erhalten. Aus ihren minuziösen Eintragungen läßt sich das Leben Felix Nussbaums und Felka Plateks im belgischen Exil bis zum Kriegsbeginn lückenlos rekonstruieren: Am 2. Februar 1935 treffen beide, finanziell abgesichert und ein bis September gültiges Visum in der Tasche, in Ostende ein und wohnen in der Pension der Schwiegereltern Willy Billestraets. Kurz vor Ablauf der Visa bemüht sich Nussbaum um Gutachten zu seinem Werk. Zwei bedeutende Persönlichkeiten Ostendes beurteilen ihn äußerst positiv. Dr. Désiré Steyns schreibt: »Diese Werke bezeugen ein unbestreitbares Talent, und Nussbaum ist wirklich ein Künstler von Rang. Er verdient die Wertschätzung und Bewunderung aller Kenner.« Der weltberühmte Maler James Ensor schließt sich diesem Urteil mit den Worten an: »Die Werke Nussbaums zeigen Qualitäten von hohem künstlerischen Rang, die ihm einen ehrenwerten Platz unter den belgischen und ausländischen Künstlern sichern.« Daß beide so anerkennend von ihm reden, hat nicht nur mit Nussbaums Können zu tun. Sowohl mit Steyns als auch mit James Ensor war Nussbaum gut bekannt (Steyns hat er schon 1928 kennengelernt; für Ensor ist das Gleiche zu vermuten). Dennoch sind diese Gutachten keineswegs als reine Freundesdienste zu betrachten; gerade Ensor galt als überaus kritisch und zurückhaltend im Urteil. Um so schwerer wiegt sein Zeugnis. Aufgrund dieser Empfehlungen verlängern die belgischen Behörden ohne weiteres die Visa und befreien Nussbaum sogar zeitweilig von der Meldepflicht.

Am 1. Oktober 1935 zieht Nussbaum von Ostende nach Molenbeek Saint Jean (Vorort Brüssels) in die rue Jennart 24. Hier lebt er mit »seiner Verlobten«,

»ebenfalls Malerin«, das nächste halbe Jahr und macht danach einen zehntägigen touristischen Abstecher in die Ardennen nach Niveze (rue Pré Jonas 37) sowie in den mondänen Badeort Spa (rue des Capucins 7). Ende Mai 1936 ist er wieder in Ostende. Von seiner Wohnung in der Rampe Christine 11 unternimmt er zahlreiche Gänge in den Fischereihafen, um dort zu malen. Nach Ablauf eines weiteren halben Jahres (das Zertifikat der Einschreibung in die Fremdenliste gilt jeweils für sechs Monate; die häufigen Umzüge Nussbaums stehen damit in ursächlichem Zusammenhang) siedelt er wieder nach Brüssel, in die rue Marie de Bourgogne 56, über. Noch einmal kehrt er nach einem weiteren halben Jahr an seine alte Ostender Adresse zurück, bevor er sich am 9. 9. 1937 endgültig in Brüssel, zuerst in der rue Juste Lipse 27, später in der rue Archimède 22 bei der Familie Billestraet niederläßt.

Nun versucht Nussbaum sein unstetes Wanderleben zu konsolidieren. Am 6. Oktober 1937 heiratet er in Brüssel Felka Platek. Beide beantragen einen Monat später eine ›Carte d'Identité‹. Nussbaum gibt als Grund an, »seine Kunst in der Atmosphäre der großen Meister belgischer Malerei fortsetzen« zu wollen. Als Referenzen legt er vor:

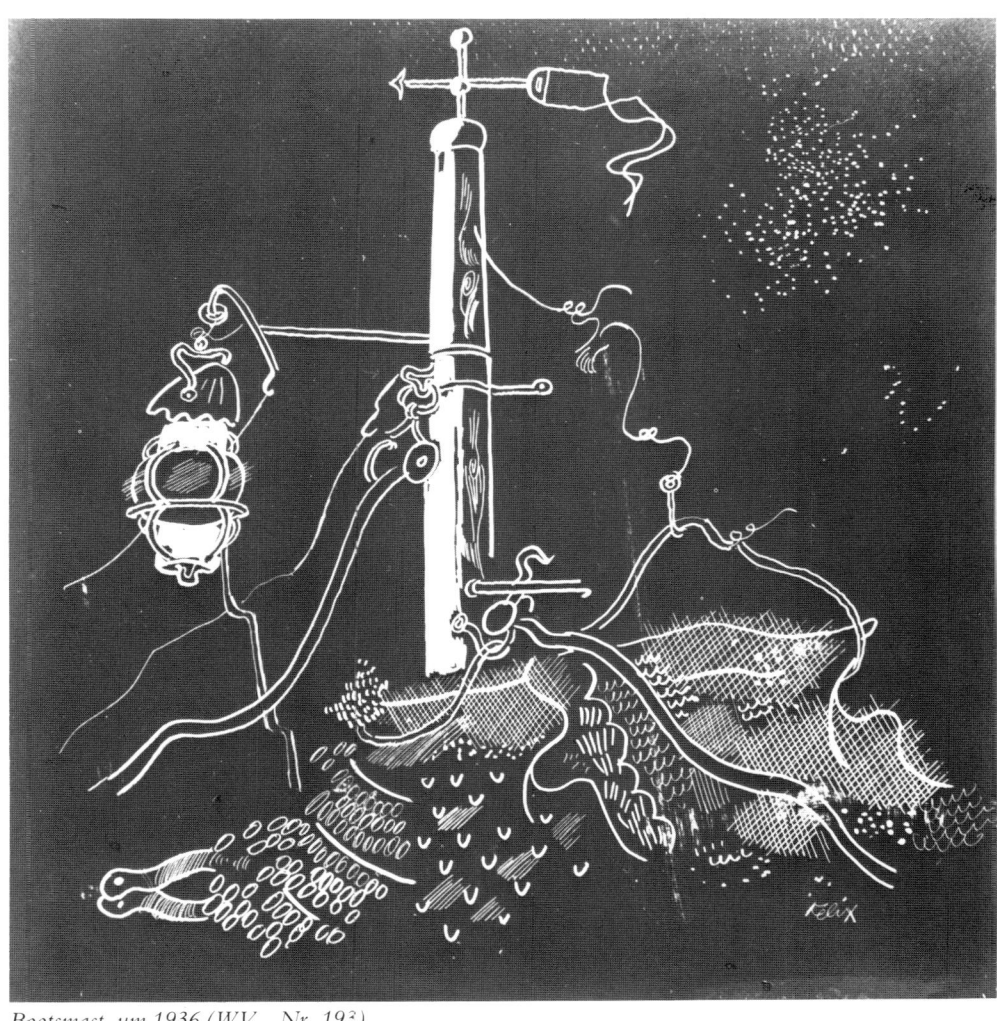

Bootsmast, um 1936 (WV   Nr. 193)

Bootsmast mit Positionslampe, 1936 ▷
(WV   Nr. 192)

1) Rompreis
2) Medaille des Ministeriums für Wissenschaft, Kunst und Volksbildung
3) Baron James Ensor (Mitglied der Königlichen Belgischen Akademie)
4) Prof. Désiré Steyns (Ritter des Leopoldordens)
5) Museum Fort Napoleon, Ostende.

Im sehr günstigen Gutachten der kommunalen Verwaltung heißt es zu dem Gesuch der Eheleute Nussbaum u. a.: »... haben einen Onkel namens van Dyk in London. Er schickt ihnen 800 Francs monatlich. Die Eheleute Nussbaum besitzen 40 000 Francs an Ersparnissen.«

Dem Antrag der Eheleute auf eine ›Carte d'Identité‹ wurde nicht stattgegeben, ebenso wie auch ein von Felka Platek einige Monate vorher allein unternommener Versuch abgewiesen worden war. Die für die Anträge nötigen Gutachten geben uns jedoch ein genaues Bild der Lebensumstände. Felka Platek besaß ein Sparbuch mit 22 000 Francs, beide hatten ein leidliches Auskommen – zumal Nussbaum auch im Exil Ausstellungsmöglichkeiten nutzen konnte.

Hier sei ein kurzer Exkurs über Ausstellungen im Exil eingefügt. Désiré Steyns war der künstlerische Leiter des Kursaals in Ostende. Da Nussbaum sich auf ihn bezieht, liegt die Vermutung nahe, daß Steyns ihm um 1936/37 den Kursaal für eine Ausstellung seiner umfangreichen Produktion von Ansichten des Ostender Fischereihafens zur Verfügung stellte. Dem Museum Fort Napoleon, dem lokalgeschichtlichen Museum der Stadt, stand Arthur Vanheste, gleichfalls Maler, vor. Er war mit Nussbaum gut bekannt. Unter Umständen hat Nussbaum auch hier ausgestellt.

Bis hierher ist nur von Vermutungen die Rede. Mit Sicherheit wissen wir aufgrund von mündlichen Berichten, daß Nussbaum um 1937/38 mit drei Werken an einer Kollektivausstellung in Gent teilgenommen hat (ein schriftlicher Beleg hat sich allerdings bis heute nicht finden lassen). Nachprüfbar belegt ist jedoch eine Ausstellung – im November 1938 in Paris.

Vom 4. bis 18. November 1938 fand dort im ›Maison de la Culture‹ die erste große Kollektivausstellung des ›Freien Künstlerbundes‹ statt. Dieser war im Mai des gleichen Jahres unter dem Vorsitz Oskar Kokoschkas gegründet worden und stellte einen, wenn auch von Kunstverständnis und politischem Standort der einzelnen Künstler her sehr heterogenen, antifaschistischen Kulturbund dar. »Einig in der Feindschaft gegenüber dem Faschismus, in den Auffassungen über die geistigen und materiellen Grundlagen eines gemeinsamen Kampfes jedoch erheblich differierend, wurde der Versuch unternommen, die heterogenen und vielfach desorientierten und desinteressierten Emigrantenmassen wenigstens unter den Fahnen des gemeinsamen ›Kulturinteresses‹ zu vereinigen.« Dabei setzten die Künstler ihre Kunst in ganz verschiedenen Bereichen ein; es gab reine Kunstausstellungen wie auch Agitationsausstellungen.

Die Pariser Ausstellung lief unter dem Titel ›Freie Deutsche Kunst‹. »Neben Werken von Künstlern des ›Freien Künstlerbundes‹ wurden auch Arbeiten von Emigranten aus anderen Ländern gezeigt, so von Beckmann, Grosz, Nussbaum.« Insgesamt waren rund 70 Künstler der deutschsprachigen Emigration vertreten. Einen ausführlichen Überblick über das Gezeigte geben zwei Zeitungsartikel von Paul Westheim: ›Die Ausstellung des Freien Künstlerbundes‹ (Pariser Tageszeitung, Nr. 835 vom 6./7. 11. 1938) und ›Rundgang durch die Deutsche Kunstausstellung‹ (Pariser Tageszeitung, Nr. 837 vom 9. 11. 1938). Ausgestellt wurden auch ein zerschnittenes Gemälde Kokoschkas und das Faksimile einer

›Widerstand statt Anpassung‹. Deutsche Kunst im Widerstand gegen den Faschismus, hrsg. vom Badischen Kunstverein Karlsruhe, Berlin 1980, S. 132

◁ *Bootsmast und Kirche, 1937, Pinsel in Tusche, Kohle und farbige Kreiden (WV Nr. 200)*

An der Kaimauer, 1937 (WV   Nr. 201)

völlig zerfetzten Rötelzeichnung Renoirs – zwei Kunstwerke, die dem französischen Publikum den Gegensatz zwischen der positiven Kulturarbeit der Emigranten und der Zerstörungswut jener, die sich als ›Schützer der westlichen Zivilisation‹ aufspielten (in den beiden Fällen war das die Wiener Gestapo) – klar vor Augen führen sollten. Die Ausstellung fand in der französischen Presse ein lebhaftes Echo, und unter Auswertung der Ausstellungsrezensionen konnte der Künstlerbund zusammenfassend feststellen, »daß die Ausstellung den ausstellenden Künstlern gedient hat, die ihre Werke in Paris vor einem interessierten Publikum zeigen konnten, der Emigration gedient hat, auf wieder eine Weise widerlegt sie die Göbbels'sche Propaganda, ausgewandert seien nur ›destruktive Elemente‹, der Sache der deutschen Kultur gedient hat schon dadurch, daß sie Publikum und Presse in Frankreich veranlaßt hat, sich mit der Kunstdiktatur im Dritten Reich auseinanderzusetzen und aufs neue, aufs entschiedenste in ihrer Kulturfeindlichkeit zu erkennen«.

Widerstand statt Anpassung, a. a. O., S. 139 f.

Auf dieser Ausstellung war Felix Nussbaum mit mehreren Aquarellen vertreten. Auch in Amsterdam hat Nussbaum ausgestellt: Der ›Koninklijke Kunstzaal Kleykamp‹ zeigte vom 18. Dezember 1937 bis 9. Januar 1938 eine Übersicht seiner Gemälde.

Soweit zu den Ausstellungen Nussbaums im Exil. Finanziell werden sie ihm wohl kaum entscheidend geholfen haben. Aber die Eheleute Nussbaum besaßen ja, folgt man dem amtlichen Gutachten, genügend Ersparnisse für den Lebensunterhalt. Aussagen von Freunden widersprechen dieser Annahme jedoch teilweise. So berichtet Herr Nico Gazan aus Brüssel: »Vor dem Kriege habe ich die Nussbaums einige Male bei meinem Onkel Paul Blum getroffen, der die Eltern von Felix in Deutschland kennengelernt hatte. Nussbaums hatten nicht viel Geld, und Felix malte kleine Bilder, auf die er nicht stolz war und die er lediglich mit ›Felix‹ signierte. Diese kleinen Bilder waren für das tägliche Brot leichter zu verkaufen. (...) Nussbaums haben mit einem Gardinenring als Ehering geheiratet. «

Freunde wie das Ehepaar Blum (Felix nannte sie dankbar »liebe Blümchen«), wie der Bildhauer Dolf Ledel, wie die Familie Billestraet und wie weitere, von denen wir wissen, die aber namentlich nicht mehr bekannt sind, halfen dem Ehepaar Nussbaum. Die finanzielle Unterstützung des Vaters hat der Sohn, stolz und bescheiden zugleich, zu dieser Zeit stets abgelehnt – sehr zum Leidwesen des Vaters, ohne daß allerdings das gute Verhältnis zwischen Vater und Sohn deswegen gelitten hätte.

Der Hafen von Ostende

In Ostende hält sich Nussbaum, wie seinen erhaltenen Werken zu entnehmen ist, fast ausschließlich im Fischereihafen auf (bestätigt wird diese Vermutung durch die Aussage seines Malerfreundes Rudi Lesser). Nussbaums Vorliebe für Häfen (schon in seiner Jugend verbrachte er die Ferien meist in Ostfriesland, schon in Alassio hatte er bevorzugt Hafenmotive gemalt), bleibt bestehen. Nun wird die Themenwelt noch enger: Hafenbecken, Schiffsgruppen, einzelne Boote oder gar nur Masten bilden den Motivrahmen. Nur vereinzelt unternimmt er Abstecher in die Umgebung und malt in den Dünen (Nr. 167) oder die Cafés von Ostende.

s. WV Nr. 190–193

Die Themenwelt wird noch enger – verliert dabei aber keineswegs an Reichtum. Die in Italien ausgereifte Mal- und Zeichentechnik schlägt sich nun in einer Reihe überzeugender Werke nieder. Vor allem die seit 1935 entstehenden Tuschzeichnungen beweisen Nussbaums künstlerische Phantasie. Der Bootsmast, als thematischer Vorwurf scheinbar nur wenig ergiebig, ist Anlaß einer ganzen Serie von Zeichnungen, ständig variiert. Nicht nur die jeweils wechselnde Sicht des Gegenstandes, auch die breite Palette der Techniken fasziniert: ein präzis und feinnervig gestalteter Mast steht vor einem mit nur wenigen Kohlestrichen skizzierten Hintergrund oder füllt als dekorativ-exakte Großform die Leerfläche. Oder er wird, eingebunden in die gleichrangig behandelte Umgebung, durch akzentsetzende Tuschebahnen bzw. Deckweißhöhung als Hauptmotiv herausgehoben. Oder farbige Kreiden, äußerst sparsam eingesetzt, gliedern die Komposition des Blattes. Gelegentlich treten Übermalungen in Gouache hinzu. Ob als isolierte Einzelform oder in der Reihung als Mastenwald

118

Die Fähre nach Dover, 1936 (WV Nr. 197)

(wie in *Blick über das Geländer* [Nr. 155]), immer wirkt das Motiv zugleich als bildordnendes Kompositionselement. In diesem Zusammenhang ist noch ein-mal Gelegenheit, von Nussbaums Gebrauchsgrafik zu reden. In der Zeit des Exils hat er etliche Arbeiten gefertigt, die er selbst für »weniger wichtig« hielt und aus eben diesem Grunde lediglich mit seinem Vornamen signierte. Von diesen leichter verkäuflichen, dekorativen Stücken ist eine Arbeit in Brüsseler Privatbesitz erhalten.

Den *Bootsmast* (Nr. 192), Ölbild von 1936, wiederholt Nussbaum in einer anderen Technik – einer Technik, die er (nach Aussage des Besitzers) selbst erfunden haben soll: eine weiß gedeckte Glasplatte wird geschwärzt, mit einem feinen Griffel bezeichnet, so daß die weiße Schicht partiell wieder zum Vorschein gelangt (Nr. 193). Anschließend wird das Ergebnis bei hohen Temperaturen gebrannt (den Ofen stellte ihm sein Freund, der belgische Bildhauer Dolf Ledel, zur Verfügung). Von Arbeiten dieser Art soll Felix Nussbaum mehrere herge-stellt und gut verkauft haben.

Angler im Hafen, 1935 (WV Nr. 152)

In den autonomen Zeichnungen ebenso wie in kunstgewerblichen Arbeiten der beschriebenen Form beweist Nussbaum reiche Erfindungsgabe und sichere Hand. Immer wieder fällt in den Zeichnungen aus Ostende die gekonnte Handhabung der Mischtechnik auf. Noch ein weiteres Merkmal ist nicht zu übersehen: die überlegte Wahl verschieden getönten Papiers als Bildträger und zugleich als zusätzliche Farbe, die durch die vielen stehengelassenen Leerflächen eines Blattes mitspricht. So erreicht Nussbaum bei aller neusachlichen Prägnanz ein hohes Maß an ›romantischer‹ Atmosphäre.

Romantik des Exils? Hat Nussbaum lediglich den Hafen von Alassio mit dem von Ostende vertauscht, die sorglose Bildwelt Italiens ins endgültige Exil hinübergerettet? Ungebrochener Optimismus in schweren Zeiten? Die Antwort kann nur verneinend ausfallen, denn Hafenveduten sind nur der eine Teil seiner Bildwelt. Neben Masten treten Masken, die von seiner zunehmenden Verunsicherung erzählen. Und besonders auffällig für die Zeit des Vorkriegsexils ist die große Anzahl der Selbstbildnisse aus den dreißiger Jahren. In immer stärkerem Maße befragt der Künstler nun sich selbst.

120

Porträts

Um 1936 fertigt Nussbaum eine Reihe großformatiger Kohlezeichnungen. Einziges Motiv: der Maler selbst. So sehr hat ihn dieses Thema beschäftigt, daß er häufig auch die Rückseite der Blätter für Skizzen und Aufrisse benutzte.

s. WV   Nr. 183, 185, 187

Überwiegend stellt sich Nussbaum bei der Arbeit dar, häufig ist ein Zeichenbrett angedeutet. Aber eben nur angedeutet – das Zeichengerät ist ihm nicht wichtig. Nussbaum befragt sich weniger als Künstler, er befragt sich als einer, der auf sich selbst zurückgeworfen ist: der Emigrant vor dem Spiegel. Oft sind die Körperpartien nur leicht angerissen. Alles Interesse fällt auf das Gesicht. Hier beweist sich, daß Nussbaum in seinen besten Leistungen auch und gerade als Porträtist überzeugt. Die äußere Physiognomie, so treffsicher sie auch aufs Papier gebracht ist (nur selten ›sitzt‹ der Strich nicht schon im ersten Ansatz), ist ihm nicht entscheidend. Im *Selbstbildnis (Schatten)* (Nr. 186) z. B. gehen dicke Lagen breit angelegter Kohle weit über die Konturen in das Gesicht hinein und verunklaren so zwar die Kopfform, unterstreichen jedoch um so deutlicher das, worauf es Nussbaum vornehmlich ankommt: die Mimik und was sie an seelischen Regungen trägt.

Nicht immer wird die Mimik offen sichtbar. Im *Selbstbildnis mit Maske und Schalltrichter* (Nr. 181) von 1936 versteckt sich der Künstler noch vor sich selber hinter karnevalistischer Kostümierung, im *Selbstbildnis als Grimasse* (Nr. 179) von 1936 geben ihm die verzerrten Gesichtszüge Deckung vor seinen eigenen Fragen. Bohrend allerdings, nicht nachlassend, sieht uns Nussbaum aus den beiden Kohlezeichnungen ›mit Kopftuch‹ und ›mit Schal und Baskenmütze‹ entgegen. Und er beläßt es nicht dabei. Häufig tritt zu den Kohlezeichnungen – zweifellos autonome Werke und keinesfalls nur Entwürfe – eine erneute Auseinandersetzung in Gouache oder Öl. *Selbstbildnis mit Maske und Schalltrichter* (Nr. 181), *Selbstbildnis am Zeichenbrett* (Nr. 175), *Selbstbildnis als Grimasse* (Nr. 179) werden fast wörtlich, nur angereichert durch Hintergrund, in die gleichnamigen Gouachen übernommen. Allein diese Tatsache mag zeigen, wie sehr Nussbaum sich über sich selbst und seine Situation klar zu werden versuchte.

s. die Kohlezeichnungen WV   Nr. 177 und 184

s. die Gouachen WV   Nr. 176, 180, 182

Gleiches gilt auch für andere dargestellte Personen. In den Porträts seines Bruders Justus und denen seiner Frau Felka Platek beweist er sein großes Einfühlungsvermögen. Bevor Nussbaum sein *Selbstbildnis mit Bruder* (Nr. 207) von 1937 in Angriff nahm, hat er den Kopf des Bruders in einer Kohlezeichnung abgeklärt, die den triumphierenden Gesichtsausdruck festlegt. Sodann folgt wieder eine Gouache, die die Zeichnung zitiert und durch das Hinzufügen eines Geschirrtuches aus Nussbaums ganz persönlicher Symbolwelt den gerade in die Freiheit und Sicherheit Hollands geflohenen Bruder für sich und die Familie reklamiert.

s. Kohlezeichnung und Gouache WV   Nr. 205 und 206

In den Porträts Felka Plateks versucht Felix Nussbaum noch einmal, kurz vor Ausbruch des Krieges, weibliche Anmut festzuhalten. Aber dieser Versuch gelingt nicht: die Zeiten sind nicht mehr danach, und Maler und Modell sind zu ehrlich, dies zu vertuschen. Aus allen drei Porträts spricht das Unbehagen an der Zeit, die persönliche Schwermut. Im Kohleporträt von 1936 ist das auffallende Haar mehr als schmückendes Beiwerk. Es betont die Breite des Kopfes und verstärkt den Ausdruck, der in dem verkniffenen Mund kulminiert.

s. WV   Nr. 189

Porträt Felka Platek, um 1936 (WV Nr. 189)

s. WV Nr. 246

Auch im brauntonig gekreideten Porträt von 1940 umspielt das großzügig getuschte Haar das Gesicht. Aber auch hier zieht anderes die Aufmerksamkeit auf sich: die Augen heben sich aus dem braunen Gesichtsfeld kaum heraus. So, fast ohne Pupillen, wirken sie zwar nicht tot, aber Melancholie und Trauer sprechen aus dem nach innen gerichteten Blick. Ein weiteres Porträt von 1940 s. WV Nr. 245 lebt noch mehr von der Farbe. Grün- und Blautöne mit leichten Beimengungen von Ocker beherrschen das Bild und geben ihm seinen eigenen Klang: einen Klang von gebrochener Grazie, Sorge im Blick, in sich zurückgezogen. Vor der Brust verschränkte Arme machen das seelische Geschehen noch deutlicher.

◁ *Selbstbildnis (Schatten), 1936 (WV Nr. 186)*

Felka Platek, Porträt, 1927

Felix Nussbaum hat nicht nur Felka Platek porträtiert; auch sie wird ihn porträtiert haben. (Felka Platek war ausgebildete Porträtmalerin. Sie hat fast die gesamte Familie Billestraet und etliche andere Personen gemalt. Bekannt geworden sind uns bisher jedoch nur zwei Werke von ihrer Hand.) Nichts unterstreicht deutlicher als diese Tatsache, daß hier zwei Menschen, ungeachtet aller belgischen Freunde, auf sich gestellt sind. Gegenseitiges Konterfei als Mittel, im Bund mit dem anderen der Isolation zu begegnen. Künstlerische Arbeit dient der Selbstaufrichtung.

◁ *Selbstbildnis, um 1936 (WV Nr. 188)*

Melancholie und Klage

So häufig sich die wenigen Aussagen über Felix Nussbaum im einzelnen auch widersprechen, in einem stimmen sie weitgehend überein: »In seiner Art war er ein nettes Kerlchen, ein heiterer, sorgenloser Mensch.« »Felix war lustig und fröhlich, lebensbejahend und unbeschwert.« »Er konnte sehr charmant sein.« Diese und ähnliche gleichlautende Attribute werden von fast allen, die Felix Nussbaum gekannt haben, benutzt, wenn es um eine Beschreibung seines Wesens geht. »Die Malerei war ihm ein Vergnügen«, schreibt Hermann Wilhelm in seinen Erinnerungen. Tatsächlich vermitteln seine frühen Werke fast ausschließlich den Eindruck unbeschwerter Problemlosigkeit.

Wilhelm, a. a. O., S. 97

Unter dem Druck der Zeitumstände beginnt sich das Bild des Künstlers und seiner Werke allmählich zu wandeln. Die »melancholischen Anwandlungen«, die er schon in den zwanziger Jahren gelegentlich gehabt haben soll, fließen nun immer mehr in seine Bilder ein.

Aus den noch erhaltenen Werken der dreißiger Jahre ist die innere Situation Felix Nussbaums ablesbar. Sie sind oft versteckte, manchmal symbolisch verkleidete Autobiographien. Sein vorher oft beliebig-belangloses Werk gewinnt zunehmend subjektive Eindringlichkeit, wobei es auch jetzt – kennzeichnend für Nussbaums gesamtes Schaffen – durchaus nicht immer überzeugt. Schlichtweg Geschludertes (»das flutscht so schön«) steht neben meisterhaft Durchgearbeitetem. Neben unaufdringlich überzeugenden Werken entstehen so schwache Bilder wie z. B. *Sargträger* (Nr. 135) von 1934. Gehäuft die Symbolismen: Schrundige Mauern verstellen wie so oft den Bildhintergrund, Galgen ragen in den Himmel, Aaskrähen schwirren heran, und Ratten nagen an Skeletten und Verwesenden. Maskenhaft Erstarrte tragen einen Sarg. Nussbaums Vorliebe für Symbole (schon in den Gesprächen über Kunst zwischen dem Heranwachsenden und dem Vater spielten sie eine zentrale Rolle) läßt ihn allzu oft übersehen, daß deren Anhäufung nicht etwa die Überzeugungskraft steigert, sondern durch ihre Penetranz dem künstlerischen Wert eines Bildes geradezu entgegensteht.

Stetig wiederkehrende Motive, nur wenig abgewandelt, legen die innere Verfassung Felix Nussbaums zu dieser Zeit bloß: Bäume, ehemals in vollem Grün, nun auf das tote Geäst reduziert. Mauern und Wände, früher vor allem wegen ihres Oberflächenreizes gemalt, jetzt im Zustand des Verfalls. Menschen erstarren zu Masken.

Die Stationen dieser Entwicklung zeigen markant die Selbstbildnisse der Zeit auf. Unverstellt ernst ist die Geste des *Selbstbildnisses mit Keilrahmen* (Nr. 144) von 1935. Mit Baskenmütze und Pfeife, in der rechten Hand ein Bild auf einem Keilrahmen, hält der Maler frontal dem Blick stand. Dem unbedingten Selbstbehauptungswillen des Individuums entspricht die feste, Hofersche Mittel des Bildaufbaus benutzende Architektur des Bildes. Ungeschützt und doch kaum angreifbar steht der Maler da und hält der brüchig gewordenen Welt sein Werk wie einen Schutzschild entgegen.

s. Farbtafel S. 131

Selbstbildnis mit Geschirrtuch (Nr. 146) und *Selbstbildnis mit Hut* (Nr. 209) sind von Dachlandschaften hinterfangen. Zusammen mit dem Geschirrtuch bildet die gleiche Dachlandschaft (Ausblick aus dem Brüsseler Atelier in der rue Archimède 22, s. *Ausblick aus dem Atelier* [Nr. 272] von 1943) das Motiv des

Selbstbildnis mit Keilrahmen, 1935 (WV Nr. 144)

s. Farbtafel S. 133

zeitgleichen Gemäldes *Über den Dächern* (Nr. 208) von 1937. So frei das Tuch über den Dächern flattert, so locker-heiter gibt sich der Maler im *Selbstbildnis mit Hut* (Nr. 209) wieder. Wenn auch der bürgerliche Habitus hier schon etwas derangiert wirkt, noch scheint das Dasein verhältnismäßig problemlos: wie in den Gouachen aus Rapallo sind die Farbfelder nicht durch Begrenzungen gebunden, vielmehr führen frei fließende Konturen ihr eigenes Leben. Auch dem *Selbstbildnis mit Geschirrtuch* wohnt dieser Grundton noch unbekümmerter Erwartung inne. Zwar ist das Lächeln nur angedeutet, insgesamt etwas zurückgenommener und verhaltener, aber das *Selbstbildnis mit Geschirrtuch* lebt von spielerischer Kostümierung und ungezwungenen Akkorden. Die lässige Sorglosigkeit geht bis zur Clowneske. In *Maler mit Maske* (Nr. 138) hat sich der Porträtierte eine Clownsmaske vorgebunden.

Neben dem Aspekt der lustigen Verkleidung trägt die Maske aber auch einen anderen Sinnzusammenhang in sich: den des Verbergens. Ebenfalls aus dem Jahr 1935 stammt ein Bild von offensichtlich anderem Klang – die *Zwei Masken* (Nr. 140). An einer rosagetünchten Wand hängen zwei Masken, die eine mit Pfeife, über der anderen ist ein kariertes Geschirrtuch drapiert. Beide Utensilien kennen wir aus Nussbaums Selbstbildnissen. Es erscheint also nicht abwegig, in diesem Maskenbild eine verschlüsselte Darstellung der Lebenssituation Felix Nussbaums und Felka Plateks zu sehen: ein zutiefst Irritierter kann seine eigene schwankende Situation im Exil nur noch in der Verrätselung begreifen.

Nicht nur bei Nussbaum, in vielen Werken der Zeit wird mit Symbolformeln gearbeitet. Der zerbrochene Sinnzusammenhang, der Konflikt zwischen Alltagserfahrung und Wahrheit thematisiert sich in der Darstellung des Maskenhaften. Felix Nussbaum hat nicht nur den großen belgischen Maler James Ensor in Ostende gekannt und oft besucht. Er hat sich auch in dessen Vorliebe für Masken und Skelette bestätigt gefunden. Mit diesem Thema ist er zudem in der Gesellschaft vieler Maler der Zeit. Speziell Karl Hofer hat oft das Thema der Maskerade aufgegriffen, Beckmanns beklemmende Karnevalsbilder sind

James Ensor, Die Intrige, 1890

Mummenschanz, um 1939 (WV Nr. 227)

bekannt. Wenn bei Nussbaum nun zunehmend Masken auftauchen, so erklärt sich dies zum einen aus einer künstlerischen Zeitströmung. Besonders aber doch wohl durch die persönliche Situation des Emigranten: nirgends zuhaus, ohne Rückhalt, ein Leben in Verstellung.

Verloren in der Anonymität der Maskerade ist auch die Mittelpunktsperson im *Mummenschanz* (Nr. 227) von 1939. Umringt von fünf verkleideten Figuren – lautstarke, aufgesetzte Fröhlichkeit zur Grimasse entstellt im Vordergrund, im Hintergrund düsterer Ernst und totale Vermummung – setzt die Mittelpunktsperson den eigentlich menschlichen Akzent: Nachdenklichkeit über ein Leben, das zum Mummenschanz geworden ist.

Das Bild ist als Summe von Erfahrungen zu verstehen: in den drei Figuren des Vordergrundes zitiert Nussbaum sich selbst. Zwei Werke von 1936, das *Selbstbildnis als Grimasse* (Nr. 180) und das *Selbstbildnis mit Maske und Schalltrichter* (Nr. 182) sind – in der linken und rechten Randfigur – in das Gruppenbild übernommen. Die Mittelperson folgt dem *Selbstbildnis im Atelier* (Nr. 226), das kurz vor diesem Werk entstanden sein muß. Auch die hinteren Gestalten lassen

Das Maskenmotiv findet sich bei Nussbaum erstmalig 1928 in *Maler mit Maske und Palette (WV Nr. N5)*

Selbstbildnis mit Apfelblüte, 1939 (WV Nr. 224) ▷

sich als Selbstporträts erahnen. Eine Anballung von Selbstporträts also, wobei die zentrale Aufmerksamkeit der Geste der Mittelpunktsfigur gilt. Eine Geste zwischen Nachdenklichkeit und Erschrecken, die deutlich macht: der Maler gewinnt von nun an ein zwiespältiges, bewußt problematisiertes Verhältnis zur Wirklichkeit. Um die dargestellten Figuren herum erscheint die Welt nur noch als kulissenverstellte Bühne voll drohender Gebärde: toter Baum, gleißende Sonne, abweisende Hochhäuser. Im lauten Treiben greift die Angst um sich.

s. Farbtafel S. 130

Die Menschen in *Mummenschanz* treiben fremd nebeneinander her. Ein weiteres Selbstbildnis von 1939 hat ebenfalls Beziehungslosigkeit zum Thema. Im *Selbstbildnis mit Apfelblüte* (Nr. 224) stellt sich der Maler, halb hinter einem Baum verborgen, mit einer Blüte im Mundwinkel dar. Nussbaum hält an der Aussagekraft des Blumensymbols fest: die Blüte welkt nicht! Aber das verwendete Symbol, auch wenn sparsam eingesetzt, ›trägt‹ nicht. Die Blüte kann eine Reminiszenz an die sorgenfreie Jugend oder an den geliebten Vater sein, als allgemeingültiges Symbol hält sie dem massiven Gegendruck von abweisenden Mauern, toten Bäumen und bedrohlichem Himmel genausowenig stand, wie sie eine Beziehung zu dem ebenfalls bedeutungsgeladenen Blumenstrauß in der Hand der schemenhaft-unerreichbaren Frau im Bildhintergrund herzustellen vermag.

Setzen wir voraus, daß es sich bei der Frau im Hintergrund um Felka Platek handelt, so kann das Entfremdungsmotiv durchaus autobiographischen Charakter haben. Im Mai 1939 müssen sich Nussbaums Eltern entschlossen haben, aus Köln nach Brüssel zu fliehen. Felka Platek, die von den Schwiegereltern nie recht angenommen worden war, versuchte diesen Plan zu vereiteln. »Sie hatte Gründe«, heißt es dazu in den Akten der belgischen Fremdenpolizei, »ihre Schwiegereltern nicht bei sich wissen zu wollen. In dieser Absicht schrieb sie anonyme Briefe an die Staatsanwaltschaft und an die Sureté, in denen Angestellte der belgischen Botschaft in Köln (. . .) beschuldigt wurden, mit Visa zu handeln. (. . .) Dieses Delikt war frei erfunden.« Aber die Flucht nach Brüssel war vereitelt – die Eltern wandten sich nach Amsterdam. Felix Nussbaum muß unter dem Zwiespalt dieses Geschehens sehr gelitten haben und versuchte ihn im Bild zu bewältigen.

s. Farbtafel S. 135

Anfangs schlagen sich die Schrecken der Epoche nur verhalten in Nussbaums Werken nieder. Die zahlreichen Bilder aus dem Ostender Hafen zeigen noch viel Pittoreskes und fast Beschauliches. Auch die *Fischfrau am Hafen* (Nr. 196) von 1936 wirkt auf den ersten Blick wie ein Rückfall in die Zeiten der von Beliebigkeit geprägten, rein reproduzierenden Kleinmalerei seiner Anfänge. Auf den ersten Blick nichts anderes als erzählte Anekdote, wächst dieses Bild jedoch bei genauerer Betrachtung durch abgewogenen Komplementärkontrast und Formverspannung zur Beschreibung eines Seelenzustandes. Wieder arbeitet der Maler mit vergleichbaren Mitteln. Wieder blickt der Betrachter in eine Straßenflucht, wieder sind dargestellte Personen und Dinge so eng gestellt, daß sie sich gegenseitig die Luft zum Atmen nehmen. Eingepfercht zwischen ihr Verkaufsgerüst, ihren Fischkarren und Laternenpfähle sitzt eine verhärmte Frau in der bis auf die zusätzliche Figur eines Fischers menschenleeren Straße, blockiert und versperrt den Gehweg mehr, als daß sie zum Kauf anreizt. In überzeichnet perspektivischer Reihung muten die Laternenpfähle wie eine Barriere an, abweisend wie die leeren Häuserfronten der gegenüberliegenden Seite. Das Bild

◁ *Selbstbildnis mit Geschirrtuch, um 1935 (WV Nr. 146)*

Über den Dächern (Geschirrtuch), um 1937 (WV Nr. 208) ▷

ist gefüllt von stummer Trauer und dem Gefühl des Verlorenseins. Einzig im Gesicht der Frau – in Farbe und Form den ausgeschlachteten Fischen gleich – artikuliert sich ein Aufschrei, der wirkungslos verhallt.

Einige andere Bilder, wohl in Brüssel entstanden, dokumentieren einen ganz anders gelagerten Versuch, sich gegen die Bedrohungen, die den Maler umgeben, zu behaupten. Der *Kopf hinter dem Fenster* (Nr. 210) von 1937 oder *Don Quichotte und die Windmühlen* (Nr. 212) sind eindeutig von dem holländischen

James Ensor, Der Rochen, 1892

Eine weitere Erklärung bietet sich an (wenn sie auch nicht mehr zu beweisen ist): Es kann sich bei diesen und ähnlich gearteten, verschollenen Bildern auch um Auftragsarbeiten zum reinen ›Broterwerb‹ handeln.

s. WV Nr. 220 ff. Der Einfluß belgischer Surrealisten, deren Arbeiten Nussbaum über James Ensor oder den befreundeten Bildhauer Dolf Ledel kennengelernt haben kann, ist nicht ganz auszuschließen.

s. Farbtafel S. 139

Barockmaler Ostade bzw. von Honoré Daumier inspiriert. Die Erklärung fällt leicht: Nussbaum hat in unmittelbarer Nähe der Brüsseler Museen gewohnt. Er nahm die Gelegenheit wahr und floh vor den Bedrängnissen der Zeit in die Zeitlosigkeit der Kunstgeschichte, alte Meister kopierend und variierend.

Abgesehen davon, daß Nussbaum auch später gelegentlich kunstgeschichtliche Topoi in seinen Bildern zitiert, bleibt diese ›Flucht‹ in die Gefilde der ›Kunst‹ folgenlos. Zwar sucht er noch einmal, um 1939, in einer Serie von Werken, die dem Surrealismus nahe sind (Landschaft wird zur Theaterkulisse, in der Menschen schemenhaft und beziehungslos herumstehen), seiner Irritation Herr zu werden und den Kunstvorbehalt zwischen sich und die Realität zu stellen. Das Ungenügende dieser Arbeiten, die ihm, dem Erzähler von Realien, letztendlich wesensfremd waren, scheint er jedoch sehr schnell bemerkt zu haben. So stellt er sich endgültig seiner Situation und beginnt sie künstlerisch aufzuarbeiten.

Wie ein Dokument des Abschieds, zugleich wie eine Ahnung des Kommenden wirkt das *Selbstbildnis mit Bruder* (Nr. 207). Vor einer Mauerecke und einen in

Fischfrau am Hafen, 1936 (WV   Nr. 196)

den Bildhintergrund fliehenden Straßenzug postiert der Maler sich selbst und seinen Bruder. Mauer und Straßenflucht verstellen das Bild kulissenartig, schränken den Bewegungsspielraum ein und bedrängen die Dargestellten (eine Art der Bildanlage übrigens, die sich leitmotivisch durch das gesamte Werk zieht und – wie so vieles bei Nussbaum – symbolartigen Charakter trägt). Verstärkt wird dieser Eindruck der Enge noch durch die zahlreichen Überschneidungen an Kopfbedeckung, Schultern, Körpern und in den Köpfen der Porträtierten. Wie aber ist das Doppelporträt selbst zu deuten? Als Bildnis zweier verschiedener individueller Stimmungslagen: der ältere, sportlich-robuste Bruder Justus laut herauslachend, der jüngere, sensiblere Felix dunkel und verschlossen in sich hineinsinnend? Als Rollenporträt (Nussbaums Vorliebe dafür ist nicht zu übersehen), das dem einen die Rolle des Ahnungslosen, dem anderen die des Ahnenden zuweist? Als Dokument familiären Zusammengehörigkeitsgefühls auch in der Bedrängnis? Zur Zeit der Entstehung dieses Bildes hielten sich die Eltern in Köln auf, trugen sich aber wohl schon mit Fluchtplänen. Justus war die

Flucht bereits geglückt – nach Amsterdam. Die triumphierende Freude darüber ist ihm am Gesicht abzulesen. Trotzdem bleibt ein Unterton angstvollen Gedenkens.

Wie immer man die Fragen beantworten mag, der Gesamteindruck eines Schlüsselbildes zur Situation der Bedrohten und Verfolgten bleibt bestehen. Nicht ohne Grund ist Felix der verloren wirkende, ins Ungewisse gehende Mann im Hintergrund, überwiegend die Farbe Schwarz zugeordnet. Seinem Bruder ist ein lautes Blau beigegeben, das sich zusammen mit dem brandigen Rot kompositorisch über das Bild verteilt. Grüne Akzente heben das Rot zusätzlich hervor. Felix' kantiger Kopf und die von Karl Hofer übernommene, sich verselbständigende Kontur, die den Kopf des Bruders im Bildzusammenhang verklammert, geben der angedeuteten Grundtendenz des Werkes seine bildnerische Überzeugungskraft. Die Beherrschung der künstlerischen Mittel (wie skizzenhafte und ausgearbeitete Partien miteinander korrespondieren, wie Bogenschwünge in Kragen, Schultern, Gesicht sich aufeinander beziehen, wie gekonnt ausgearbeitete Farbflächen das Bild stabilisieren) und die verfestigte bildnerische Form machen dieses Gemälde zusammen mit seinen mehrdeutigen thematischen Ebenen zu einem der durchdachtesten Werke, die Nussbaum je geschaffen hat.

Die geistige Verfassung Nussbaums zu dieser Zeit mögen zwei weitere Werke illustrieren. 1938 entsteht das Bild *Trauernde* (Nr. 217): das Brustbild einer Frau, vor ihr der Kopf eines Kindes. Aus dem linken Auge der Frau fließen Tränen, die sich in Perlen verwandeln. Um den Hals trägt sie eine Kette aus sehr großen kugeligen Perlen. Kämpfende und sterbende Soldaten, weiße Grabkreuze bilden den schemenhaften Hintergrund. Ein Bild individuellen Leidens in der Welt des mörderischen Untergangs. Das Nur-Private dieses Gemäldes vor symbolisierendem Hintergrund läßt es stark in die unangemessene Gefühligkeit abgleiten. Im umgekehrten Sinne, vom Privaten ins Allgemeine und Über-Individuelle gewendet, gilt das Gleiche für die *Europäische Vision* (Nr. 228) des Jahres 1939. Der mit Wanderstock und Bündel ausgestattete Mann, der vor dem Mitteleuropa zeigenden Globus sitzt, das ist nicht nur Felix Nussbaum selbst, sondern der von Terror und Mord gehetzte und verfolgte Mitteleuropäer schlechthin, kurz rastend, mit Ausblick und Fluchtmöglichkeit nur auf eine kahle Erde mit entlaubten Bäumen und ziehenden Vögeln. Melancholie als Vorstufe des Schreckens: ein Bild der Ohnmacht, auch ein Bild der Ohnmacht der Kunst.

Von der gleichen ohnmächtigen Angst getragen, künstlerisch allerdings wesentlich gelungener, ist das *Geheimnis* (Nr. 230) aus dem gleichen Jahr. Hoffnung und Angst im Widerstreit! Wir wissen nicht, wie das ›Geheimnis‹ lautet, das die in bedeutsamer Dreiecksform hoheitsvoll herausragende ›Prophetin‹ den beiden Menschen mitteilt, auch nicht, was sich die beiden Menschen zuraunen. Nur, daß die seelische Situation des europäischen Menschen kurz vor oder während des Kriegsausbruchs hier in stummer Lähmung überzeugend wiedergegeben ist. Nur, daß das flüsternde Weitergeben des Geheimnisses sich zwischen einer beängstigend langen Zimmerflucht und dem Nahsichtmotiv des verlebendigten Geschirrtuchs abspielt, zwischen unbehauster Angst und noch intaktem häuslichen Bereich. Dekoration wird zum Symbol. Zu einem Symbol privatester Art. Seine Bedeutung, die es für die Person des Malers gehabt haben mag, ist für den Betrachter kaum aufschlüsselbar. Diesen Zug zur privaten Symbolik kennen wir nicht nur bei Nussbaum. Auch Franz Radiwill hängt zu

Europäische Vision, 1939 (WV Nr. 228)

s. Farbtafel S. 138

Franz Radziwill, Das Handtuch, 1933

Beginn der braunen Barbarei ein kariertes Handtuch als Großmotiv frei an einem
nicht sichtbaren Haken am Himmel auf, hier ebenso wenig ›erklärbar‹ wie bei
Nussbaum. Beide Bilder vermitteln auf diese Weise die Aura von Schutzlosig-
keit und Bedrängnis.

Kurz darauf zieht sich Felix Nussbaum fast ausschließlich auf das Stilleben
zurück. Dieser Rückzug ist sicherlich als Erkenntnis der Ohnmacht zu werten.
Stilleben als Ausdruck von Isolation und Resignation: die Dinge stehen für den
Menschen. Eins der Bücher im *Stilleben mit Pampelmuse* (Nr. 244) trägt den Titel s. Farbtafel S. 140
›La Nature Morte de Felix Nussbaum‹. ›Nature Morte‹ bekommt hier durchaus
einen Doppelsinn: als Fachbezeichnung für ›Stilleben‹, aber eben auch als ›die
tote Natur des Felix Nussbaum‹. So wächst dieses rein dekorativ scheinende Bild
über seine oberflächliche Bedeutung hinaus. Der umgestürzte Krug, die Bücher,
die Pampelmuse und die Fetzen der Zeitung ›Le Soir‹ sind zum Bild geordnet

Das Geheimnis (2), 1939 (WV   Nr. 230)

und durch den Komplementärkontrast von Blau/Gelb und Rot/Grün sowie entsprechende farbige Schatten zur Wirkung gebracht. Und doch will das Bild mehr: Reste der Schlagzeilen sind noch zu lesen (›Tempête L'Euro‹(pe) = Sturm über Europa/›La Guerr‹(e) = Krieg). Sie verweisen auf die lebensbedrohende Situation. Allerdings ist nichts davon in die Form des Bildes eingegangen. Die Dinge des Stillebens gewinnen nicht das magische Eigenleben und die Drohgebärde vergleichbarer Werke von Hofer oder Beckmann. Dessen ›Großes Stilleben mit gestürzter Kerze und Spiegel‹ von 1930 stellt nicht nur durch die erloschene Kerze die Gedankenverbindung zum ausgeblasenen Lebenslicht her, auch das Vanitassymbol des Spiegels und der fragmentarisch lesbare Titel ›Ewigkeit‹ des Buches mahnen an den Tod. Bedrückende Enge, hervorgerufen

Selbstbildnis mit Bruder, 1937 (WV   Nr. 207)

durch verschachtelte Rahmen, und schwarze Balkenlinien geben dem Bild eine Düsternis, die sich bei Nussbaum so sprechend nicht findet.

Wie sehr Nussbaum um 1940 die Dinge für den Menschen sprechen läßt, ist den weiteren Stilleben dieser Zeit unschwer zu entnehmen. Immer wieder Anspielungen in der Tradition der Vergänglichkeitssymbole: halbleere Flaschen, umgestürzte Krüge, Blüten an geknicktem Stiel. Immer wieder private Symbole: Papiertrichter, Pappröhren, Malpinsel vor vergittertem Fenster und drohende Schatten.

Im Frühjahr 1939 trat die Gefahr eines Krieges immer deutlicher vor Augen – das war die ›Europäische Vision‹ Nussbaums, das war sein ›Geheimnis‹. Der ›Sturm über Europa‹, von dem er im *Stilleben mit Pampelmuse* redet, war

Max Beckmann, Großes Stilleben mit gestürzter Kerze und Spiegel, 1930

Stilleben mit Pampelmuse, 1940 (WV   Nr. 244)

140

Stilleben mit Weinflasche, 1940
(WV   Nr. 240)

Die konservative Presse trug das ihrige dazu bei, in jedem ausländischen, speziell deutschen Emigranten oder Touristen einen möglichen Geheimagenten zu vermuten. So schrieb ›Le Jour‹ in Paris (gleiches gilt für die belgische Presse) schon am 10. September 1938, daß Ausländer »zur vollständigeren Bewachung am besten in Lagern zu internieren« seien.

Nach den Masseninternierungen bemerkte das konservative Blatt ›Le Figaro‹ am 15. Mai 1940 auf der Titelseite: »Weise Vorsichtsmaßnahmen, die der Regierung durch die Ereignisse in Holland und Belgien aufgezwungen worden sind. Der Kampf gegen die ›fünfte Kolonne‹ ist ein wesentlicher Bestandteil der nationalen Verteidigung, und begreiflicherweise erfordern die zahlreichen (...) aus dem Dritten Reich emigrierten Personen eine sorgfältige Überprüfung und Sichtung.«
Vgl. dazu auch den Beitrag von Barbara Vormeier über französische Emigrantenpolitik in Schramm, Hanna: Menschen in Gurs, Worms 1977

abzusehen. Angst und Nervosität breiteten sich in weiten Teilen der Bevölkerung und in Regierungskreisen aus. Ausländer, speziell Deutsche, galten als »verdächtig«. Ihre Behandlung verschärfte sich. Mit einem Male waren die Emigranten zu Landesfeinden geworden, die schon insofern ein Politikum darstellten, als Hitler die Aufnahmeländer wiederholt mit Sanktionen bedrohte für den Fall, daß die Lebens- und Arbeitsmöglichkeiten der Emigranten nicht eingeschränkt würden. Die ersten Vorschläge tauchten auf, potentielle Landesfeinde zur besseren Überwachung zu internieren. Alle Männer hatten sich in Zählungslisten einzutragen. Stichtag für die Erfassung aller Männer zwischen 27 und 35 Jahren (Nussbaum gehörte zu ihnen) war der 1. Januar 1940.

Wenige Tage vor dem Überfall der deutschen Faschisten auf die Niederlande, Belgien, Luxemburg und Frankreich am 10. Mai 1940 setzt eine großangelegte Internierungswelle ein. Öffentliche Bekanntmachungen fordern alle im Lande lebenden Deutschen auf, sich an einem bestimmten Datum an Sammelpunkten zum Abtransport in die neu errichteten Internierungslager einzufinden.

Interniert in Frankreich

Im Lager Saint-Cyprien

»Heute, gemessen an dem grauenvollen Elend, von dem wir gehört, das wir gesehen, das wir erlebt haben, erscheinen uns die Unbilden und Leiden des Exils klein. Aber es waren drückende Sorgen, brennende, in manchen Fällen unerträgliche Leiden, die nur deshalb beim Rückblick klein erscheinen, weil soviel Schrecklicheres (von den Massenvergasungen unschuldiger Kinder in den Vernichtungslagern bis zur Zerstörung des eigenen Landes durch die braune Pest) nachkam.«

Am 10. Mai 1940 wurde der Schrecken auch für Felix Nussbaum greifbare Wirklichkeit: am 10. Mai fielen die Hitler-Truppen in Belgien ein. Zu diesem Zeitpunkt lebten dort ca. 100000 Juden, zum überwiegenden Teil Emigranten, darunter etwa 20000 jüdische Flüchtlinge aus Deutschland. Mit wenigen Ausnahmen konzentrierten sich die jüdischen Gemeinden auf die beiden größten Städte Antwerpen und Brüssel. Zwei der 35000 Juden Brüssels waren Felka Platek und Felix Nussbaum.

Die angegriffenen Länder begannen ihren Krieg gegen Hitler mit dem Krieg gegen die geflohenen Feinde Hitlers. Fast ausnahmslos wurden alle männlichen deutschen Flüchtlinge im kriegspflichtigen Alter als »feindliche Ausländer« verhaftet und in Lagern interniert. »Die Rundfunksender verbreiteten zwischen den Frontberichten ununterbrochen die Aufforderung an alle männlichen deutschen Staatsbürger, sich unverzüglich mit Handgepäck bei ihren Polizeirevieren zu melden. (...) Wir wurden in den Kasernen von Schaerbeek (...) zum Abtransport nach Südfrankreich in die berüchtigten Lager konzentriert«, schreibt Heinz Kühn in seinen Erinnerungen.

Am 10. Mai 1940 wird Felix Nussbaum in seiner Brüsseler Wohnung in der rue Archimède 22 verhaftet. Frauen bleiben vorläufig unbehelligt, werden aber überwacht und haben sich wöchentlich auf der Polizei zu melden. Felka Platek wird also, als Brüssel acht Tage später in die Hand des Feindes fällt, dort zurückgeblieben sein.

Bei der Einnahme Brüssels befand sich Felix Nussbaum bereits auf dem Weg in die Internierung. »Ich habe ihn zuerst in einem Zwischenlager getroffen, wo wir in Viehwagen untergebracht wurden«, teilte uns ein Leidensgenosse mit. »Dann ging es weiter nach Saint-Cyprien« – vorläufig dem Zugriff von Gestapo und SS entzogen, aber unter noch trostloseren Bedingungen lebend als bisher.

Weiskopf, Franz Carl: Unter fremden Himmeln, Berlin 1948, S. 19

Kühn, Heinz: Widerstand und Emigration, Hamburg 1980, S. 231

Im Lager Saint-Cyprien. Vorne liegend: Felix Nussbaum. Zwei Mitinhaftierte sind durch ihre Kopfbedeckungen als ehemalige Spanienkämpfer erkennbar. Die ironische Pose der Fotografie läßt nichts von der Härte des Lagerlebens erahnen.

Schaul, Dora: Résistance, Frankfurt/M. 1973, S. 25f.

Otto Niebergall, kommunistischer Widerstandskämpfer in Belgien und Frankreich, gibt uns – stellvertretend für Nussbaum – ein anschauliches Zeugnis von Inhaftierung und Internierung: »Auch bei uns in Brüssel wurden die deutschen Emigranten verhaftet. (...) In der Kaserne, in die ich eingeliefert wurde, traf ich alle Genossen. (...) Nicht nur Kommunisten waren verhaftet worden, auch Sozialdemokraten, Katholiken und rassisch Verfolgte. Gegenüber den Wachmannschaften und der Bevölkerung hatte man die Lüge verbreitet, wir seien deutsche Fallschirmspringer, Spione, Mitglieder der ›Fünften Kolonne‹ und wer weiß was. Schon am nächsten Abend wurden wir in einen Güterzug gepfercht, fuhren über die belgisch-französische Grenze, und dann ging es sieben Tage lang kreuz und quer durch Frankreich, ohne etwas zu essen und kaum etwas zu trinken, bis wir schließlich an der Mittelmeerküste unweit der Pyrenäen anlangten. Saint-Cyprien, heute ein mondäner Badeort, war damals ein kleines Fischerdorf. Das mit dreifachem Stacheldrahtzaun – der mittlere war mit 1000 Volt geladen – umzäunte Lager erstreckte sich über etwa zwei Kilometer Sandküste. Es war ursprünglich für Flüchtlinge aus Spanien errichtet worden. Nun beherbergte es belgische Kommunisten, Emigranten aus Deutschland, Österreich, Polen und anderen Ländern. Dieses Lager war eine Hölle. «

144

Das Lager Saint-Cyprien lag direkt am Mittelmeer. Halbzerfallene Baracken, ohne Fußböden unmittelbar auf den Sand gebaut, boten nicht nur den Internierten, sondern auch allem möglichen Ungeziefer ›Unterkunft‹. Alfred Kantorowicz, ebenfalls interniert, beschreibt den Lageralltag folgendermaßen: Saint-Cyprien, »genannt die Hölle von Perpignan, wo man siebentausend deutsche und polnische Juden aus Belgien und Holland einpferchte. Es gab ein Brot für neun Mann am Tage, kein Eßgeschirr, tagelang nichts Warmes, Ruhr und Dysenterie verbreiteten sich, keine Medikamente, keine Ärzte. Die Flüchtlinge starben, wo sie lagen oder standen. Die Wachen schlugen im angetrunkenen Zustand mit Gewehrkolben drein.«

Kantorowicz, Alfred: Exil in Frankreich, Bremen 1971, S. 197

Die berüchtigten Vernichtungslager des Nazi-Regimes waren zu diesem Zeitpunkt noch nicht errichtet, und gemessen an dem Kommenden waren die Internierungslager nur eine Vorstufe des Grauens. Sie waren keine KZs, und das Elend dieser Lager entsprang in den seltensten Fällen böser Absicht. Entstanden waren sie aus einem Gemisch von administrativer Hilflosigkeit, kriegspsychologischer Kurzsichtigkeit und panischer Angst vor Spionen, aus Demagogie und politischer Unkenntnis. So schreibt Walter Mehring, deutscher Schriftsteller im Exil und zu gleicher Zeit wie Nussbaum in Saint-Cyprien interniert, ironischzynisch über das Lager: »Saint-Cyprien war gewiß nicht eines der ärgsten dieser Gattung. Geprügelt wurde nur gelegentlich, wenn die Wächter, verbiesterte Bauernburschen, sich gerade langweilten. Gestorben wurde an Typhus. Erschossen bei fahrlässigen Fluchtversuchen.« Noch eindringlicher schildert Mehring in dem Gedicht ›Camp de Saint-Cyprien, September 1940‹, die Lagerzustände, unter denen alle Insassen zu leiden hatten:

Mehring, Walter: Wir müssen weiter. Düsseldorf 1979, S. 85

»Unrat der Not – und Kot der Schande
Füllt dies Inferno bis zum Rande.
     (...)
Ich streif die Ratte, die glatt und feist
Das harte Lagerbrot zerbeißt –
     Spür das Geschnüffel wütiger Hunde –
     Die Garde mobile macht ihre Runde...
     (...)
In Paaren treibt man sie zur Fron
Mit dicken Prügeln, dürrem Hohn.
Sie balgen sich um schmutzigen Brei –
Und Seuchen schlafen ihnen bei.
Wer schmachtend nachts vom Wasser trank
Den schleppt man morgens sterbenskrank...
     Umsonst such ich mich aufzurütteln,
     Die Schreckgesichte abzuschütteln...
Ich träum: ein Riesenzwinger sei –
Europa darin – rings Polizei...
Ich träum: Frankreich, das sich nicht wehrt,
Den Opfern hat's den Krieg erklärt...
     (...)
Träum ich? Nein! Wahr ist, was mir schien
Ausgeburt kranker Phantasien.
     (...)

Bin hinter Draht, im Sandgerölle,
Genannt: ›Die Pyrenäenhölle‹.
›Saint-Cyprien – Ilot spécial‹
Halb-Satan Mensch ersann die Qual –
Ein Federstrich – ein Blutbefehl:
Verfallen ihm mit Leib und Seel
Schreien die Verdammten auf verstört:
Erlöse uns! Kein Heiliger hört. . .
Welch ein Triumph! 4000 Juden
Verludern in den Bretterbuden. «

Mehring, a. a. O., S. 125 ff.

Hilfsfonds aller Konfessionen versuchten die unmittelbarste Not zu lindern. Mehring schreibt u. a. auch von den vielen internierten Rabbinern, die sich um ihre Glaubensbrüder bemühten. Ein Rabbiner, Leo Ansbacher, sorgte sich z. B. ständig um eine Verbesserung der Lebensbedingungen und nahm zugleich die seelsorgerische Betreuung der Gefangenen wahr. Eine Wellblechbaracke wurde als Synagoge eingerichtet (s. *Die Lagersynagoge* [Nr. 251]). All diese aufopferungsvollen Bemühungen konnten jedoch an der Unerträglichkeit des Lagerlebens nichts ändern.

siehe dazu auch WV Nr. 248–250, 265 und Farbtafel S. 185

Vieles von dem Alptraumhaften der Situation, vieles von der Verzweiflung und der Apathie des Mehringschen Gedichts ist, bis in bildliche Entsprechungen hinein, in Nussbaums spätere Lagerbilder eingegangen. Zwar sind *Die Gefangenen von Saint-Cyprien* (Nr. 266) oder *Die Lagersynagoge* (Nr. 251) (ebenso wie die Vorzeichnungen zu diesen Gemälden) erst nach Nussbaums Rückkehr in Brüssel entstanden. Die präzise Ausformulierung dieser Themen aber spricht dafür, daß Nussbaum schon im Lager Gedächtnisskizzen erarbeitet haben muß. Erhalten ist von derartigen, zu vermutenden Skizzen nichts; dennoch: es hat Kunst im Lager gegeben! Einen Beleg dafür liefert Hanna Schramm aus dem noch wesentlich

Schramm, a. a. O., S. 119

berüchtigteren Lager Gurs. Sie schreibt: »Unter den Männern, die im Herbst 1940 aus Saint-Cyprien (nach Gurs) gekommen waren, (. . .) befanden sich eine ganze Menge guter, zum Teil hervorragender (. . .) Maler und Graphiker. Aus Finsternis, Kälte und Hunger erhob sich gleich einem gewaltigen Protest die schöpferische Leistung. Man wollte sich nicht unterkriegen lassen. «

Konfessionelle und interkonfessionelle Organisationen verhalfen in Gurs (von der Lagerleitung geduldet) Malern wie Karl Schwesig, Gert Wollheim, Leo Breuer, Max Lingner und anderen zu Leinwand, Papier, Pinsel und Farbe und veranstalteten in zu ›Kulturbaracken‹ umgestalteten Unterkünften sogar Ausstellungen. Was in Gurs möglich war, muß auch in Saint-Cyprien möglich

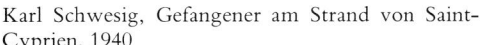

Karl Schwesig, Gefangener am Strand von Saint-Cyprien, 1940

gewesen sein: Kunst als Hilfe zum Überleben. Ob Nussbaum schon in Saint-Cyprien oder erst später in Brüssel die prägende Erfahrung des Lagers verarbeitet hat, ist im Grunde unerheblich. Eines aber wird von nun an offenkundig: seit Saint-Cyprien geht ein Riß durch Nussbaums Leben und Werk. Alle Beliebigkeit fällt von ihm ab, er stellt sich der existentiellen Bedrohung und findet nun zu seinem eigentlichen Thema.

Wie auf Nussbaum gezielt erscheinen die Verse des Kabarettisten Heini Walfisch, die er in der ›Kulturbaracke‹ von Gurs unter dem Titel ›Feiner Mann im Dreck‹ vortrug:

146

»Ich bin einmal ein feiner Mann gewesen
mit Bügelfalte, Schlips und weißem Kragen,
mit ›Figaro‹ und ›Tristan‹ zur Erbauung
und einer beinah eignen Weltanschauung,
(sie ist inzwischen reichlich abgetragen).
        (. . .)
Ich hab auf einmal Millionen Brüder –
und dieser Heereszug der Elendslosen,
jetzt weiß ich es, es geht mich etwas an,
und so ist schließlich aus dem feinen Mann
doch noch so etwas wie ein Mensch geworden.

Zitiert nach: Schramm, a. a. O., S. 130

Die Lagersynagoge (1), 1940 (WV   Nr. 250)

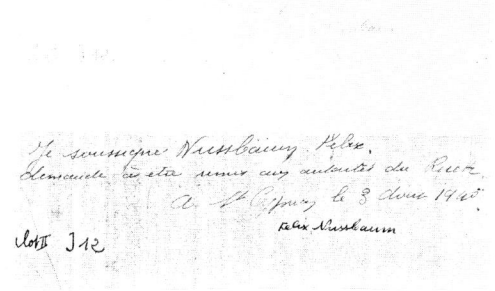

Entlassungsgesuch Felix Nussbaums vom 3. August 1940 (Archiv der Préfecture des Pyrénées-Atlantiques, Pau)

Flucht

Auf jedem nur möglichen Weg versuchten die Internierten dem Lager zu entkommen. Unfaßbar schien es vielen, daß die Regierung eines Landes jahrelang Flüchtlingen Unterschlupf gewährte, um sie dann doch in Lagern zusammenzupferchen. Größer noch war der Schock über die grauenvollen Zustände des Lagers, so groß, daß viele zu verzweifelten Mitteln griffen. So unterschrieb auch Felix Nussbaum am 3. August 1940 – durch drei Monate Inhaftierung zermürbt – ein Papier der französischen Lagerleitung, in dem er um Rückführung ins ›Reich‹ nachsuchte.

Kurz vorher, seit dem 27. Juli 1940, hatte die »Kommission Kundt« (die im Auftrag des Auswärtigen Amtes in Berlin die Personalien aller Internierten zwecks möglicher Rückführung ins Reich aufnehmen sollte) begonnen, die Lager zu besichtigen. Dieser Maßnahme war die Unterzeichnung des Waffenstillstandes durch die Vichy-Regierung Pétains vorausgegangen. Mit dessen Artikel 19 hatte sich die Regierung des unbesetzten Frankreich verpflichtet, alle in Kriegs- und Zivilgefangenschaft befindlichen Deutschen, die die Reichsregierung namhaft machen würde, auszuliefern.

Als die Kontrollkommission am 12. und 13. August im Lager Saint-Cyprien eintraf, bot sie allen rückwanderungswilligen Emigranten die »Rückführung« an. Die Mehrzahl, durch die politisch Bewußten unter den Gefangenen über den wahren Zweck dieser Mission aufgeklärt, machte von dieser Möglichkeit keinen Gebrauch. Viele Internierte haben jedoch diesen Schritt unternommen – in Unkenntnis des vielfach größeren Schreckens, der ihnen in Deutschland bevorstand! Auch Felix Nussbaum. Er hatte Glück im Unglück: man nahm ihn nicht. »Eine Überführung der ausgeschriebenen Juden in das Reich (war) grundsätzlich unerwünscht, um spätere Schwierigkeiten bei einer erneuten Abschiebung zu vermeiden.« Nur »Arier«, die sich freiwillig zurückmeldeten, kamen frei. Viele weigerten sich jedoch, das Lager zu verlassen. Immer noch wähnten sie sich in der unbesetzten Zone Frankreichs – noch weit entfernt von der deutschen Armee – am sichersten. Andere nahmen, nun erst recht, alle sich bietenden Chancen wahr, dem Lager zu entkommen.

Wer ein Affidavit (d. i. eine Bürgschaftserklärung eines Bürgers eines anderen Aufnahmelandes) über seine finanziellen Verhältnisse, seinen moralischen Charakter, seine politische Haltung beibringen und zusätzlich ein Einreisevisum beschaffen konnte, durfte das Lager legal verlassen. Allerdings hatten nur Prominente die dafür nötigen Verbindungen. Außerdem war die Regierung Pétain aufs Äußerste bedacht, alle Sondergesetze gegen Juden genau zu beachten. Felix Nussbaum, unprominent und Jude, blieb nur die Flucht. Wer noch irgendwie bei Kräften war, versuchte sie. Mit dem Gedanken daran muß sich Nussbaum seit dem August ständig getragen haben. Hätte er sich sonst in seiner späteren Selbstdarstellung in dem Bild *Gefangene in Saint-Cyprien* (Nr. 266) als zum Aufbruch Bereiter gemalt?

In den letzten Oktobertagen des Jahres 1940 hatte eine große Sturmflut das Lager fast weggerissen. 3600 Männer, die gesamte Belegschaft von Saint-Cyprien, wurden in Richtung auf das noch berüchtigtere Lager Camp de Gurs in den Pyrenäen in Marsch gesetzt. In der ›Wannseekonferenz‹ vom 20. 1. 1942 legte Heydrich die »Endlösung« fest: »An die Stelle der Auswanderung ist nunmehr (...) die Evakuierung der Juden nach dem Osten getreten.

(...) Im Zuge der praktischen Durchführung der Endlösung wird Europa von Westen nach Osten durchgekämmt. « Im Frühjahr 1942 begann das »Durchkämmen« in Frankreich und den westlichen Ländern. Am 6. August 1942 wurden fast alle Internierten aus Gurs in das KZ Drancy und von dort in die Vernichtungslager des Ostens deportiert.

Felix Nussbaum wurde von dieser Deportationswelle nicht – noch nicht! – erfaßt. Auch der Marsch nach Gurs blieb ihm erspart. Denn zwischen Mitte August und Ende Oktober gelang ihm die Flucht.

Ein heute in Brüssel lebender ehemaliger Osnabrücker Schulfreund von Felix Nussbaum schilderte uns die näheren Umstände: »Im Juli 1940 ging – nachdem Deutschland die Herausgabe seiner Staatsangehörigen (ohne Religionsangabe) verlangt hatte – ein erster Transport aus Saint-Cyprien ab. Einige hundert meldeten sich und verließen das Lager. Inzwischen gelangten einige Briefe aus Belgien in das Lager. Zum zweiten Transport meldeten sich schon sehr viele.

Beim Sammeln rief mich aus dem zweiten Lagerabschnitt (ich war im ersten Lagerabschnitt) Felix Nussbaum an, der mich in der Menge erkannt hatte. Wir wurden nach Bordeaux transportiert, Einmarsch in die Kaserne. Aus allen Fenstern blickten die Juden vom ersten Transport heraus. Die Arier konnten nach Deutschland zurück, die Juden kamen zurück nach Saint-Cyprien (wie ich später erfahren habe). Alle machten Fluchtpläne. Felix bat mich, mit ihm zu flüchten. Ich fand eine Spur. Gegen eine beträchtliche Geldsumme verließen wir die Kaserne zusammen mit dem Milchmann, dem wir seine Kannen an seinen Wagen auf die Straße brachten. Alles Besitztum mußte zurückbleiben; Wolldekken, Rasierzeug etc. Irrten in Bordeaux herum bis spät abends, wagten nicht, Leute zu befragen (Bordeaux war eines der wichtigsten Zentren der Gestapo, d. Verf.). Felix Nussbaum bekam Angst und wollte zurück in die Kaserne. Ich sagte ihm, dann würden wir erschossen.

Wir nahmen einen Bus bis in einen Vorort, um einen Zug zu finden. Es gab nur Militärtransporte. Der Bahnhofsvorsteher schien unsere Lage zu verstehen und ließ uns (gegen Bezahlung) in der Nacht in einen Rotkreuz-Zug einsteigen. Bald darauf kamen deutsche Soldaten zur Kontrolle. Im Nebenabteil wurden Leute verhaftet und abgeführt, und in der allgemeinen Aufregung wurde unser Abteil übersehen. So gelangten wir bis zum Gare du Midi in Brüssel.

Später besuchten wir uns gegenseitig. Bei ihm habe ich viele seiner eigenen Bilder und auch Gemälde seiner Frau gesehen. 1945 erfuhr ich von Freunden, daß Felix Nussbaum aufgrund einer Denunziation eines seiner Bekannten, eines deutschen Soldaten, deportiert wurde. «

Briefliche Auskunft von G. Meyer, Brüssel

Warum hat Felix Nussbaum diesen Fluchtweg gewählt und ist nicht von der Hafenstadt Bordeaux aus nach Übersee geflohen? Warum ist er nach Brüssel, an den Ort seiner Verhaftung, ja sogar an seine alte Adresse in der rue Archimède, zurückgekehrt? Jean Améry mag uns stellvertretend für Nussbaum die Antwort geben: »Bald wechselten die Lehrer: die harmlos brutalen Gardes Mobiles, die uns im Interniertenlager gekränkt hatten, verschwanden, nachdem ich aus dem Lager ausgebrochen war, halb Frankreich zu Fuß durchwandert und im deutsch besetzten Belgien mich wiedergefunden hatte, der Frau – Geliebten wegen. An ihre Stelle war der Meister aus Deutschland getreten. «

In: Mein Judentum, hrsg. von Hans Jürgen Schultz, Stuttgart 1978, S. 86

Auch Felix Nussbaum muß Felka Pateks wegen die Bedrohung, in unmittelbarer Nachbarschaft mit dem Tod, »dem Meister aus Deutschland« zu leben, in Kauf genommen haben. Im Herbst 1940 erreichte er Brüssel.

Unverhohlen gibt das ›Wannsee-Protokoll‹ den Zweck des »Durchkämmens« preis: »Unter entsprechender Leitung sollen im Zug der Endlösung die Juden in geeigneter Weise im Osten zum Arbeitseinsatz kommen. In großen Arbeitskolonnen, unter Trennung der Geschlechter, werden die arbeitsfähigen Juden straßenbauend in die Gebiete geführt, wobei zweifellos ein Großteil durch natürliche Verminderung ausfallen wird.

Der allfällig endlich verbleibende Restbestand wird, da es sich bei diesen zweifellos um den widerstandsfähigsten Teil handelt, entsprechend behandelt werden müssen (...)«

Leben im Untergrund

Mensch im Versteck

Wieder in Brüssel, tauchte Felix Nussbaum erneut bei der Familie Billestraet unter. (Übrigens: es gab viele Billestraets! Weit mehr als die Hälfte aller in Belgien lebenden Juden konnte in einem sicheren Versteck Unterschlupf finden.) Trotz aller gutwilligen Hilfe der belgischen Bevölkerung – der Tagesablauf eines mitten unter seinen Verfolgern Lebenden war entwürdigend genug.

Im Sommer 1940 hatte die deutsche Besatzungsmacht in Brüssel eine Regierung von Kollaborateuren eingesetzt, die von dem deutschen Gouverneur, General Alexander von Falkenhausen, und seinem Zivilverwaltungschef, Eggert Reeder, kontrolliert wurde. Bis zur Befreiung im September 1944 war durch drastische Anwendung des Militärrechts das Leben in Belgien bis ins Kleinste reglementiert. Die Herrschaft lag bei den Militärbefehlshabern, was der SS ihr Vorgehen zwar erschwerte, die Verfolgung der Juden jedoch nicht verhindern konnte. Bis zu seiner Verhaftung im Zusammenhang mit dem 20. Juli 1944 konnte sich Falkenhausen gegen die SS recht gut behaupten – zumindest Juden belgischer Staatsangehörigkeit vermochte er zu retten.

So hat Eggert Reeder sich z. B. lange Zeit geweigert, den Judenstern einzuführen. Falkenhausen versuchte den Einfluß der SS zurückzudrängen, mußte aber schon im Juli 1940 den Aufbau der späteren Dienststelle des ›Beauftragten des Chefs der Sicherheitspolizei und des Sicherheitsdienstes‹ zulassen.

Der Zugriff der SS war jedoch nicht aufzuhalten. Die als routinemäßige Registrierung getarnte rassische Verfolgung setzte sofort mit aller Schärfe ein. Juden wurden durch ein eingestempeltes ›J‹ in ihren Papieren kenntlich gemacht und mußten ab 1942 den gelben Stern tragen. Nussbaums Gemälde *Selbstbildnis mit Judenpaß* (Nr. 278) ist in diesem Zusammenhang als Dokument anzusehen.

Verschärfend kam die totale Isolation hinzu: Radiogeräte wurden konfisziert, und ab August 1941 trat ein generelles Ausgehverbot für Juden in Kraft. Auch wer sich nicht ohnehin aus Sicherheitsgründen ständig im Untergrund aufhielt, war somit von jedem Kontakt abgeschnitten und lebte unter kümmerlichen Bedingungen.

Die Registrierung bezog sich auch auf jüdisches Eigentum. »Seit Felix Nussbaum aus Saint-Cyprien zurückgekehrt war, war er gänzlich ohne Geld. « War es schon allgemein fast unmöglich, seinen Lebensunterhalt zu verdienen, so traf dieses Problem auf einen Künstler im besonderen Maße zu. Wer konnte in diesen Zeiten schon an Gemälden interessiert sein? Da wir von Felix Nussbaum

Mündliche Mitteilung von Willy Billestraet

Atelier in Brüssel, 1940 (WV Nr. 238) ▷

Zitiert nach: Um uns die Fremde, Berlin 1965, S. 43

s. Abb. S. 154

Von den keramischen Arbeiten Nussbaums ist kaum etwas erhalten. Im Besitz der Witwe Dolf Ledels befindet sich noch ein bemalter Teller; eine weitere Arbeit in Chicagoer Privatbesitz ist nicht mehr auffindbar.

Eine annähernde Vorstellung der Keramiken mag die im Gemälde *Stilleben mit Puppe und Tennisschläger,* 1943 (s. WV Nr. 275) wiedergegebene Vase vermitteln. Sie stellt mit hoher Wahrscheinlichkeit eine eigene Arbeit Nussbaums dar (s. auch die südländischen Motive der Dekoration als Reminiszenz an die Zeit in Italien).

Zitiert nach: Roh, a.a.O., S. 115

Die Situation im faschistisch besetzten Brüssel schildert einprägsam Jean Améry (in: Örtlichkeiten, Stuttgart 1980). Er schreibt: »Es waren die Deutschen, die das Stadtbild beherrschten. An allen Wegkreuzungen sah man die Bündel ihrer Wegweiser: Kommandantur, Frontleitstelle, Kfz-Ersatzteile, Kartoffellager (...)« (S. 60).

»Er strich durch die Straßen mit einem Unbehagen, das Angst zu nennen unerlaubt wäre, da er sich doch daran gewöhnte, daß er nicht da zu sein hatte, eine Unperson (...)« (S. 63).

»Hinter den engen Häuserfassaden wohnten zumindest harmlose Leute. Tür an Tür mit ihnen aber auch Denunzianten. So wurde zwischen dem Herbst 1941 und dem Juli 1943 Brüssel zur Stadt des Wartens auf die Katastrophe. Diese trat ein, später als erwartet, aber unausweichlich wie der Tod« (S. 69).

Briefliche Auskunft aus dem Jahre 1979

keine Äußerungen haben, mag eine Tagebuchnotiz des Künstlers Rolf Nesch, der die Nazi-Zeit im besetzten Norwegen verbrachte, die Situation illustrieren: »Zuletzt saß ich immer auf der Kiste, auf der Margarinekiste, und dachte, nun sitzt du hier, arbeitest Tag und Nacht und weißt ganz genau, daß dieses Zeug unverkäuflich ist. Da dachte ich, ein Vogel singt, und solange er etwas im Magen hat, singt er. Wenn er nichts mehr zu fressen hat, stirbt er. Du mußt jedenfalls etwas im Magen haben, sonst kannst du nicht arbeiten.«

Felix Nussbaum hatte hilfreiche Freunde, so wurde er von Paul Blum bis zum Zeitpunkt der Deportation finanziell unterstützt. Der bekannte belgische Bildhauer Dolf Ledel half ihm ebenfalls. (Ein Porträtkopf, den Ledel von Nussbaum in Steinguß herstellte, ist erhalten und legt von ihrer Freundschaft Zeugnis ab.) Vor allem aber die Familie Billestraet setzte sich großherzig für ihn ein. Sie versteckte Nussbaum und Felka Platek nicht nur in einer Kellerwohnung in Brüssel. Sie richtete dem Künstler im dritten Stock der eigenen Wohnung in der rue Archimède 22 auch ein Atelier ein (der Blick aus der Mansarde über die benachbarten Dächer ist häufiges Bildmotiv) und besorgte ihm alles zum Leben und Malen Notwendige. Auch Bilder hat sie ihm abgekauft und ihn so tatkräftig unterstützt. Aufträge, die die Familie Billestraet vermittelte, linderten zusätzlich die wirtschaftliche Not. So soll Nussbaum Kinder- und Schulbücher illustriert haben. Durch das Bemalen von Keramiken konnte er sein Leben fristen. Nach Aussage von Willy Billestraet stand in Nussbaums Atelier ein Brennofen. »Er hat Keramik bemalt, dort gebrannt und an Geschäfte verkauft. Unter großen Gefahren und Risiken hatte er Kontakte zu Geschäften hergestellt.«

Schlimmer als der tägliche Kampf um den Lebensunterhalt wird für Felix Nussbaum die völlige Abgeschnittenheit im Versteck, die tägliche Angst gewesen sein, entdeckt oder verraten zu werden, einer Razzia zum Opfer zu fallen. Nicht ohne Grund ist er seit 1941 der amtlichen Meldepflicht nicht mehr nachgekommen.

Max Beckmann, der 1940 nach Amsterdam geflohen war und unter den gleichen angstvollen Bedingungen leben mußte, notierte damals: »Stadium der vollkommensten Unsicherheit über meine Existenz. Chaos und Unordnung, wohin man blickt. Es ist eigentlich ein Wunder, daß ich überhaupt noch existiere.«

Es grenzt ans Unglaubliche, daß Felix Nussbaum unter diesen Bedingungen so lange unentdeckt überleben konnte. Vor allem, wenn man daran denkt, daß der Maler ständig auf den von Razzien heimgesuchten Straßen Brüssels zwischen seiner (wenn auch nahe gelegenen) Kellerwohnung und seinem Atelier hin und her eilen mußte. Darin spiegelt sich zum einen, wie sehr die Kunst, entgegen aller Gefährdung, Nussbaums Leben bestimmte. Zum anderen aber auch ein geradezu sträflicher Leichtsinn (den übrigens auch die Familie Billestraet teilte, die den Gedanken an ernstzunehmende Gefahr stets verdrängte).

In gewissem Umfang hat Nussbaum sogar am jüdischen Gemeindeleben der Stadt teilgenommen. Oft genug war er unterwegs, um Freunde zu besuchen. In welche Gefahr er sich dabei begab, schildert die Witwe des belgischen Bildhauers Dolf Ledel: »Seit 1936 waren wir mit Felix Nussbaum in großer Freundschaft verbunden – wir besuchten uns wechselweise wenigstens einmal wöchentlich.

Über den Dächern (Handschuhe), 1940, Gouache (WV Nr. 237) ▷

Dolf Ledel, Porträt Felix Nussbaum

Eines Abends trafen wir bei Felix einen gewissen Kern an. Er behauptete, Jude und ein großer Förderer der Emigranten zu sein. In der Tat half er Felix oft beim Verkauf seiner kleinen dekorativen Stücke. Auf diese Weise machte Kern die Bekanntschaft eines für ganz Belgien namhaften Vertreters der emigrierten Juden. Als die Deutschen in Belgien einmarschierten, hat er ihn denunziert. Mein Mann fand Kern äußerst unsympathisch, mißtraute ihm und war Felix gegenüber äußerst besorgt. Felix jedoch entzog Kern keineswegs sein Vertrauen. An dem Tage, als die Deutschen Brüssel erreichten, begegneten wir auf der Eisenbahnbrücke nahe unserer Wohnung einem Mann mit Hakenkreuzbinde. Es war Kern. ›Ihr werdet noch sehen, wer ich bin‹, schleuderte er uns entgegen. Felix und Felka gegenüber blieb er aber immer freundschaftlich gesonnen. Im Januar 1942 aber kam Felix atemlos und entsetzensstumm in unserer Wohnung an, sie seien verloren, die Gestapo suche sie. Daraufhin haben wir sie ca. 6 Monate bei uns versteckt. Nur wußte Kern ja genau über uns alle Bescheid. Wir mußten untertauchen. Im Juni 1942 sind wir darum mit unserer zweijährigen Tochter in den Maquis gegangen, Felix und Felka sind in ihre Wohnung zurückgekehrt, weil Felka sich geweigert hatte, sich dem Widerstand anzuschließen. 1944 hat Kern sie beide gefaßt. «

Porträts der Isolation und der Angst

Es ist nur schwer vorstellbar, daß Nussbaum unter diesen Umständen noch die Kraft zu künstlerischer Arbeit fand. Als Rudi Lesser, 40 Jahre nach ihrem gemeinsamen Aufenthalt in Ostende, zum ersten Mal Nussbaums letzte Bilder sieht, faßt er seine Empfindungen in die folgenden Worte: »Daß der Verfolgte in dieser Situation mit solcher Intensität und Akkuratesse gemalt hat, ohne den Mut sinken zu lassen...« In dieser Situation: das heißt ja nicht nur tägliche Bedrohung des Lebens, ständiges Sich-Verbergen-Müssen. Mensch im Versteck heißt auch Künstler in der Isolation. Keine Reaktion auf das eigene Werk durch Ausstellung und Kritik, keine Orientierung am Werk anderer Künstler, keine Auseinandersetzung, kein kollegialer Rat und Kontakt (mit Ausnahme des Bildhauers Dolf Ledel).

Und dennoch steht gerade jetzt die Kunst im Mittelpunkt seines Lebens. (Noch kurz vor seiner Deportation denkt Nussbaum weniger an sein eigenes Schicksal als an das seines Werkes. Einem Freund, dem Zahnarzt Dr. Grosfils, nimmt er das Versprechen ab, den bei ihm versteckten Nachlaß zu bewahren.) Die Malerei hält ihn aufrecht, läßt seinen Mut nicht sinken. Sie läßt ihn die Isolation ertragen, die Angst bewältigen.

Angst (Nr. 253) heißt ein Gemälde von 1941, auf dem Nussbaum sich und seine Frau abbildet. Das Bild muß kurz nach seiner Rückkehr nach Brüssel entstanden sein: Ausdruck des Wiederfindens nach leidvoller Trennung. Die Angst aber bleibt. Weit aufgerissen sind Münder und Augen. Die Umarmung der beiden Figuren, isoliert vor einer Mauer im Schein einer verdunkelten Gaslaterne stehend, gleicht mehr einer instinktiven Umklammerung. Als wollten sie sich auch noch vor den Blicken des Betrachters verbergen, sind beide Figuren am unteren Rand des Bildes angesiedelt, ohne Standfläche und Halt. Ein unheilverkündender Himmel, über den Flugzeuge jagen, verstärkt die Intention

Angst, 1941 (WV Nr. 253)

154

des Bildes. ›Tempete sur l'Europe‹ steht auf dem Anschlagzettel an der Mauer – Sturm über Europa.

Die Zeit, von der hier die Rede ist, war die barbarischste in der Geschichte der Menschheit; wer hier Gelassenheit erwartet, beleidigt ihre zahllosen Opfer. Felix Nussbaum als Künstler, der die Zeit aufzuarbeiten versucht, und als Opfer zugleich, ist zu solcher Gelassenheit nicht mehr fähig. Um 1940/41 begegnet uns ein anderer Nussbaum als der, den wir bisher kannten. Die Internierung in Saint-Cyprien, die Flucht durch die besetzten Gebiete, das Leben im Untergrund sind Schlüsselerlebnisse, die ihn und mit ihm seine Kunst entscheidend verändern. Mit einer ihm bislang fremden Ausschließlichkeit nimmt er nun Bedrohung und Verfolgung als *sein* Thema an. Allein steht er seinem Thema gegenüber – ohne sich auf sich selbst zurückzuziehen, vielmehr begreift er sich und seine Situation als stellvertretend für die von vielen. Sie gilt es aufzuarbeiten mit dem mutigen Blick auf die Realität, mit genauem Strich und in aller Intensität.

Sofort nach seiner Rückkehr aus Saint-Cyprien setzt Nussbaum seine leidvollen Erfahrungen ins Bild. Zeichnung und Gemälde der *Lagersynagoge* (Nr. 250, 251) entstehen unter dem noch frischen Schrecken von Internierung und Flucht. Noch 1940 zeichnet er die *Gefangenen in Saint-Cyprien* (Nr. 248) mit dem festen Vorsatz, sie zu einem großen Gemälde des Exils umzuarbeiten. (›Entwurf zu einem Gemälde‹ ist die Zeichnung betitelt.) Das Thema läßt ihn nicht mehr los: nach mehreren Vorzeichnungen nimmt er zwei Jahre später das Gemälde in Angriff (Nr. 266). Sich selbst hat er als einen der Gefangenen porträtiert.

s. auch die Farbtafeln S. 176 und 188/189

Gefangene, Vertriebene (*Die Vertriebenen* [Nr. 252], 1941) und Verdammte (*Die Verdammten* [Nr. 282], 1943/44): in erschreckend präzisen Bildern, nicht nur in der Anlage, sondern auch in der Thematik denen des in Deutschland gebliebenen Lehrers Karl Hofer gleich, zeichnet Nussbaum jetzt auf, was ihm selbst bewußt geworden ist. Die dunklen Ahnungen der Vorkriegszeit, die ›Europäische Vision‹ sind zur Realität des Schreckens geworden. Der leidende Mensch wird sein Thema. Dem Porträt von Einzelpersonen und Gruppen – besonders häufig dem Selbstporträt – gilt nun sein eigentliches Interesse.

Felix Nussbaums Interesse für das Selbstporträt kann nicht überraschen, wenn man bedenkt, wie sehr er, der im Schnittpunkt vieler Komponenten stand, das Bedürfnis haben mußte, sich selbst zu erforschen. Als nur wenig geformter Provinzler dem Sog der Metropole ausgesetzt, als bürgerlich Konservativer modernen Zeitströmungen konfrontiert, als Jude unter Nichtjuden, als Emigrant unter Fremden, als Verfolgter ständig den Tod vor Augen – Felix Nussbaum hatte allen Grund, sich immer wieder selbst zu befragen. Überhaupt neigen Künstler besonders dann zu Selbstdarstellungen, wenn sie sich bedroht fühlen. Oft ist Vereinzelung Ursache der Selbstbeschäftigung. Einleuchtend, daß auch bei Nussbaum, nun da die Isolierung total und der Tod ständig vor Augen ist, die Selbstporträts immer mehr zunehmen und immer intensiver werden.

1943 entsteht das *Selbstbildnis an der Staffelei* (Nr. 277). Bedenkt man die Umstände seiner Entstehung, so bleibt dieses Bild nur schwer begreiflich. Bramarbasierend, in großsprecherischer Pose steht der Maler da. Mit aufgesetzter, trotzig-pubertär wirkender Geste glaubt er sich der drohenden Wirklichkeit stellen zu können. Oder ist diese Haltung nur Maskierung einer verletzbaren Psyche? Die grimassierende Maske und der ›redende‹ Schatten des Porträtierten an der Wand scheinen dafür zu sprechen. Es ist ja geradezu symptomatisch für

Karl Hofer, Die Gefangenen, 1933

die Zeit, daß viele Künstler einer aus den Fugen geratenen Welt als Clown oder melancholischer Pierrot entgegentreten (Picasso, Beckmann, Hofer), um ihre Verletzlichkeit zu verbergen. Auch die Flaschen auf dem Tisch, bzw. deren Aufschriften »Gift«, »Leid«, »Sehnsucht« scheinen Indizien dafür zu sein. Nur ist eine dermaßen kostümhafte und symbolisierende Bemäntelung in keiner Weise der existentiellen Not von Nussbaums lebensgefährlicher Situation im Jahre 1943 angemessen. Genausowenig wie ein Fläschchen »Humor« (gewisser-maßen als ›Gegenmittel‹ auf der anderen Seite des Tisches postiert) Schutz gegen die Bedrohung bieten kann. Verspielte und witzige Anmerkungen zu seiner Person, wie sie bohemehaft mit um die Schultern geknotetem Geschirrtuch und Blume hinter dem Ohr im Selbstbildnis von 1935 auftreten, mögen dort noch legitim sein, hier – nur acht Jahre später – wirken sie lediglich plappernd und hohl. Wenn dieses Bild dennoch partiell überzeugen und ergreifen kann, so ist

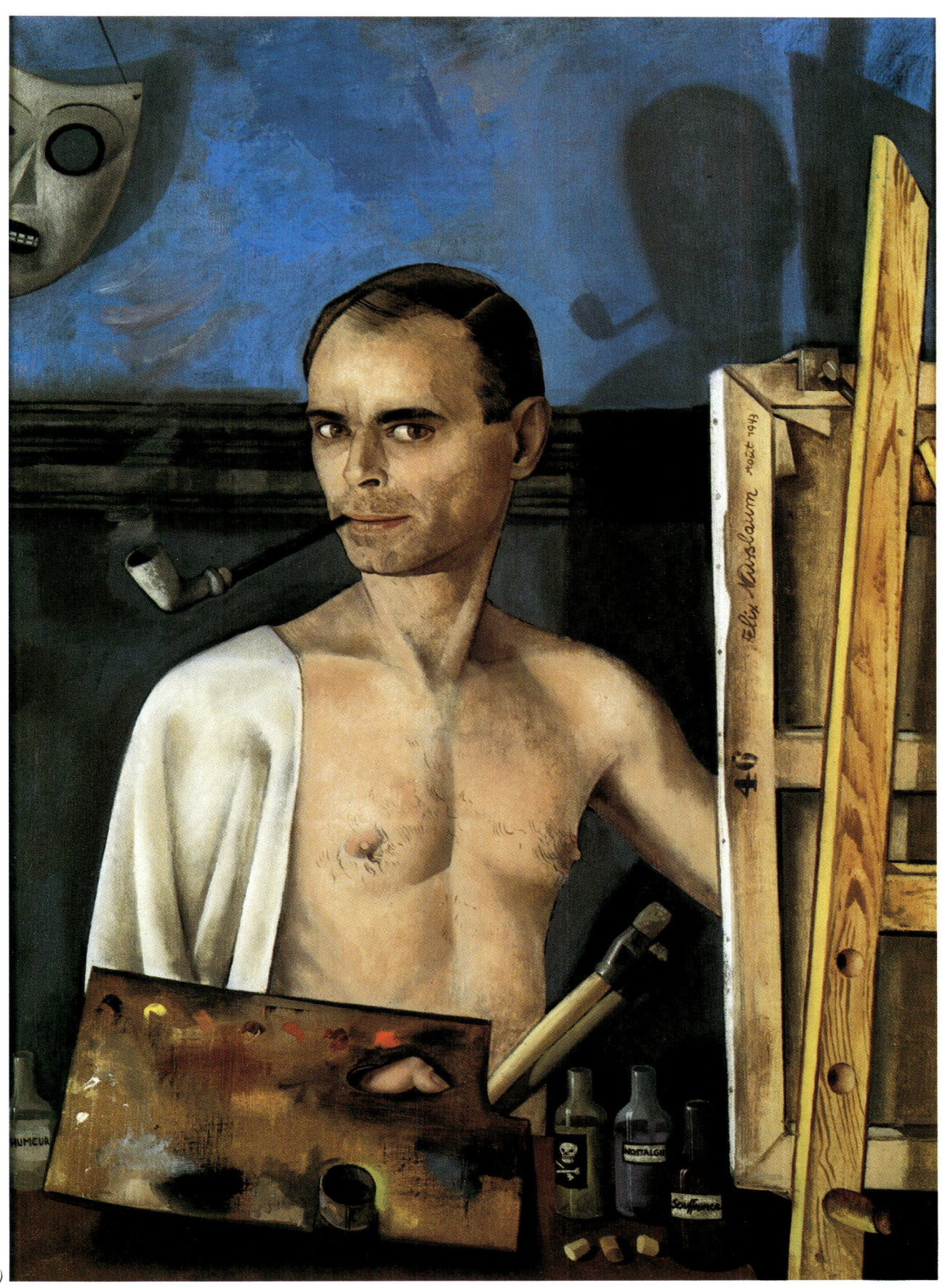

*Selbstbildnis
an der Staffelei,
1943 (WV Nr. 277)*

diese Wirkung nicht zuletzt der frappanten handwerklichen Qualität zu verdanken. Damit wird aufs Neue eine Schwäche offenbar, die das gesamte Werk Nussbaums durchzieht. Zu häufig überträgt er einmal gefundene ästhetische Mittel beliebig auf verschiedenartige Inhalte. In der *Bildnisgruppe* (Nr. 70) von 1930 oder in den Rom-Landschaften konstituieren die formalen Mittel eigentlich erst die inhaltliche Aussage, weswegen gerade diese Bilder einen so gelungenen Eindruck hervorrufen. Zu häufig setzt er aber diese ästhetischen Mittel in völlig anderen thematischen Zusammenhängen ein, ohne ihre Tragfähigkeit zu prüfen. Sein mangelndes Reflexionsbewußtsein, nun noch verstärkt durch die künstlerische Isolation, mag daran schuld sein, daß er zu selten bemerkt, wie wenig sich die überhöhte Eigendarstellung in den Gesamtrahmen eines Bildes fügt. Erfahrungen existentieller Not lassen sich nicht durch ›Kunstverstand‹ bewältigen, sondern verlangen andere, motivadäquate Mittel. Sie zu entwickeln ist Felix Nussbaum nur teilweise gelungen. Sein Glaube an die Haltbarkeit von Symbolen und festgefügten künstlerischen Ordnungen war zu groß, auch noch in der Stunde der Gefahr.

Peter Weiss, zu diesem Zeitpunkt noch nicht Schriftsteller, sondern ebenfalls Maler, hat dieses Problem erkannt und später folgendermaßen umrissen: »Die Rebuszeichen mußten verstanden werden, und dies war das Schwere, die inneren Erfahrungen beim Namen zu nennen, und alles auf den Platz zu stellen, an den es gehörte. Es war leicht, an Symbolen zu spinnen, doch oft unmöglich, die Tatsachen, die darunter lagen, ans Licht zu fördern. (...) Die gemalten Bilder, so wie ich mich früher mit ihnen beschäftigt hatte, waren mir jetzt zu stillstehend, zu begrenzt, zu abgeschlossen, zu sehr an eine einzige, unveränderliche Situation gebunden. Sie waren Ausschnitte, Fenster, Blicke in mein Guckkastentheater, in ihren besten Stunden konnten sie heroisch die Einmaligkeit eines Augenblicks hervorheben. Ich hatte sie übernommen aus einer Welt, in der der Sinn von Wegzeichen noch glaubhaft war, jetzt konnten allein ihr Gewicht, ihre Rahmen, die Kisten, in denen sie verpackt werden mußten, lächerlich wirken. «

Weiss, Peter: Fluchtpunkt, Frankfurt/M. 1962, S. 98f.

So sehr Felix Nussbaum gerade in seinen Selbstbildnissen die eigene Verstörung und Zerstörung gemalt hat (man betrachte nur die ständig wachsende Bitternis in den Gesichtszügen oder wie sich der den Porträtierten umgebende Raum immer enger um ihn zusammenzieht) – die Versatzstücke und Darstellungsmittel bleiben oft die gleichen. Das erklärt – nicht nur in den Selbstbildnissen – die großen qualitativen Unterschiede einzelner Werke; an den Selbstporträts läßt sich dieser Sachverhalt jedoch am ehesten überprüfen. Von der heiteren Sorglosigkeit im *Selbstbildnis mit Hut* (Nr. 209) führt der Weg in Vereinsamung und tödliche Angst. Im Vordergrund einer brettervernagelten Welt mit Bäumen, die wie abgehackte Adern anmuten, vor einer Kulisse, in der eine befrackte Puppe einen Trichter vor den gesichtslosen Kopf hält, um noch einmal, vergeblich zu rufen, versucht eine nackte Figur eine letzte ›sprechende‹ Geste; aber die Geste sagt nichts mehr. So im Bild – im Selbstbildnis? – *Einsamkeit* (Nr. 262) von 1942. In zwei Werken versucht Nussbaum noch einmal inmitten der Vernichtung die rettende Welt familiären Zusammenhalts ins Bild zu bannen. Nackt und schutzlos, im leeren Zimmer, stehen im *Selbstbildnis mit Felka Platek* (Nr. 268) von 1942 Felix Nussbaum und seine Frau da. Ineinander verschränkt, auf sich selbst zurückgezogen, kehren sie der sie bedrängenden Welt den Rücken zu. Nur der Betrachter blickt aus dem Fenster auf die düster-fahle Straße mit

158

Einsamkeit, 1942 (WV Nr. 262)

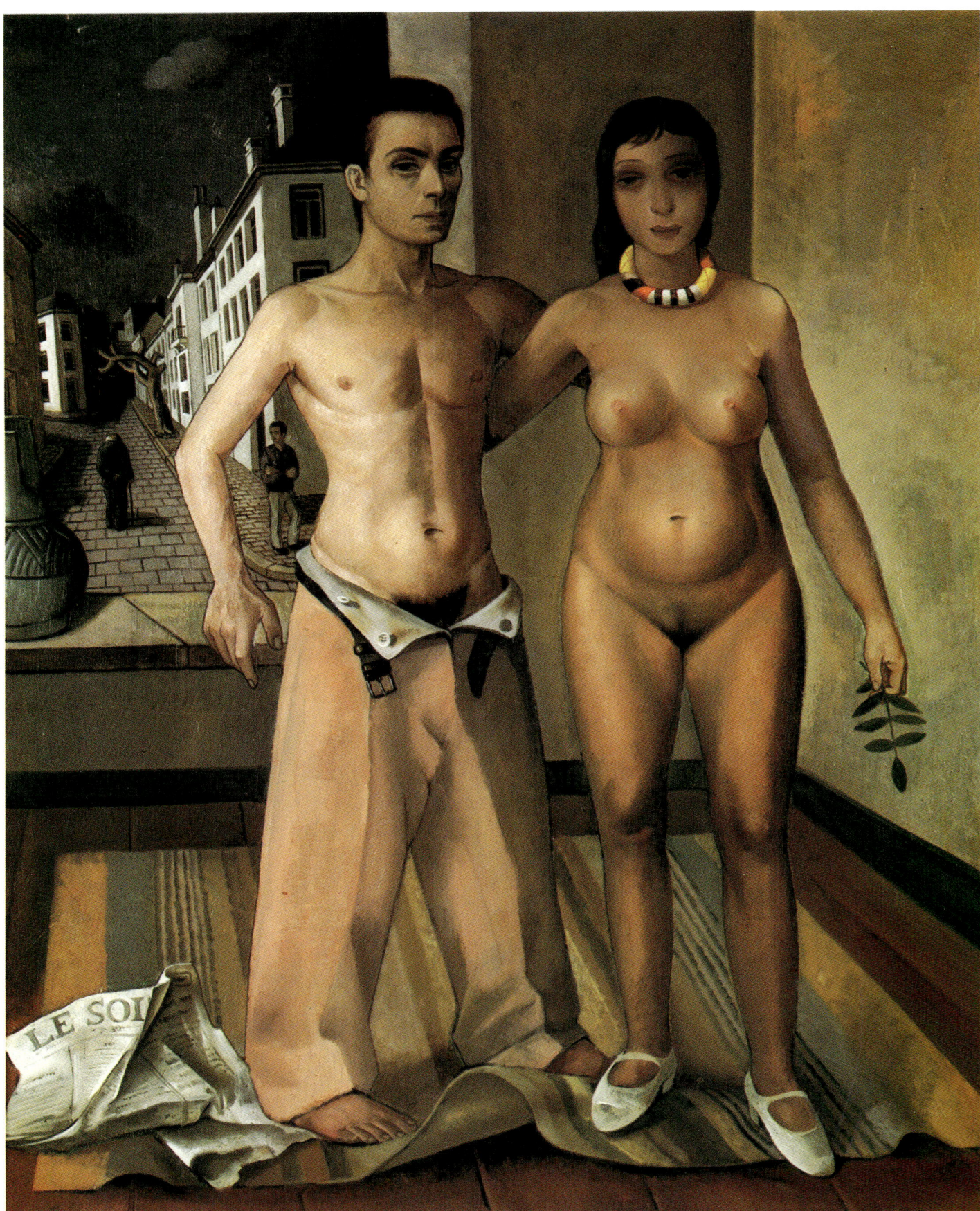

Gruppenbildnis, 1942 (WV Nr. 267)

dem alten Einsamen und dem abgestorbenen Baum. Und dennoch strahlt etwas von der Verlorenheit der Außenwelt in das zellenartige Zimmer hinein. Der Krug auf der Fensterbank ist zerbrochen, unsicher ist der Stand der Figuren auf dem verrutschten Teppich. Die Außenwelt läßt privates Heil nicht mehr zu. Trotzdem rettet Felix Nussbaum noch einmal seinen künstlerischen Standort. Man wird sich kaum der Festigkeit und dem unbedingten Zusammengehörigkeitsgefühl, welches das Paar vermittelt, entziehen können. Noch steht das Paar, wenn auch von dumpfer Angst gezeichnet, ungebrochen da (wie der durch die Armbeuge des Malers hindurch sichtbare junge Mann). Bangen und Hoffen halten sich die Waage. Felix Nussbaum stellt sich selbst scharfkantig umrissen dar, überschnitten von den Linien des Fensters und der Häuser. Auf ihn wirkt die Bedrohung der Außenwelt stärker ein als auf seine Frau, die sich im Gegensatz zu ihm, nischenartig von der Zimmerecke hinterfangen, zum ruhenden Pol des Bildes auswächst. Ihre weich gerundeten Formen und die bunte Halskette – einziger hervorstechender Farbakzent in dieser tristen Schilderung der Unbehaustheit – ziehen noch einmal alles Hoffen auf Menschlichkeit auf sich. Mit Sicherheit wird auch der Akazienzweig, den Felka Platek in der linken Hand hält,

◁ *Selbstbildnis mit Felka Platek, 1942 (WV Nr. 268)*

s. Farbtafel S. 164

symbolische Bedeutung haben. (Im *Gruppenbildnis* [Nr. 267] des gleichen Jahres begegnet er uns ebenfalls und versucht sich dort in der Hand des Künstlers zaghaft gegen den Verderben androhenden Strang zu behaupten.) Sollte hier noch einmal, geboren aus der Freude über das Beisammensein nach der Trennung durch die Internierung, die Familie als Fluchtpunkt aller Hoffnung Gestalt gewinnen? – Wir wissen es nicht. Der Rückzug auf private Geborgenheit gelingt unter den gegebenen Verhältnissen nicht mehr, weder biographisch noch künstlerisch. Zum Zeitpunkt der Entstehung beider Bilder war Felix Nussbaum den Fängen der Gestapo mit knapper Not entkommen; er hatte andere Sorgen als die der Malerei – das Doppelbildnis blieb unvollendet. Aber auch Werke des Scheiterns können überzeugen. Die stille Menschlichkeit des Bildes, inmitten von Tod und Gefahr, spricht unmittelbar an.

Ohne Zusammenhang mit dem übrigen Werk (sieht man von einem *Stilleben mit Gliederpuppe* [Nr. 243] ab) tritt uns 1943 das Bild *Gliederpuppen* (Nr. 269) entgegen. Bei Nussbaums großem Interesse an der Menschendarstellung, bei seinem starken Hang zur Symbolik ist zu vermuten, daß es sich hier um ein eingekleidetes Doppelporträt von Felka Platek und Felix Nussbaum handelt, welches man zu dem Bild von 1942 in Beziehung setzen kann. In einer verholzten, unmenschlich versteiften Welt, umstellt von Röhrenbäumen und einer Mauer, füllen auf einer podiumsähnlichen Bretterbühne eine männliche und eine weibliche Gliederpuppe großformatig das Bild. Im schwebenden Gleichklang scheinen diese Figuren vom Boden abzuheben. Wolken sind ihnen, farblich abgestimmt, wie Glorienscheine vor dem dunklen Himmel beigegeben. Ausschauhaltend (auf welche Hoffnung?) beziehungsweise in der Lektüre Trost suchend (welcher Trost bleibt noch?) werden beide Figuren im Hintergrund wiederholt. Aber auch eine fliehende Figur rennt durch das Bild und macht die Bedrohung sichtbar: das Entschweben in eine höhere Welt des ungefährdeten Heils hält der Situation nicht mehr stand.

Indiz dafür ist die Art, wie das Vorbild de Chiricos verarbeitet wird. Gegenüber den so irritierend fremdartig zusammengezimmerten Manichinos in de Chiricos ›Hektor und Andromache‹ mutet dieses Paar fast idyllisch an. Hektor und Andromache, das klassische Liebespaar aus der ›Ilias‹, dessen Liebe den Tod überdauert, sind in de Chiricos Gemälde zu bewegungsunfähigen, durch ein Lattengerüst abgestützten Denkmälern auf leerer Bühne geworden. Ironisierung der alten Werte und Trauer um ihren Verlust mischen sich in diesem Bild. Felix Nussbaum ist – bei aller deutlich sichtbaren Anleihe an die Bildwelt de Chiricos – anderer Meinung. Konservative Sehnsüchte lassen ihn auch angesichts der größten Katastrophe der Menschheit an der Illusion der gegen alles gewappneten Liebe festhalten.

Erst im *Selbstbildnis mit Judenpaß* (Nr. 278) stellt er sich illusionslos der am eigenen Leib erfahrenen Situation: allein, das Versteck suchend, verfolgt und gejagt, ohne Rückzugsmöglichkeit. Und selbst in dieser absoluten Ausweglosigkeit klammert er sich an ein Fünkchen Hoffnung. Machtlos, aber unübersehbar blüht hinter der Mauer ein kleiner Baum auf. In den *Verdammten* (Nr. 282) auf engstem Raum zusammengetrieben, wird die gleiche Pose dieses Selbstbildnisses noch einmal sichtbar. Nun scheint jede Hoffnung erloschen. Das Bild *Die Gerippe spielen zum Tanz* (Nr. 286), Nussbaums letztes erhaltenes Werk, setzt den endgültigen Schlußpunkt, fehlt doch hier jeder Hinweis auf einen noch lebenden Menschen.

Giorgio de Chirico, Hektor und Andromache, 1917

Verengtes Gesichtsfeld

Das Gesichtsfeld des aus Sicherheitsgründen in völliger Abgeschlossenheit lebenden Künstlers grenzt sich immer mehr ein. Zwischen seinen engen Wänden gleichzeitig geschützt und gefangen, bleiben dem Maler als Modelle nur er selbst und seine Frau – und eben die Wände seines Verstecks. Das Innere der Kellerwohnung; das Innere des Ateliers; die wenige Habe, zu Stilleben zusammengestellt; der Ausblick aus dem Versteck: das ist Nussbaums Bildwelt der letzten Jahre.

»Enger Raum, eine auf das Private reduzierte Welt, Rückzug, Innenwelt« – so definiert Laszlo Glozer die Kunst des Exils (in: ›Westkunst‹-Katalog, Köln 1981, S. 72).

Das *Stilleben mit Puppe und Tennisschläger* (Nr. 275) von 1943 kann als ein bezeichnendes Beispiel herausgegriffen werden. In einer Zimmerecke hat der Maler auf dem Fußboden einige wenige, jetzt nutzlose Gegenstände aufgebaut. Puppe, Tennisball und -schläger, achtlos in die Ecke gestellt und unbrauchbar geworden, sind nur noch einer Erinnerung an menschlichere Zeiten wert, einer Erinnerung, die zum gegenwärtigen Zeitpunkt nur noch traurig stimmt. Die mit feinen Strichen und Farbtönen in Aufglasurtechnik bemalte Vase holt noch einmal die jetzt verschüttete, arkadische Bildwelt einer früheren, glücklicheren Epoche hervor: südliche Idylle mit Pferdekarren, Tonkrügen und Sonnenblumen. Sie ist jedoch nicht nur melancholisches Zitat einer freundlicheren Zeit, sie gehört zugleich auch in die unmittelbare Gegenwart. Mit bemalten Keramiken (dieser Art?) verdiente sich Felix Nussbaum in den letzten Jahren seinen kargen Lebensunterhalt.

s. Farbtafel S. 165

Drei weitere Werke, innerhalb weniger Tage entstanden, mögen das Gesagte verdeutlichen. Am 20. 3. 1943 zeichnet Nussbaum die als Küche genutzte Zimmerecke seiner Kellerwohnung. Wenige Gerätschaften, benutztes Geschirr auf dem Fußboden, eine einfache Wasserstelle bilden die *Küche im Versteck* (Nr. 271). Vergebens versucht ein Hocker mit einer kümmerlichen Agave der Trostlosigkeit etwas Wohnliches abzuringen. Drei Tage später stellt Nussbaum in seinem Atelier (erkennbar an der Wandleiste, die auch in *Selbstbildnis an der Staffelei* [Nr. 277] aus dem gleichen Jahr zu sehen ist) *das Stilleben mit Flasche und Krügen* (Nr. 273) zusammen. Auch hier wieder nur wenige Gegenstände, klar gegliedert und in sachlicher Strenge. Ebenfalls im März 1943 gibt Nussbaum den *Ausblick aus dem Atelier* (Nr. 272) wieder: der Kontakt mit der Außenwelt reduziert sich auf den Blick aus dem Atelierfenster über die benachbarte Dachlandschaft (mit dem charakteristischen Schornsteinpaar, das in so vielen Brüsseler Bildern auftritt).

s. Abb. S. 168

s. Abb. S. 166

›Rue Archimède 22, 5 Mars 1942‹ lautet die Bezeichnung auf der Bleistiftstudie *Der Mann auf dem Baum* (Nr. 264) und gibt damit nicht nur das Entstehungsdatum, sondern gleichzeitig auch den Ort des Geschehens an. Erneut ein Ausblick aus dem Atelier, diesmal auf den Hinterhof des Hauses. Mauern durchziehen den ohnehin spärlichen Hof, dem jegliches Leben fehlt. Inmitten des Hofes ragt ein Baum auf, entastet, nur noch toter Stamm. Ein Mann hat ihn erklettert, um an seinem oberen Ende ein langes Seil anzubringen. Ganz offensichtlich ist der Zusammenhang mit dem motivgleichen Bild *Gefängnishof* (Nr. 263) des gleichen Jahres: die vergitterten Fenster des gegenüberliegenden Hauses verstärken noch das Gefängnishafte des Ausblicks und deuten zugleich die Lage des Künstlers.

s. Abb. S. 167

Gliederpuppen, 1943 (WV Nr. 269) ▷

Stilleben mit Puppe und Tennisschläger, 1943 ▷
(WV Nr. 275)

23.3.1947

Der Mann auf dem Baum, 1942 (WV Nr. 264)

    Welchem Zweck die Hantierungen des Mannes auf dem Baum dienen, bleibt unklar. Unklar auch, ob es sich um die Darstellung eines realen Geschehens oder um Fiktion handelt. Für das letztere spricht die Tatsache, daß Hofmauer und toter Baumstamm auch Bestandteile des *Selbstbildnisses mit Judenpaß* (Nr. 278) s. Frontispiz von 1943 bilden. Gefängnis mündet in Deportation. In einem zur Vision gesteigerten Bild nimmt der Maler sein eigenes Schicksal voraus.

◁ *Stilleben mit Flasche und Krügen, 1943 (WV Nr. 273)*

Die Küche im Versteck, 1943 (WV   Nr. 271)

Zeichnung und Vorzeichnung

Die Werke vom März 1943 sind für uns zugleich Anlaß, noch einmal auf Felix Nussbaums Zeichnungen einzugehen. Sie sind autonom und von hoher Qualität. Das *Stilleben mit Flasche und Krügen* (Nr. 273), ganz in der strengen Sachlichkeit eines Alexander Kanoldt, nur mit Blei und einer Partie in Kohle gegeben, läßt, wie so viele Arbeiten Nussbaums, das Papier mitsprechen. Blei- und Kohlestift streichen leicht über das Papier hinweg und betonen so dessen Körnung, die den dargestellten Gefäßen ihren Oberflächenreiz verleiht. Ganz anders spricht das Papier in der *Küche im Versteck* (Nr. 271) mit: Weite unbearbeitete Leerflächen stehen gegen mit Kohle schattierte Bildteile. Tusche-bahnen setzen den räumlich modellierten Partien freie Akzente in der Fläche gegenüber. Leicht, wenn auch prägnant angedeutete Motive (wie z. B. der

Wasserhahn am rechten Bildrand) konkurrieren mit voll ausgefertigten Teilen (wie z. B. dem Hocker).

Nussbaum beherrscht nicht nur die handwerklichen Mittel, er setzt sie in seinen Zeichnungen auch oft überlegter und durch Kontrastwirkung lebendiger ein als in seinen Gemälden. Weil der Zeichner Nussbaum dem Hang des Malers zum Aus- und Fertigmalen, zur Überfüllung nur selten nachgibt, kommt seinen wenigen erhaltenen grafischen Arbeiten – bei allem Vorbehalt – oft die stärkere künstlerische Kraft zu.

Neben den selbständigen Zeichnungen finden sich in Nussbaums Werk auch immer wieder (und in der Spätzeit zunehmend häufiger) grafische Arbeiten, die als Vorstudien zu Gemälden gedacht sind. Jürgen Serke schreibt in seiner Rezension der Karlsruher Ausstellung ›Widerstand statt Anpassung. Deutsche Kunst im Widerstand gegen den Faschismus‹: »Auffallend in der Ausstellung: Es gibt nur wenige Ölgemälde. Die in Deutschland gebliebenen Maler, deren Werke unter das Signum ›entartete Kunst‹ gefallen waren und die Berufsverbot hatten, benutzten die Ölfarbe nicht, um nicht durch deren Geruch bei plötzlichen Inspektionen durch die Gestapo Hausdurchsuchungen zu provozieren. Wie sie, so verlegten auch die emigrierten Künstler – immer in der Fluchtsituation – ihre Arbeit auf Graphiken. Zu den wenigen Ausnahmen von der Regel gehört (. . .) Felix Nussbaum. (. . .) In seinem Versteck entstanden Ölbilder. «

Rezension der Ausstellung: ›Widerstand statt Anpassung‹, in: ›Stern‹, Nr. 5, 24. 1. 1980, S. 98 ff.

Zwei Mädchen vor einer Mauer, 1941 (WV   Nr. 255)

Trotzdem: die Zeichnung besitzt für Nussbaum einen hohen Stellenwert. Sehr häufig klärt er die Bildidee zuerst in einer exakten Zeichnung ab, läßt oft noch eine farbig angereicherte Fassung folgen, bevor er die Arbeit am Gemälde beginnt. So ist uns eine Bleistiftzeichnung von 1941 erhalten, kennzeichnenderweise *Entwurf für ein Gemälde* (Nr. 258) betitelt, die einen genau überlegten Aufriß eines verschollenen Gemäldes vermittelt. Wie mit dem Silberstift gezogen, ist in rein fließenden Linien exakt jedes Einzelmotiv umrissen. Dem linearen Gefüge sind feinste Kreuzschraffuren beigegeben, die ansatzweise auf die plastische Gestaltung des Gemäldes hinweisen. Mit dem gleichen unerbittlich harten Stift zeichnet Nussbaum die *Verzweifelten Frauen* (Nr. 254) als Vorstudie zu *Zwei Mädchen vor einer Mauer* (Nr. 255) von 1941. Ein weich gehandhabter Bleistift deutet gleichzeitig etwas von der Tonigkeit des Gemäldes an.

Beispiele dieser Art lassen sich vermehren. 1940 (noch unter dem frischen Eindruck des Lagers Saint-Cyprien) zeichnet Nussbaum in virtuoser Mischtechnik die *Lagersynagoge* (Nr. 250), die ohne jede Abänderung in das gleichnamige Ölbild (Nr. 251) von 1941 übernommen wird. Ein weiteres Werk, welches das Lagererlebnis aufarbeitet, die *Gefangenen in Saint-Cyprien* (Nr. 266) von 1942, zeigt den Weg der Bildfindung noch deutlicher auf. Der ersten Ideenskizze in Blei, noch von 1940, folgt eine aquarellierte Fassung, später dann die Detailzeichnung *Kauernder* (Nr. 265). Sie korrigiert nicht nur Proportion und Körperhaltung der Einzelfigur aus der rechten Bildhälfte, sondern verstärkt darüber hinaus noch die expressive Kraft der Gestalt, indem sie die umhüllende Decke weiter über den gesenkten Kopf hinauszieht. Andere Detailzeichnungen mögen dem Gemälde, das gegenüber der ersten zeichnerischen Fassung in vielen Bereichen entscheidend abgeändert ist, vorausgegangen sein.

s. dazu die Zeichnungen WV   Nr. 248, 249

Das *Geheimnis* (Nr. 230) von 1939 bietet ein besonders instruktives Beispiel. Schon die kleine Kohleskizze *Schweigen* (Nr. 183) auf der Rückseite eines großformatigen Blattes von 1936 greift das Thema des gebieterisch vor den

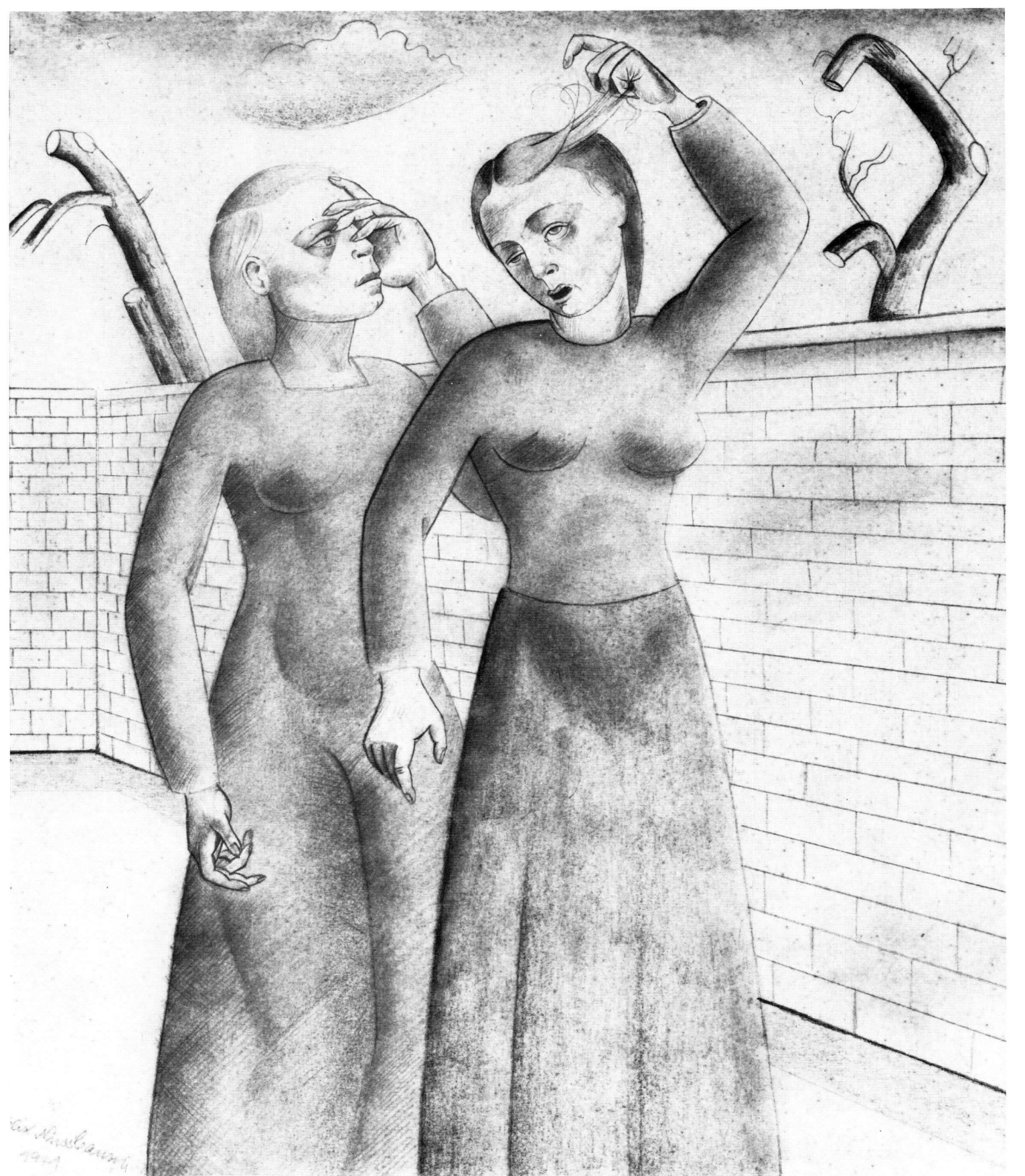

Das Geheimnis (1), 1939, Bleistift und Gouache (WV   Nr. 229)

◁ *Verzweifelte Frauen, 1941 (WV   Nr. 254)*

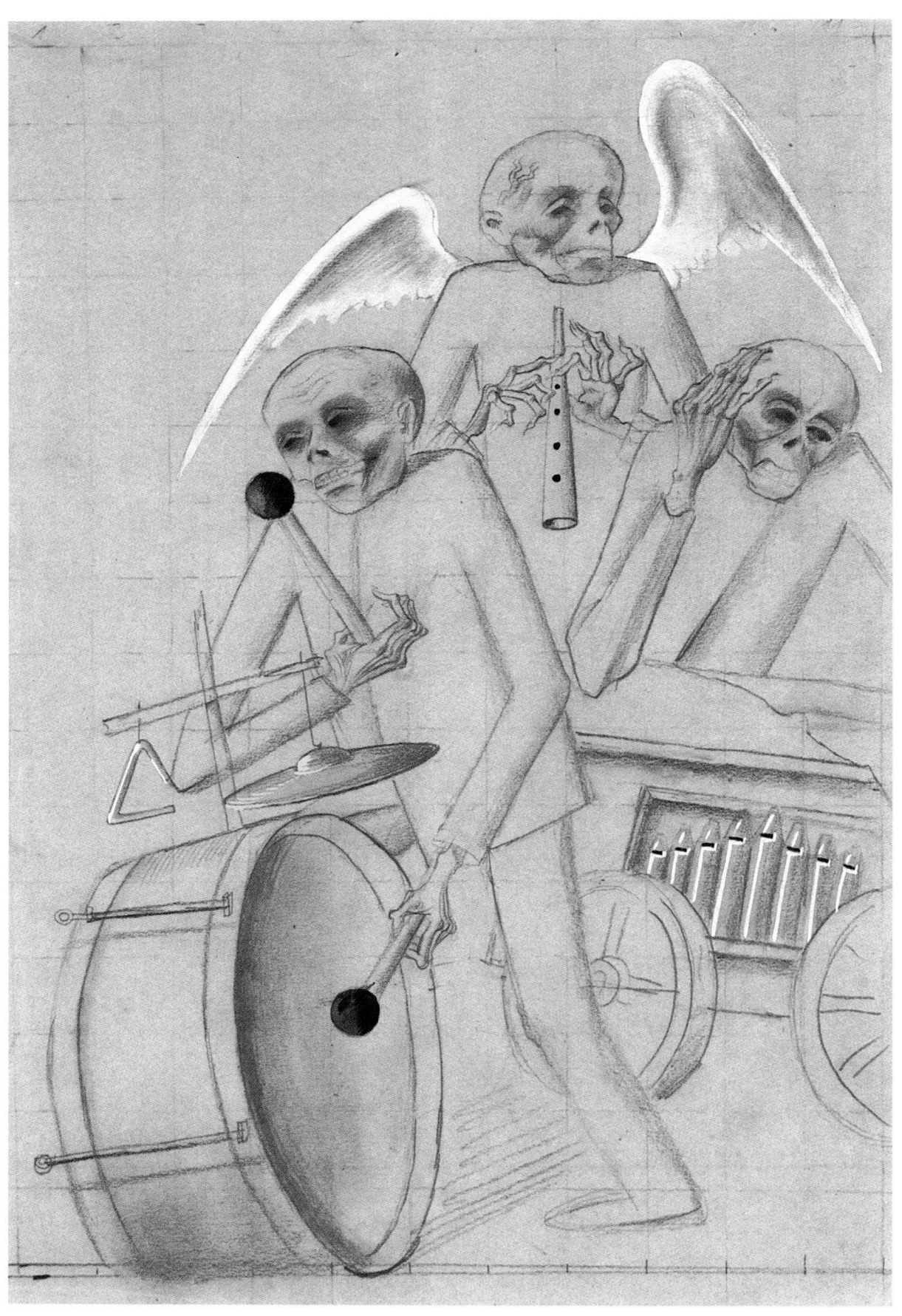

Die Gerippe spielen zum Tanz (2), um 1944, Bleistift und Gouache (WV Nr. 285)

Mund gelegten Fingers auf, das eine zentrale Stelle im Gemälde einnimmt. 1939 präzisiert Nussbaum die Bildidee in der Vorzeichnung (Nr. 229). Das Blatt zeigt, unterhalb der eigentlichen Darstellung, gewissermaßen als erste Stufe, eine aus Dreiecken und Kreisen bestehende rohe Kompositionsskizze. Darüber die eigentliche, äußerst sorgfältige Zeichnung. In der dritten Stufe arbeitet Nussbaum dann durch partienweise Aquarellierung die Farbwerte so exakt heraus, daß das Gemälde fast fertig vor uns steht.

Auch dem letzten Werk Nussbaums, dem Gemälde *Die Gerippe spielen zum Tanz* (Nr. 286) geht eine bis in die kleinste Einzelheit genaue Vorzeichnung voraus (Nr. 284) (daß der Maler dann den Vordergrund umarbeitete, ändert s. Abb. S. 181 nichts an ihrem Stellenwert). Hinzu kommt als weitere Annäherung an die Bildidee eine Zeichnung, die ein Detail heraushebt, weniger um Korrekturen anzubringen, sondern vielmehr als letzte Vorstufe zum Bild. Der Karton ist für die Übertragung auf die Leinwand quadriert (Nr. 285).

»Ich habe gezeichnet, das sichert gegen Tod und Gefahr«, schreibt Max Beckmann, untergetauchter Verfolgter wie Nussbaum, in sein Tagebuch. Akkuratesse der Zeichnung, strengstes Arbeiten als Mittel gegen Einsamkeit, Gleichgültigkeit und Verzweiflung – Nussbaum hat es bis zum letzten Tag praktiziert. Vor Gefahr und Tod hat es ihn nicht retten können.

Motive und Symbole

Gegen Ende immer mehr in die Enge getrieben, im letzten erhaltenen Werk gar völlig aus dem Bild eliminiert, war der Mensch dennoch stets das bevorzugte Thema Felix Nussbaums. Selten hat er Naturlandschaften gemalt; Landschaft war für ihn immer Stadtlandschaft, von Menschenhand geordnete und von Menschen bewohnte Natur. Der Mensch im Mittelpunkt: eine Zeitlang versteckt hinter Masken, verschleiert durch Kostümierungen oder gar durch Gliederpuppen ersetzt.

Porträt eines Unbekannten, 1941 (WV Nr. 260)

Um 1940 stehen die banalen Dinge des Alltags stellvertretend für den Menschen. Die Zahl der Stilleben nimmt zu. Immer stärker zieht sich Felix Nussbaum auf seine engste, unmittelbarste Umgebung zurück, um bald darauf noch einmal – um so deutlicher – für den verfolgten Menschen klagend und anklagend Partei zu ergreifen. Auf dem *Porträt eines Unbekannten* (Nr. 260) von 1941 sitzt ein Mann, auf einen Tisch gestützt, die Rechte an die gefurchte Stirn gehoben. Seiner linken Hand ist ein welkes Blatt entfallen. Neben ihm liegt ein geschlossenes Buch. Karl Hofer hat in seinem ›Übersetzer‹ gezeigt, wie man auch ein stilles Bild (durch nach außen abgeschirmte Fenster; durch das ein Schreiben verdeckende Buch) politisch aufladen kann. Nussbaums Bild bleibt im Privaten, in Melancholie und untätiger Resignation befangen.

Das welke Blatt ist eines von den innerhalb der verschiedenen Motivkomplexe ständig auftauchenden Leitmotiven. Welke Blätter, Blüten an geknicktem Stiel, hängende Blumenstengel, gekappte und kahle Bäume – ihr Symbolwert ist ganz offensichtlich und uns schon oft begegnet. Als Vergänglichkeitssymbole in einer jahrhundertelangen Tradition der Malerei sind sie leicht aufzuschlüsseln, ebenso lassen sich die oft dargestellten Masken, teils zu Stilleben arrangiert, teils

Karl Hofer, Der Übersetzer, 1937

menschlichen Gesichtern vorgebunden, noch relativ leicht enträtseln. Fast schon zu deutlich in ihrer Sinngebung drängen sich dagegen die häufig auftauchenden Särge, Skelette, Stricke und Galgen auf. Und immer wieder, von den frühen bis zu den spätesten Bildern, Mauern und Straßen. Die Straßen, anfangs reine Vedute, entwickeln sich stärker und stärker zu alles in ihren Sog ziehenden Straßenfluchten. Die Mauern, die Nussbaum so häufig und gern benutzt, um seine Werke bildparallel nach hinten hin abzuschließen, zwängen den Menschen immer mehr ein, nehmen ihm Raum und Aussicht und drängen ihn zunehmend auswegloser in die Ecke.

Häufig benutzte Stimmungswerte verstärken diesen Grundton. Melancholie und Pessimismus sind die vorherrschenden Stimmungsakkorde, häufig vorgetragen mit Hilfe der Symbolik des Patomimischen: trauriges Dastehen, Hocken, Kauern, überlängte Gliedmaßen (wie z. B. in *Jaqui* [Nr. 283] und den *Gefangenen von Saint-Cyprien* [Nr. 266]). Gegen Ende des Œuvres wird die Symbolik des Zitats immer deutlicher: die Handhaltung Felix Nussbaums in seinem *Selbstbildnis mit Judenpaß* (Nr. 278) entspricht derjenigen auf mittelalterlichen Heiligendarstellungen. *Die Gerippe spielen zum Tanz* (Nr. 286) ist nicht nur in der Bildanlage – die Morbidität des Irdischen als sichtbare Realität im Skelett – sondern auch in der altmeisterlich-genauen Ausführung jedem mittelalterlichen Totentanz an die Seite zu stellen.

Häufig ist der Kunst des antifaschistischen Widerstandes der Vorwurf gemacht worden, sie sei manieristisch, benutze wahllos alle ikonographisch verwendbar erscheinenden Perioden und entlehne von überall her ihre symbolhaft überzogene Gleichnissprache. Die ›Sieben Todsünden‹ des Otto Dix, Albert Birkles Kreuzigungen, die Elemente des mittelalterlichen Totentanzes, die Kurt Magritz als Kennzeichnung und Vorhersage der Zeit mehrfach gebraucht, Hans Grundigs Tryptichon ›Das Tausendjährige Reich‹ stehen für viele. Auch Nussbaum reiht sich hier ein. Aber trifft dieser Vorwurf? Ernst Ludwig Kirchner, von den Nationalsozialisten im Schweizer Exil in den Selbstmord getrieben, gibt Antwort: »Ich wähle Szenen aus der Apokalypse, das paßt gut in unsere Zeit.«

All diese Bildrequisiten sind noch weitgehend erklärbar und erfahrbar. Was aber bedeuten die ständig zu beobachtenden karierten Geschirrtücher, die in Porträts, Stilleben und Stadtlandschaften oft genug auftreten? Sind sie lediglich einige der wenigen ›Modelle‹, die dem Maler immer zur Verfügung stehen, oder verschlüsselte Erinnerung an den häuslichen Bereich, Zeichen der familiären Bindung? – Was verbirgt sich hinter den papiernen Schalltrichtern, die auf den späten Figurenkompositionen so häufig zu sehen sind? Handelt es sich nur um eine nicht näher zu deutende Vereinfachung, oder verbirgt sich auch darin ein bestimmter Sinn? Verstärkter Anruf aus der Vereinzelung, verzweifelter Schrei um Hilfe?

Bei intensiver Betrachtung von Nussbaums Arbeiten stellt man fest, daß gewisse Motive sich häufig wiederholen. Eine zufriedenstellende Interpretation jedes einzelnen Motivs ist nur schwer möglich. Sie soll hier auch gar nicht geleistet werden, sondern der Imagination des Betrachters überlassen bleiben. Ein Motiv jedoch, das im Rahmen des Spätwerks auffallend stark hervortritt, deutet uns der Künstler selbst: das Fenster. In *Selbstbildnis mit Felka Platek* (Nr. 268), in *Jude am Fenster* (Nr. 279), in *Trauerndes Paar* (Nr. 280), in den Ausblicken aus dem Atelierfenster über Hof und Dächer manifestieren sich im Gegensatz von Zimmer und offenem Fenster seelische Kontraste. Seelische Kontraste, von

Werner Vordtriede kommt in seinem Beitrag ›Vorläufige Gedanken zu einer Typologie der Exilliteratur‹ (in: ›Akzente‹, H. 15, 1968, S. 568) zu dem Schluß, daß »die Sprache des Exilierten zwei äußerste Möglichkeiten kennt, die sich bedingen: das Verstummen und das Pathos«.

174

denen auch in der einzigen schriftlichen Äußerung, die wir von Felix Nussbaum aus seinen letzten Lebensjahren kennen, die Rede ist. Um die Mitte des Jahres 1944 dankt er in einem menschlich äußerst anrührenden Brief (seinem letzten?) dem Ehepaar Blum für dessen Hilfe: »Was Sie von uns erbitten, ist, – ›daß wir gut essen‹. Wie schön, rein und einfach ist so ein Satz. Ich möchte ihn herausschreien in alle Welt, daß sein Echo im Labyrinth niemals verstumme! Und ich werde es über Seiten hin den Lesern meines noch unvollendeten Romanes erzählen, – denn in den letzten Kapiteln desselben sind viele finstere, fensterkarge Zimmer, in welche die Sonne doch dann und wann einige ihrer erwärmenden Strahlen hereingluten läßt.

Es ist ja nicht nur das unsrige Zimmer, in welches Sie (...) hineinblicken, um sich davon zu überzeugen, ob der Tisch auch gedeckt ist, – sondern es sind derer viele. – Zimmer und Stuben, deren Bewohner Sie nicht einmal bei Namen kennen. (...) Wieviel Licht bricht da ein in die Finsternis – wie bejahend wird dann das Leben trotz seiner gefahrdrohenden Abgründe, unergründlichen Meere, seiner Klippen, seiner dornigen Blumen, – daß ich Ihnen doppelt Dank schulde, insofern Sie, liebe Freunde, meinem Roman zu den vielleicht empfundensten Momenten verhalfen.«

Man scheut sich, einen solchen zutiefst privaten Brief zu analysieren, sieht sich aber dennoch dazu gezwungen, denn diese Zeilen sagen nicht nur über den Menschen, sondern auch über den Künstler Felix Nussbaum mehr als viele Dokumente aus. Elf Jahre vorher, in Rom, hatte Nussbaum einen Roman zu schreiben begonnen. Nun redet er von den letzten Kapiteln des noch unvollendeten Werkes. Wie so viele Emigranten wollte offensichtlich auch er den Roman des Exils schreiben. Diese Tatsache zeigt, wie bewußt er die Jahre der Bedrohung erlebt und zu verarbeiten gesucht hat. Er hat diesen Roman geschrieben –

Der Brief trägt kein Datum, wird aber von den Empfängern (die freundlicherweise eine Kopie zur Verfügung stellten) in diese Zeit datiert.

in seinen Bildern! Mit den gleichen Vokabeln, mit den gleichen Metaphern, mit dem gleichen Erlebnishintergrund. Finstere und fensterkarge Zimmer, in denen das Leben sich hilflos und angstvoll eingesperrt sieht; Zimmer, durch deren Fenster dennoch gelegentlich Licht in die Finsternis einbricht; Zimmer und Fenster bilden den Grundton des späten Werkes: Hilflosigkeit, Klage, Anklage, vereinzelt aufkeimende Hoffnung und Angst.

Klage und Anklage

Felix Nussbaum lebte und arbeitete in ständiger Angst. Kaum noch etwas war von dem heiteren und sorglosen Menschen von einst geblieben. Seine immer beklemmender werdenden Bilder sind der sichtbare Beweis. Die Realität, die er anfangs nur an ihrer harmlosen Oberfläche fassen konnte, später als Problem begriff, hat den Maler eingeholt. Das Leben wird zum Alptraum, dem Nussbaum seine Bilder entgegenzusetzen sucht. Von Melancholie überschattetes Dasein ist – neben anderem – das Thema etlicher Werke des Vorkriegsexils. Nun greifen Klage und Anklage um sich. In fast allen Bildern der letzten Jahre sind Tod und Vernichtung gegenwärtig.

Schon im farbig sehr delikaten *Jungen Paar* (Nr. 259) von 1941 greift der traurige Ton des Bildes den Klang der Flöte auf und setzt ihn in malerische Werte, in die Farbmusik schwarz-grünlicher Akzente um. Ähnlich das *Trauernde Paar* (Nr. 280) von 1943: einheitliches Fahlblau bildet den Grundakkord der Verlorenheit. Dadurch, daß die Figuren am unteren Bildrand angesiedelt sind und von der großen Leerfläche der Wand förmlich erdrückt werden, erhält dieser

s. Abb. S. 190

Gefangene in Saint-Cyprien (3), 1942 (WV Nr. 266)

176

Eindruck noch Verstärkung. Beide Werke bieten ein Bild der Melancholie und veredeln die Trauer in Gefühligkeit und Wohlklang als »großen Glanz von innen«. Kein Aufbegehren, keine Anklage gegen die barbarischen Urheber dieses bedrückenden Daseins.

Dennoch führt ein Weg von diesen Bildern zu den schärferen und engagierteren Formulierungen der allerletzten Werke. Bei genauerem Hinsehen erkennt man in *Die Verdammten* (Nr. 282) von 1943/44 die Frau aus dem *Jungen Paar,* zerschundener und zerschlagener, ohne ästhetisierende Ummantelung, in der zentralen Frauengestalt wieder. Der Flötenspieler kehrt als musizierender Todesengel im letzten erhaltenen Bild *Die Gerippe spielen zum Tanz* (Nr. 286) noch einmal zurück. Übernommene figurale Erfindungen stehen jetzt in einem anderen Zusammenhang und erlangen stärkeren Aussagewert – über die private Gefühlsempfindung hinaus.

Anonyme Zeichnung aus einem KZ

Trotz allem: Felix Nussbaum kann nicht aus seiner künstlerischen Haut. Er allegorisiert, benutzt symbolische Verschlüsselungen und kunstgeschichtliche Standardfloskeln zur Umschreibung einer mit den Mitteln der Kunst kaum zu erfassenden Vernichtungswelt. Oft läuft die Anklage ins Leere, da sie nicht konkret ihre Gegner sucht, sondern auf dem Umweg über ästhetisierende Normen vorgetragen wird. Die kunstlose Zeichnung eines Ghetto- oder Konzentrationslagerinsassen kann stärker und bewegender sprechen als das von zuviel Kunstwollen beladene Werk Nussbaums.

Ein Beispiel: Mit dem Bild *Gefangene in Saint-Cyprien* (Nr. 266) von 1942 nimmt Nussbaum – was sonst selten bei ihm zu finden ist – eine konkrete Situation zum Anlaß seiner Darstellung. In dem falschen Glauben aber, daß Überhöhung eines Gegenstandes ins ›Allgemeingültige‹ auch größere Aussagekraft mit sich bringt, stellt Nussbaum nach den kompositorischen Bedürfnissen eines Malers ein kunstvolles Arrangement – aus Gefangenen eines Internierungslagers! Keine Individuen, keine im Leid zerstörten Menschen, Typen posieren als Welthaltungen um einen aus Stacheldraht, Holz und Blech selbstgefertigten Globus. Um drei bildfestigende Figuren (ein fragender, nach dem Sinn dieses Elends suchender Jüngling schließt das Bild nach links ab – ein drängend Aufbegehrender bildet die Mitte – die totale Verschlossenheit eines Verzweifelten rundet das Bild nach rechts) sind in rhythmischer Folge weitere gruppiert. Keiner steht in Kontakt zum anderen, jeder ist isoliert. Nur einer noch blickt hoffend, aufbruchbereit mit geschnürter Habe: Felix Nussbaum selbst, mit Hut und Stock auf sein Entkommen anspielend. Was Nussbaum hier liefert, ist eine Umschreibung, keine treffsichere oder betroffen machende Beschreibung.

Noch einmal Peter Weiss zu dieser Krise der Malerei: »Gerüchte von Massenerschießungen und Konzentrationslagern drangen über die Grenzen, Ströme von Flüchtlingen kamen (...), Wogen von Selbstmorden breiteten sich (...) aus, und der deutsche Kriegsführer versprach in schreienden Reden, daß die Entscheidung bald fallen werde. Wie konnte es noch möglich sein, in dieser Bedrängung zu arbeiten. War nicht (...) jede Farbe, die auf eine Leinwand gesetzt wurde, eine Vermessenheit angesichts des Leidens, für das es keine Begrenzung mehr gab.« Weiss zog die Konsequenz und hörte auf zu malen. Nussbaum aber gewinnt der Katastrophe noch ein paar Hieroglyphen ab.

Weiss, a. a. O., S. 76

Dieses Phänomen mangelnden Reflexionsvermögens über die verwendeten bildnerischen Mittel läßt sich oft genug bei Nussbaum nachweisen. Wie aber sollte er auch die einmal fraglos aufgenommenen, traditionellen Mittel überprüfen? Kein kritischer Anstoß ist wahrscheinlich in die gänzliche Abgeschnitten-heit seines Verstecks gedrungen. Aufgewachsen in einer ungebrochenen Welt, im Bannkreis von Bestätigung und Behütung, ist Felix Nussbaum, als diese Welt zusammenbricht, nicht fähig, in Ansätzen erkennbares Nachdenken über die möglichen Mittel der künstlerischen Bewältigung durchzuhalten. Aus zufälligen Zitatfunden im Werk anderer entwickelt er keine neuen Zeichen.

Der Glaube an die symbolische Ausdeutbarkeit des Weltgeschehens, an eine über allem Terror festgefügte Ordnung (ob jüdisch-religiös oder bildungsbür-gerlich bedingt) war für Nussbaum letztlich unanfechtbar. Dieser nicht gelöste Zwiespalt macht Teile seines Werkes bei aller vorhandenen Qualität letztendlich oft so anfechtbar. Felix Nussbaum bekommt das Thema von Verfolgung und Leid nicht immer in den Griff. ›Redende‹ Hände, Galgenstrick und Blitz, die Masse der *Vertriebenen* (Nr. 252) von 1941, schicksalhaft in der zerstiebenden Pusteblume in der Hand des Knaben chiffriert: das sind unangemessene Darstel-lungsmittel. Kaltblütiger Völkermord einer Tötungsbürokratie läßt sich – wenn überhaupt – so nicht festhalten. Genausowenig das menschliche Leid des Einzelnen.

Der von Untergang und Katastrophe überfallene letzte Überlebende, der *Orgelmann* (Nr. 276) von 1943, sinniert ohne Aufbegehren, ja sogar ohne

Orgelmann, 1943 (WV Nr. 276)

Karl Hofer, Mann in Ruinen, 1937

178

Die Vertriebenen, 1941 (WV Nr. 252)

Abstumpfung durch das überreich angehäufte Grauen vor sich hin. Die reine Pose der sinnenden Nachdenklichkeit (das gleiche Gesicht taucht übrigens in gleicher Pose in den *Verdammten* [Nr. 282] wieder auf) entspricht humanistischem Bildungsgut. Eine Drehorgel aus Menschenknochen, geknickte Fahnenstangen, zerfetzte Pestfahnen, leere Fenster, aufgerissene Straßen, zerborstene Säulen, blutbeschmierte Wände und Skelette sind zwar Attribute der Vernichtung, ergeben aber kein Gesamtbild, schon gar nicht ›neuzeitlicher‹, anonymer Mordmechanik. Nussbaum häuft Symbole und Stimmungsträger an und ist dadurch in Gefahr, das Ganze der Bildorganisation aus dem Auge zu verlieren. Im Gegensatz zu dem Werk Nussbaums ist bei Karl Hofer der letzte Überlebende in den Bildzusammenhang eingebunden: farbig den Ruinen gleich, der

s. Farbtafel S. 188/189

›Mann in Ruinen‹ selbst zur Ruine geworden, nur mühsam noch Halt findend, die Augen ebenso leer wie die Fensterhöhlen.

Solche Bilder Nussbaums zeigen im Grunde nichts anderes als private Melancholie, ins Allgemeine gehöht. Keine direkt zielende Anklage, kein Haßausbruch. Als einzig sichtbare Tendenz bleibt dem im Grunde seines Wesens immer noch unpolitischen Felix Nussbaum die Solidarisierung mit den Opfern und die Trauer über ihr (und sein eigenes) Geschick.

Erst unmittelbar vor dem Ende hat er sich der Tatsache gestellt, daß die Welt und mit ihr die bürgerliche, der er entstammt, dem Tod geweiht ist. Die s. die Farbtafeln S. 188/189 und 182 *Verdammten* (Nr. 282) von 1944 bilden so etwas wie eine Summe seiner bisherigen Bemühungen; sein letztes erhaltenes Bild *Die Gerippe spielen zum Tanz* (Nr. 286) (unten rechts findet sich auf dem Kalenderblatt das Datum 18. 4. 1944) setzt einen Endpunkt.

Zweierlei fällt zu diesem Zeitpunkt an Nussbaums Werken auf: die Tatsache, daß die *Gefangenen in Saint-Cyprien* (Nr. 266), das *Selbstbildnis mit Felka Platek* (Nr. 268) und der *Orgelmann* (Nr. 276) den eigenhändigen Vermerk »unvollendet« oder »unfertig« tragen und die lange Arbeitszeit an *Die Verdammten* (Datierung »43/5. 1. 1944«). Warum nun plötzlich so viele unvollendete Bilder auftreten, wird schwer zu ergründen sein. Daß Nussbaum zur Zeit der Entstehung dieser Werke auf der Flucht vor der Gestapo die Wohnung wechseln mußte, sogar mit dem Gedanken gespielt hat, in den Maquis zu gehen, reicht zur Erklärung nicht aus. Schlagen sich hier Zweifel an den eigenen Fähigkeiten oder – wahrscheinlicher – das Gefühl für die Ohnmacht der Kunst nieder?

In den *Verdammten* (Nr. 282) sucht der Maler noch einmal die Summe seines Lebens und Schaffens zu ziehen. Neben kunstgeschichtlichen Zitaten wie Segensgestus (links unten), Beweinung (rechts unten) und Golgatha (in der Vorzeichnung) treten viele Eigenzitate auffallend hervor. Es scheint, als ob Nussbaum sich vorgenommen hat, vier vorangegangene Werke zu einer endgültigen Fassung zu verschmelzen. So bildet er sich selbst in einer exakten Übernahme des *Selbstbildnisses mit Judenpaß* (Nr. 278) noch einmal ab – auch hier in eine ausweglose Ecke gedrängt; nun aber nicht mehr allein, sondern sich einreihend in die Schar der Verfolgten. Die zentrale männliche Figur ist in enger s. Abb. S. 178 unten Anlehnung an den *Orgelmann* (Nr. 276) von 1943 gestaltet. Auch der *Jude am Fenster* (Nr. 279) wird, in Typus und Kopfhaltung gleich, erneut benutzt (in der Gestalt links von der zentralen Doppelfigur). Und die Gestaltung des rechten s. Abb. S. 157 Bildrandes folgt – in der Vorzeichnung – exakt dem Werk *Einsamkeit* (Nr. 262) von 1942.

Die Paraphrase der eigenen Bilderfindungen und die Solidarität mit den Opfern lassen dieses Bild als Kulminationspunkt der sich addierenden Vorstellungen erscheinen. Ein irritierender Zufall verstärkt diesen Eindruck noch: Die Särge, die am rechten Bildrand von Skeletten herbeigetragen werden, sind numeriert – 25367 und 25368 steht darauf. Was Nussbaum weder abschätzen noch wissen konnte, wir wissen es heute: Die Zahlen auf den Särgen entsprechen der Zahl der ermordeten belgischen Juden – es waren rund 25000.

Den absoluten Schlußstrich setzt das letzte Werk *Die Gerippe spielen zum Tanz* (Nr. 286), kurz vor Nussbaums Deportierung entstanden und, wie einige nicht überarbeitete Partien vermuten lassen, nicht endgültig abgeschlossen.

Wie auf mittelalterlichen Totentänzen musizieren in apokalyptischer Landschaft mehrere fetzenhaft bekleidete, vermummte Skelette über dem Abfall und

Die Gerippe spielen zum Tanz (1), um 1944, Bleistift (WV   Nr. 284)

Müll des zerstörten ›Abendlandes‹. Auch hier wird menschliches Leid nicht sichtbar, dennoch überzeugt der Rückgriff auf die kunstgeschichtliche Formel des Totentanzes. Vor dem Hintergrund von Kriegen und Seuchen breitet sich im späten Mittelalter die Darstellung des Totentanzes über ganz Europa aus. Das Thema erscheint in drei Abwandlungen. Der Tod – als Skelett – fordert Vertreter aller Stände und Lebensalter zum Tanz und ruft sie damit aus dem Leben ab. Der Tod, ohne das Motiv des Tanzes, tritt in einem dramatischen Ringen einer Einzelperson gegenüber. Der Tod als triumphierender Reigen von Skeletten: nach dem Volksaberglauben steigen die Abgeschiedenen in Vollmondnächten aus den Gräbern und führen Tänze auf. Nussbaum greift die letztere Form auf und steigert sie zu einem Endpunkt. Menschliches Antlitz findet sich nur, bis zur Grimasse entstellt, in den Papierdrachen am Himmel. Dort sind sie ebenso dem Wind anheimgegeben wie der Rauch aus den Krematorien von Auschwitz...

Schwarze Todesengel und Skelette beherrschen die Szene. Die Menschheit hat sich selbst vernichtet. Nichts bleibt von ihr. Eine zertrümmerte Justitia, eine keine Zeit mehr anzeigende Uhr, ein zerstörter Globus stehen für das Weltende. Alle Hervorbringungen menschlichen Tuns und Denkens sind dem Untergang ausgesetzt: Architektur, Dichtung, Theater, Technik und Forschung, Recht und Handel – alles vernichtet. Nur die Musik triumphiert in den Kakophonien der Skelette.

Auch die Malerei ist tot. Pinsel, Palette und Farbkasten, ein zerfetztes Bild (in der Vorzeichnung noch deutlich als Botticelli-Venus kenntlich) finden sich unter den angehäuften Symbolen der untergegangenen Welt. Die Malerei ist tot, alle Traditionsstränge sind endgültig abgeschnitten – aber Nussbaum malt dennoch

Die Gerippe spielen zum Tanz (3), 1944 (WV   Nr. 286)

Michael Wolgemut, Skelettreigen, 1493
Der Rückgriff auf die Tradition der Totentänze findet
sich nicht nur bei Nussbaum. Auch der bekannte
belgische Holzschneider Frans Masereel veröffentlicht 1941 einen Zyklus mit dem Titel ›Danse ma-
cabre‹.

und in bewußter Anknüpfung an kunstgeschichtliche Traditionen. Neben dem
mittelalterlichen Totentanz spielt auch das Motiv des Engelskonzertes mit
hinein. Die Anhäufung symbolträchtiger Gegenstände bezieht sich auf barocke
Huldigungsbilder. Und die Skelette sind wohl auch als Nachklang der Bildwelt
von James Ensor zu verstehen.

Mehr Vergangenheit transportiert wohl kein anderes Nussbaum-Bild. Es ist –
bis in die perfekte altmeisterliche Technik hinein – augenfällig der Tradition
verpflichtet, einer Tradition, deren Ende hier konzertant ›gefeiert‹ wird, ebenso
sarkastisch wie komödiantisch.

Es muß offen bleiben, wieweit Nussbaum überhaupt die Tragfähigkeit
überkommener Symbolsprache angesichts des Weltenendes reflektiert hat. Hier
bemüht er sich um eine emotionslose, klar distanzierte Sicht und vermag sie zu
einem bisher in seinem Werk unbekannten Grad zu steigern.

Vielleicht erklärt sich dieses Bild auch aus der persönlichen Situation des
Malers. Glaubte er schon, seinen Mördern zu entgehen (zur Zeit der Entstehung
des Bildes war die Niederlage der Hitlertruppen bereits abzusehen), und stellte
dieses Bild eventuell gar nicht ein zu befürchtendes Ende, sondern die Stunde
nach dem Ende dar? Die Frage bleibt ohne Antwort: Dieses große Bild wirft den

Betrachter, weil keine Kunst mehr folgt, zurück auf das persönliche Schicksal von Felix Nussbaum.

Er ist der nationalsozialistischen Mordwut zum Opfer gefallen. Auch der Künstler Nussbaum ging an ihr zugrunde. Die Gefährdung der Zeit zwang ihn, die freundliche Beliebigkeit seiner Bilder fallen zu lassen. Daß mit den Inhalten sich auch die formalen Mittel wandeln müssen, ist Felix Nussbaum zu wenig bewußt geworden. Seine Kunst ist daran zerbrochen. Neben einigen Bildern, die den Vergleich mit den qualitätvollsten Werken der Zeit zwischen den Kriegen nicht zu scheuen brauchen, stehen andere, die nicht überzeugen können. Erschütternde Zeugen des Terrors und des Hasses, der Zerstörung einer Person und eines ganzen Volkes; Dokumente der Beschämung, auch für die Nachlebenden, werden sie immer bleiben.

Selbstbildnis mit Judenpaß, um 1943 (WV Nr. 278)

Jude und Künstler

Felix Nussbaum ist mit Millionen seines Volkes ermordet worden. Hat er sich ihm auch zugehörig gefühlt? Orthodoxer Jude war er nicht. Seine Verbindung zum Judentum war eher lose. So griff er auch nur gelegentlich spezifisch jüdische Themen in seinem Werk auf. Die Erfahrungen des Exils haben ihn auch in dieser Hinsicht verändert, wie das Bild *Die Verdammten* (Nr. 282) zeigt, eines der letzten und wohl auch besten Werke der Spätzeit (aber was heißt schon Spätzeit bei einem, der nur 40 Jahre leben durfte!).

Vorab einige Bemerkungen zur malerischen Qualität des Bildes. Auch hier befremdet einiges: die Fülle von Symbolismen (wieder einmal Särge, Skelette, zerrissene Fahnen, Zeichnungen des Todes an der Mauer) ebenso wie die Mixtur kunstgeschichtlicher Standardfloskeln. Neben überzogenen Gebärden und gliederpuppenhaftem Ausdruck (die sich die Haare raufende, aufschreiende Frau am linken Bildrand) findet sich ergreifend und überzeugend Gemaltes. Die eigentliche Hauptgruppe der Verdammten, herausgehoben durch Bretterverschlag und Mauerecke, gehört zu den besten Darstellungen stumm ertragener menschlicher Pein, die auf uns gekommen sind. Der Mann im gelben Mantel und sein weibliches Gegenstück berühren nicht nur als zentraler Punkt des Bildes, voller Würde auch und gerade in der tödlichen Erniedrigung, sie bestechen vor allem in der Virtuosität der Malerei. Der packende Verismus in der Wiedergabe der Kleidung, die gekonnte Peinture von dünnem Farbauftrag, der die Struktur der Leinwand durchscheinen läßt, dichter Farbschmelz oder die Wirkung von aus der Farbmaterie herausgekratzten Flächen machen einige Nachlässigkeiten und expressionistische Relikte mehr als wett.

In dem Ton in Ton gehaltenen Bild fällt das farbig gestaltete Zentrum besonders auf. Ihm kommt spezielle Bedeutung zu. Welcher Art diese Bedeutung ist, sagt das Gemälde nicht mehr aus. Felix Nussbaums Hang zum Aus- und Fertigmalen, zur überfrachtenden Füllung eines Bildrahmens, zur ›Aufwertung‹ ins Allgemeingültige hat eine entscheidende Spur getilgt. In der Bleistiftskizze (Nr. 281) tragen die Verdammten noch den gelben Judenstern. In ihr reiht sich der Maler nicht nur in die Schar der Verfolgten, sondern bekenntnishaft in die Schar der verfolgten *Juden* ein, als einer seines Volkes.

Der Weg zu dieser deutlichen Identifikation mit dem Judentum wird schon früher, 1941, beschritten. Ein menschlich tief empfundenes Werk voll erlesener farblicher Delikatesse und kompositorischer Sicherheit steht am Beginn dieses Weges: die *Lagersynagoge* (Nr. 251). Monochromes gelbliches und schwärzliches Braun, ein dumpfer Grundton, aufgelockert nur durch das Weiß der Gewänder.

Die Lagersynagoge (2), 1941 (WV   Nr. 251)

Eine Wellblechbaracke (die behelfsmäßige Lagersynagoge von Saint-Cyprien) verstellt den Bildhintergrund. Lockere Teile des Daches akzentuieren jeweils die dargestellten Personen, wobei sicherlich auf die sich abwendende Einzelperson der Hauptakzent gelegt ist. Der Maler selbst, noch ungewiß in seiner Zugehörigkeit zum Volk seiner Väter? In voller Schönheit leuchten die Säume der Gebetsmäntel aus dem dunklen Bild heraus – wie ein Dennoch des Glaubens. Die Frage, wie er zu seinem Volk steht, hat Nussbaum hiermit erstmals nach langer Zeit wieder gestellt und entschieden beantwortet. In drei weiteren Werken (*Selbstbildnis mit Judenpaß* [Nr. 278], *Jude am Fenster* [Nr. 279] und *Jaqui auf der Straße* [Nr. 283]) wird das Bekenntnis zum Judentum immer intensiver.

Es ist ein oft zu beobachtendes Phänomen der neueren jüdischen Geschichte, daß ihrem Kulturkreis fast schon entfremdete, assimilierte Juden gerade in Zeiten der Not, gewaltsam auf ihre Herkunft zurückgedrängt, sich besinnen auf ihre Ursprünge, sich im offenen Bekenntnis solidarisch erklären mit der Gemeinschaft der Verfolgten. So ist z. B. Arnold Schönberg, der Leiter einer

Meisterklasse für musikalische Komposition an der Preußischen Akademie der Künste und berühmter Zwölftonmusiker, als er 1933 aus Deutschland emigrierte, wieder in die jüdische Gemeinde eingetreten, die er als junger Mann verlassen hatte. Albert Einstein, von Haus aus Freidenker, der seine jüdische Abstammung fast ganz vergessen hatte und keine Neigung zeigte, sich um religiöse Fragen zu kümmern, besann sich ebenfalls wieder darauf, daß er Jude war. Aufgeheizter Chauvinismus und immer lautstärker werdender Antisemitismus trieben ihn – ein Akt von Protest und Loyalität zugleich – auf die Seite der Verfolgten. Diese Beispiele ließen sich beliebig vermehren. Eines, da ebenfalls aus dem Bereich der bildenden Kunst, ist jedoch besonders aufschlußreich.

Ludwig Meidner, einer der grellsten Expressionisten der ersten Stunde, zieht sich plötzlich ganz von der Kunst zurück und sucht Halt und Kraft im Glauben seiner Väter. Dann – Anfang 1932 – setzt eine Reihe von Zeichnungen mit religiösen Motiven ein, die nicht mehr abreißen wird. Es fällt auf, daß er diese Arbeiten in hebräisch bezeichnet und signiert. Ächtung, Vertreibung, Peinigung der Juden werden am eigenen Leibe erfahren und angenommen. Meidner ist von Anbeginn als Außenseiter der bürgerlichen Welt angetreten. Die schwerste, da lebensgefährliche Außenseiterrolle eines offenen jüdischen Bekenners zur Zeit des Nationalsozialismus war ihm angemessener als dem durch und durch bürgerlichen Künstler Felix Nussbaum, den erst die Todesnähe wieder in die Arme seines Volkes zurückführte.

Mit *Jaqui auf der Straße* (Nr. 283) von 1944 gelingt Nussbaum ein bewegendes Porträt seines zeitweiligen Schicksalsgenossen im Versteck, eines siebenjährigen jüdischen Jungen. Ein einzelner, einsamer Junge steht im Mantel mit dem Judenstern, nur von einer nächtlichen Lampe beschienen, auf einer verlassenen, ummauerten Straße ohne Ausblick, ohne Leben. Die Bildkomposition stützt den Grundgedanken der Darstellung; Jaqui ist ausweglos eingezwängt in ein Netz von Vertikalen und Diagonalen. Und dennoch: wo Meidner absolut unästhetisch und gerade deswegen treffender arbeitet, kommt der bürgerliche Künstler Felix Nussbaum vom beschönigenden Farbschmelz nicht los. Er gibt mehr ein individuell-melancholisches Erinnerungsbild als adäquaten Ausdruck einer aussichtslosen Lebenssituation. (Gleiches gilt übrigens für den *Juden am Fenster* [Nr. 279].) Auf der einen Seite die Sehnsucht nach Schönheit, auf der anderen Seite die Alpträume, die angstvolle Vorahnung, die Vision der Katastrophe...

Auch der ganz persönliche Schmerz, die individuelle Trauer? Die Bilder, in denen sich der Judenstern als Dokument und Symbol zugleich findet, entstehen ab Mitte des Jahres 1943.

Im August 1943 zählen auch die Eltern und der Bruder zu den ›Verdammten‹: sie werden in Amsterdam verhaftet und zunächst in das holländische Konzentrationslager Westerbork deportiert. Felix Nussbaum – er hatte ja den intensiven Kontakt zum Vater nie abreißen lassen – kann und muß davon erfahren haben. Hat der tiefe persönliche Schmerz ihn geleitet, als er das *Selbstbildnis mit Judenpaß* (Nr. 278) und *Die Verdammten* (Nr. 282) malte? Sind das *Trauernde Paar* (Nr. 280) und der *Jude am Fenster* (Nr. 279) Gedächtnisbilder auf Eltern und Bruder?

Über das Memorial auf Jaqui, diesen sichtbaren Beweis des Mitleidens (gemalt auf eine ausgefranste, rundum durchlöcherte Holztafel, die wohl ehemals zu einem Möbelstück gehörte), geht das *Selbstbildnis mit Judenpaß* weit hinaus. Das künstlerische Mittel, eingesetzt im Augenblick tiefsten Erschrek-

Ludwig Meidner, Aushebung der Thorarollen, 1939/1940

s. Farbtafel S. 192

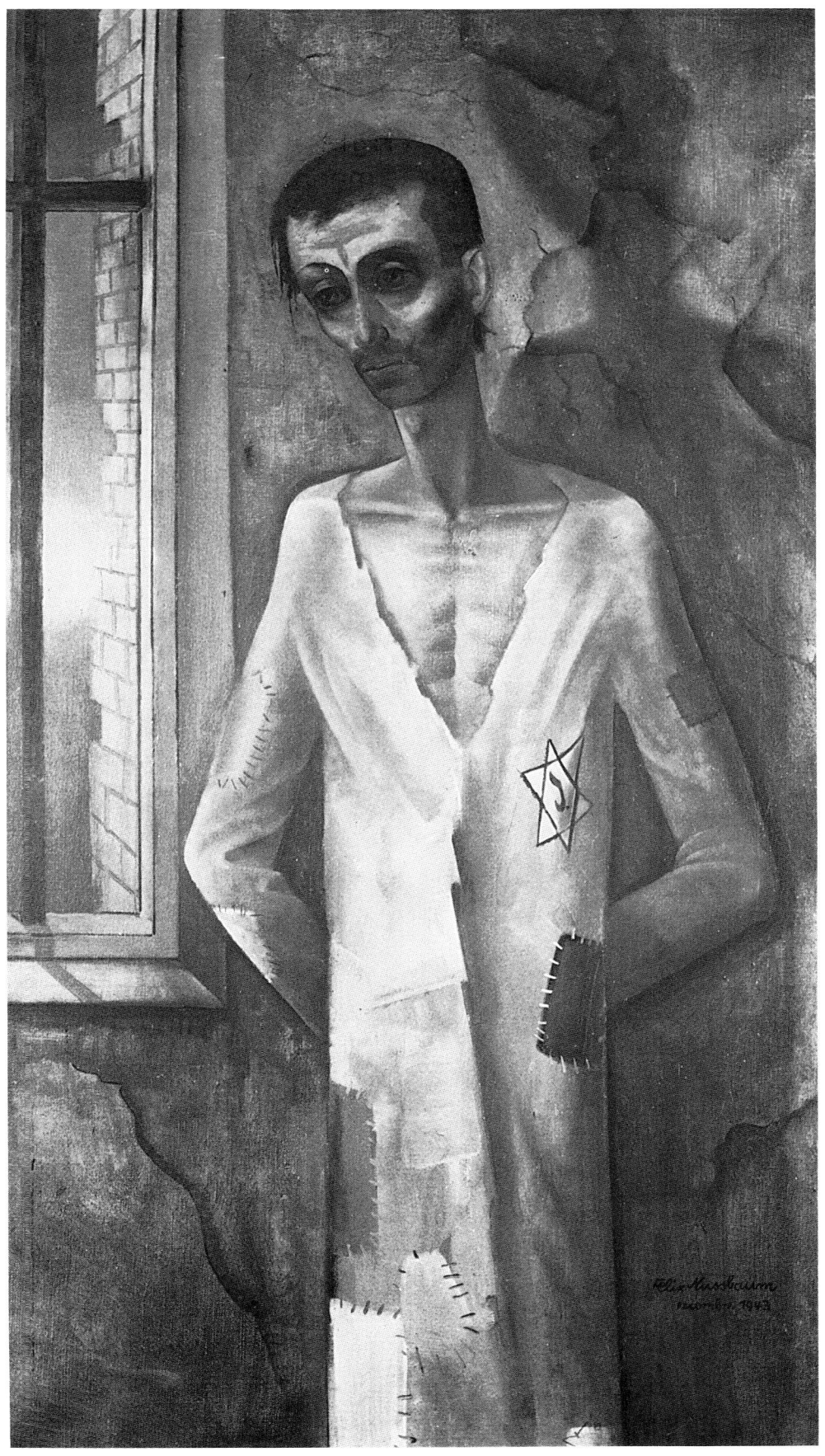

Jude am Fenster, 1943 (WV   Nr. 279)

Die Verdammten (2), 1943/44 (WV Nr. 282)

Trauerndes Paar, 1943 (WV Nr. 280) ▷

kens – dieses wohl überzeugendste Werk Nussbaums – ist zugleich das menschlich erschütterndste.

»Der Künstler seine Kainsmale präsentierend: Judenpaß und gelben Stern. Ausweiskontrolle vor sich selbst. Ein harter Blick voller Fragen, Anklage, Ungewißheit. Ringsum nur hohe Mauer und darüber ein schmaler Streifen Zuversicht: Vögel in den Wolken, ein Blütenzweig, Licht noch in einem Fenster. Selbstbildnis und Bild der Zeit.«

›Die Zeit‹, Nr. 7, 8. 2. 1980, S. 27

Seit seiner Rückkehr aus dem Internierungslager Saint-Cyprien hat Felix Nussbaum illegal im Versteck gelebt. (Der letzte Eintrag in die Akte der belgischen Fremdenpolizei zu seinen Lebzeiten stammt vom Ende des Jahres 1939; der Registrierung durch die nationalsozialistischen Besatzer hat er sich bewußt entzogen.) Er besaß keine gültigen Ausweispapiere mehr – also auch nicht das ›Kainsmal‹ des Judenpasses mit dem Stempel ›Juif-Jood‹. (Der mit dokumentarischer Deutlichkeit dargestellte Ausweis gibt seinen heute noch erhaltenen, 1937 ausgestellten und zu diesem Zeitpunkt längst abgelaufenen Fremdenpaß wieder. Nicht ganz unverändert: Das Paßfoto hat der Maler in Angleichung an sein Selbstporträt in der Wendung des Kopfes, zusätzlich ebenfalls mit Hut versehen, abgewandelt. Auch die Nummer des Passes entspricht nicht der Realität. Statt der Nummer des Fremdenpasses hat Felix Nussbaum – und das gibt dem Bild die entschieden politische Stoßrichtung – die Nummer 2985 seines natürlich ebenfalls längst ungültigen deutschen Reisepasses eingetragen.) Er, der Untergetauchte, trug nie einen gelben Stern. Nicht Dokument ist dieses Bild, sondern Fiktion. Daß der Künstler diese beiden Brandmale der Verfolgung nun unseren und den Blicken seiner Häscher offen entgegenhält, ist ein Akt symbolischen Widerstands und einer endgültigen Entscheidung. Der Künstler gibt Zeichen seiner ungebrochenen Selbstachtung, indem er sich durch persönliche Gesten zu seinem Volk bekennt und sich zugleich von seinem Geburtsland abwendet. Die Eintragung des Geburtsortes Osnabrück ist bis zur Unkenntlichkeit übermalt, die Nationalität »allemande« in »sans« abgeändert, der Judenstempel ist an seine Stelle getreten: Ausweiskontrolle vor sich selbst . . .

Der Anlaß des Bildes wird der tiefe Schmerz über das Leid von Eltern und Bruder gewesen sein: Kunst als persönliche Trauerarbeit, als menschliches Zeichen in unmenschlicher Zeit. Der bohrend visierende Blick voller Fragen, Anklage und Ungewißheit ist der Blick eines Menschen, der die Aussichtslosigkeit seiner Lage erkannt hat. Wie um die Ausweglosigkeit noch zusätzlich zu betonen, zeigt der Verfolgte sich deckungslos vor, nimmt die Gefahr auf sich, anhand der exakt wiedergegebenen Daten identifiziert zu werden. Der gehetzte Jude – das ist Felix Nussbaum selber, neben einen unheilkündenden Haken in den Winkel einer Mauer gedrängt, bedroht von einem dunklen Himmel, den Mantelkragen schutzsuchend hochgeschlagen, von Furcht bestimmt und sich dennoch an einen winzigen Hoffnungsschimmer klammernd. Selbstbildnis und Bild der Zeit: kein trotziger Widerstand (der sich eher zu verbergen gesucht hätte), sondern die Solidarisierung mit den Opfern, den Opfern seiner Familie und seines Volkes. Der Maler Nussbaum sieht sich, weil Jude, selbst als Opfer: die Identifikation mit dem Judentum und seinem Schicksal ist endgültig vollzogen.

1943 hat Felix Nussbaum dieses Bild gemalt. Ein Jahr später wird er gefaßt und in Auschwitz ermordet.

Jaqui auf der Straße,
1944 (WV   Nr. 283)

Abtransport in den Tod

Deportation

Im Juli 1942 erließ das Besatzungsregime Aufrufe an die arbeitslosen Juden (und arbeitslos waren fast ausnahmslos alle, da sie keine Arbeitserlaubnis erhielten), sich in Mechelen für »Arbeit im Osten« zu melden. Anfangs kam man diesen Aufrufen aus Unkenntnis nach. Erst als die Résistance eindringlich warnte und den wahren Zweck dieser Aufrufe enthüllte, tauchten die belgischen Juden wieder unter. Verschärfte Razzien waren die Folge.

Die Eisenbahnkonvois, die ab 4.8.1942 Mechelen mit Bestimmungsort Auschwitz verließen, waren für eine Massendeportation von Juden ohne Unterschied der Staatsbürgerschaft gedacht. Bis zum September 1943 gingen aus Mechelen 22 Transporte ab. In Viehwagen, in denen man jeweils 70 Menschen zusammenpferchte, wurden 25 000 Juden aus Belgien nach Auschwitz deportiert und ermordet. Nur 600 von ihnen haben Auschwitz lebend verlassen. Felix Nussbaum hat auch diese Deportationswelle noch überlebt.

Nach Auskunft von Willy Billestraet hatte Felix Nussbaum zwei Wohnungen in Brüssel. Billestraet erzählt: »Als wir 1944 noch einen jüdischen Jungen namens Jaqui bei uns versteckten, glaubte Felix Nussbaum, die Gefahr entdeckt zu werden, sei nun zu groß.« Jaqui hatte leichtsinnigerweise das Haus verlassen und war – wie in Friedenszeiten – zum Friseur gegangen. Von diesem befragt, warum er denn zu dieser Tageszeit nicht in der Schule sei, hatte der Siebenjährige geantwortet, er sei doch Jude und dürfe gar nicht in die Schule. Als Jaqui, unbehelligt von jeder Razzia, wieder in der Versteckwohnung eintraf, packte alle Anwesenden die Angst vor Entdeckung und Deportation. Jaqui wurde auf schnellstem Wege zu seinen Verwandten nach Paris zurückgeschickt, und Nussbaum suchte sich in aller Eile ein anderes Versteck.

Jahrelang hatten Felix und Felka Nussbaum erfolgreich alle Methoden des Überlebens praktiziert. Daß diese vergleichsweise harmlose Begebenheit zu einer so panikartigen Reaktion führte, scheint auf den ersten Blick unerklärlich. Zur Erklärung müssen einige Daten herangezogen werden.

Am 6. Juni 1944 setzten die Alliierten mit der Invasion in der Normandie zur Befreiung der besetzten westlichen Länder an. Berechtigte Hoffnungen auf ein baldiges Ende des Terrors regten sich bei allen, die bisher der Vernichtung entgangen waren. Auch Felix und Felka Nussbaum haben sicherlich aufatmend

»Es ist vorgesehen, ab Mitte Juli bzw. Anfang August dieses Jahres in täglich verkehrenden Sonderzügen zu je 1000 Personen zunächst etwa 40000 Juden aus dem besetzten französischen Gebiet, 40000 Juden aus den Niederlanden und 10000 Juden aus Belgien zum Arbeitseinsatz in das Lager Auschwitz abzubefördern, (...) Ich darf um gefällige Kenntnisnahme bitten und nehme an, daß auch seitens des Auswärtigen Amtes Bedenken gegen diese Maßnahme nicht bestehen.« Eichmann, RSHA, an Legationsrat Rademacher, Auswärtiges Amt, 22. Juni 1942

Schreiben an das Auswärtige Amt Berlin
Betr. Juden in Belgien:
»Auf Grund der in der Judenverordnung des Militärbefehlshabers vom 28.10.1940 enthaltenen Verpflichtung haben sich rund 42000 Männer und Frauen (über 16 Jahre) gemeldet. Hiervon waren 38000 nichtbelgische Staatsangehörige. Insgesamt dürften 52000–55000 Juden einschließlich der nichtmeldepflichtigen Kinder in Belgien gelebt haben. Hiervon sind 15000 Männer, Frauen und Kinder nach dem Osten abgeschoben worden. Weitere Transporte werden demnächst Belgien verlassen. Unter den Abgeschobenen befinden sich Staatenlose, ehemalige Deutsche, Tschechen, Polen, Holländer, Rumänen, Griechen, Slowaken, Russen, Norweger, Luxemburger, Kroaten und Angehörige der drei baltischen Staaten. Gleichfalls befinden sich auch einige Belgier hierunter, die deswegen verschickt werden, weil sie in der Öffentlichkeit den Judenstern nicht getragen haben.

Zunächst wurde ein ›Arbeitseinsatzbefehl‹ über die ›Judenvereinigung‹ den von der Abschiebung Betroffenen zugestellt. Da jedoch im Laufe der Zeit durch Gerüchte über Abschlachten der Juden usw. dem

Arbeitseinsatzbefehl nicht mehr Folge geleistet wurde, wurden die Juden durch Razzien und Einzelaktionen erfaßt. In der letzten Zeit sind illegale Abwanderungen nach Frankreich, insbesondere nach dem unbesetzten Gebiet und nach der Schweiz festgestellt worden. Vorsichtig geschätzt dürften etwa 3000–4000 Juden nach der Schweiz ausgewandert sein. Genaue Angaben lassen sich jedoch nicht darüber machen.«
gez. Bargen (Dienststelle des Auswärtigen Amtes, Brüssel, 11. 11. 1942; Nr. 2528/42g)

Am 15. 6. 1944 gibt der Beauftragte des Chefs der Sicherheitspolizei und des Sicherheitsdienstes in Brüssel zu Protokoll: »Trotz erheblicher Schwierigkeiten werden nach wie vor wöchentlich durchschnittlich 80–100 Juden festgenommen. (...) Das Aussetzen von Kopfprämien hat sich bisher gut bewährt.« In: Die Endlösung der Judenfrage in Belgien. Dokumente, hrsg. von Serge Klarsfeld und Maxime Steinberg, Paris/New York, o. J., S. 86 f.

Aus der Urteilsbegründung des Landgerichts Kiel im Prozeß gegen Kurt Asche (Mitarbeiter und zeitweise Leiter des Judenreferats in Brüssel) vom 8. Juli 1981, S. 53 f., 62 f.

Urteil gegen Kurt Asche, a. a. O., S. 46 f.

an ihre unmittelbar bevorstehende Rettung geglaubt. Um so größer muß der Schock der nochmaligen Gefährdung gewesen sein.

Am 20. Juli entging Hitler nur knapp einem Attentat deutscher Offiziere. Auch dies ein Zeichen der Hoffnung für die Verfolgten? Hoffnung verkehrte sich in ihr Gegenteil: zum Kreis des Widerstandes gehörte auch der deutsche Militärgouverneur in Belgien, General Alexander von Falkenhausen. Er wurde umgehend verhaftet, und alle Macht ging nun ungebremst in die Hände der SS über. Noch einmal – zum letzten Mal – setzte Himmler in brutaler Wut die Vernichtungsmaschinerie in Gang, bis die militärische Lage zur Einstellung der Deportationen zwang.

Zu den letzten Tagen Felix und Felka Nussbaums noch einmal die Stimme Willy Billestraets: »Nussbaum suchte sich in rasender Eile ein anderes Versteck, kehrte aber nach einigen Tagen wieder zurück und bat, weiter bei uns wohnen zu können. Doch dazu kam es nicht mehr. Bevor er wieder bei uns unterkam, wurde er im Vorort Tervuren in der Villa ›Quatre bras‹, die auch noch anderen Juden als Versteck diente, verhaftet.«

Mehr als elf Jahre ist es Felix Nussbaum und seiner Frau gelungen, unter faschistischer Bedrohung am Leben zu bleiben. Einen Monat vor der Befreiung Brüssels erfaßt auch sie die Mordmaschinerie.

»Unter Leitung von Mitarbeitern des Judenreferats und unter Mitwirkung von Spitzeln wurden Festnahmekommandos gebildet, die Tag und Nacht unterwegs waren, um Judenwohnungen ausfindig zu machen und Juden festzunehmen. (...) Die Kommandos ergriffen die Juden, wo sie ihrer habhaft werden konnten, sie schreckten auch nicht davor zurück, vor Judenschulen Eltern, Lehrer und Kinder festzunehmen oder vor Arbeitsämtern und den Lebensmittelkartenausgabestellen Verhaftungen vorzunehmen. (...) Die von den Festnahmekommandos verhafteten und bei Großaktionen festgenommenen Juden kamen zunächst in die Keller der Gebäude der SS in der Avenue Louise. (...) Im allgemeinen wurden die Verhafteten dann am nächsten Tag in das Lager Mechelen transportiert.«

Von diesem Sammellager, der Dossin-Kaserne (»besonders geeignet wegen ihres Gleisanschlusses«), gingen insgesamt 27 Transporte ab. »Vor dem Abtransport (...) hatten die für den Transport vorgesehenen Juden auf dem Innenhof der Kaserne zum Appell anzutreten. Sie trugen ein Pappschild, auf dem ihre Transportnummer stand. (...) In einen Güterwaggon wurden 80–100 Personen gepfercht. In den Waggons befanden sich ein Eimer und ein Besen als einzige Ausrüstungsgegenstände. (...) In den Bremserhäuschen der Güterwagen fuhren bewaffnete Mitglieder des Begleitkommandos mit. (...) Während der ca. 3 bis 4 Tage dauernden Transporte gab es nur selten etwas zu trinken oder zu essen. (...) Da sich in den Waggons nur ein Eimer für die Notdurft befand, bestanden nach kurzer Zeit unvorstellbare unhygienische Verhältnisse.«

Am 31. Juli 1944 geht aus Mechelen der letzte belgische Deportationszug mit 554 Männern, Frauen und Kindern ab. Die Häftlinge Nr. 284 und Nr. 285 heißen Felix und Felka Nussbaum. Am 3. August erreicht der Konvoi Auschwitz. 193 Menschen werden sofort in die Gaskammern geschickt. 223 Männer und 138 Frauen überleben – vorläufig – die Selektion an der Rampe.

Über das unermeßliche Leid von Felix Nussbaum und Felka Platek zu reden, müssen wir uns versagen. Was Auschwitz war, wissen nur die Häftlinge. Niemand sonst.

Auschwitz

Aus den Niederlanden und aus Belgien, aus Frankreich und Italien, aus den Balkanländern, aus Ungarn und Polen – aus allen Ländern, die von den nationalsozialistischen Aggressoren besetzt waren, wurden Juden nach Auschwitz deportiert. Die meisten Deportierten betraten das Lager erst gar nicht, sondern endeten – »direkt von der Rampe weg« – sofort in den Gaskammern.

Drei bis vier Millionen Menschen sind in Auschwitz bestialisch ermordet worden. Hinter dieser nackten Zahl verbirgt sich eine unmeßbare Fülle menschlichen Leids, und kein Wort ist imstande, das unfaßbare Geschehen auszudrükken. »Vor dem Lebenden verschließt sich, was hier geschah«, schreibt Peter Weiss in seinem Auschwitz-Bericht ›Mein Ort‹. »Der Lebende, der hier herkommt, aus einer anderen Welt, besitzt nichts als seine Kenntnisse von Ziffern, von niedergeschriebenen Berichten, von Zeugenaussagen, sie sind Teil seines Lebens, er trägt daran, doch fassen kann er nur, was ihm selbst widerfährt. Nur wenn er selbst von seinem Tisch gestoßen und gefesselt wird, wenn er getreten und gepeitscht wird, weiß er, was dies ist. Nur wenn es neben ihm geschieht, daß man sie zusammentreibt, niederschlägt, in Fuhren lädt, weiß er, wie dies ist. « Aus den Todeslagern drang kaum eine Nachricht nach außen. Von Felix Nussbaums Qualen in Auschwitz wissen wir nichts.

Einer, der Auschwitz, wenn auch nur für kurze Zeit, überlebt hat, der polnische Autor Tadeusz Borowski, gibt Zeugnis von dem grausamen Schock der Ankunft in Auschwitz, von der menschenverachtenden Präzision der Vernichtungsmaschinerie, die auch Felix Nussbaum ermordet hat.

»Aus den Waggons ergießt sich eine bunte Flut von Menschen. Noch bevor sie Zeit haben, sich an die frische Luft zu gewöhnen, noch bevor sie zu sich kommen, reißt man ihnen alles aus den Händen, zieht man ihnen die Mäntel aus, nimmt den Frauen Taschen und Schirme ab. Die Halde der weggeworfenen Sachen wächst. Koffer, Taschen, Bündel, Ranzen, Rucksäcke, Plaids, Kleider, Mäntel, Handtaschen, die sich geöffnet haben und aus denen bunte Banknoten hervorquellen, Gold, Uhren, Schmuck. Lastwagen, vollgestopft mit Menschen, fahren mit höllischem Getöse davon, weg von Tumult und Geschrei der Frauen, die nach ihren Kindern weinen, weg vom betretenen Schweigen der Männer, die plötzlich allein geblieben sind. Jene, die man nach rechts geschickt hat, sind jung und gesund. Die gehen ins Lager. Vom Gas werden sie nicht verschont bleiben, aber zuerst sollen sie arbeiten. Autos fahren und fahren, immer wieder kommen neue Wagen, wie auf einem endlosen Fließband. Pausenlos jagt der Rotkreuzwagen hin und her. Das große rote Kreuz auf der Motorhaube weicht in der Sonne auf. Unermüdlich ist der Wagen. Immer wieder leuchtet das rote Zeichen auf, unter dem man das Gas heranführt, mit dem Menschen vergiftet werden.

Die vom Kommando haben keinen Augenblick Zeit zum Verschnaufen. Sie trennen die, die ins Lager gehen, von den anderen. Sie schubsen die ersten auf die Lastwagen, sechzig Stück pro Wagen, ein paar mehr oder ein paar weniger, darauf kommt es nicht so genau an. Einfach so, plus-minus.

Neben ihnen steht ein SS-Mann. Er ist jung und glatt rasiert, hält ein Notizbuch in der Hand, macht für jeden Lastwagen einen Strich. Wenn sechzehn Lastwagen weggefahren sind, ist das Tausend voll, einfach so, plus-minus. Der

Ankunft der Juden in der Kaserne Dossin in Mechelen

Weiss, Peter: ›Mein Ort‹, in: Atlas, hrsg. von Klaus Wagenbach, Berlin 1965, S. 43

»Die Landung der Anglo-Amerikaner hat bei den Juden, wie nicht anders zu erwarten, große Freude ausgelöst. Sie glauben an einen anglo-amerikanischen Sieg. In fast allen Wohnungen der illegal lebenden Juden sind Wandkarten vorgefunden worden, auf denen der Frontverlauf eingezeichnet war und zwar stets der, wie er von der Feindseite aus angegeben wird. Hieraus kann gefolgert werden, daß die Juden nach wie vor über einen ausgezeichneten Nachrichtendienst verfügen.« So heißt es in den Meldungen aus Belgien und Nordfrankreich, Nr. 12/44, des Beauftragten des Chefs der Sicherheitspolizei und des SD aus Brüssel (zitiert nach: Klarsfeld/Steinberg, a. a. O., S. 86).

Tatsächlich machte sich keiner der Bedrohten Illusionen über das Bevorstehende, wie ein Artikel der Untergrundzeitung ›Le Flambeau‹ vom November 1943 zeigt: »Seit mehr als zwei Jahren werden die Juden in Belgien ausgerottet. Die Wirklichkeit hat das, was man sich unter dem Schrecken der Nazibarbaren vorstellen konnte, noch weit übertroffen. Es sind schon 22 Judentransporte abgegangen . . . Wohin? Was ist aus diesen Tausenden von Unglückseligen geworden? Diese bange Frage wird niemand beantworten können. Selten bringt hier und da ein kleines Wort, das viele Umwege gegangen ist, ein Lebenszeichen aus einem Konzentrationslager. Aber meist sind es tragische Nachrichten, die uns erreichen: Massenerschießungen, Vergiftungen durch Gas (. . .). Tagtäglich spielen sich Tragödien ab, die man gar nicht wiedergeben kann: Viele Familien werden auf die brutalste Weise zerstört. Eltern werden von ihren Kindern weggerissen und umgekehrt. In jedem Transport gibt es Greise, Kranke, Kinder, und man fragt sich zu welchem Zweck (. . .)«

junge Herr arbeitet ohne Hast, bedächtig und gründlich. Ohne sein Wissen und ohne seinen Strich fährt kein einziger Wagen davon. Ordnung muß sein.

Die Waggons sind leer. Ein SS-Mann blickt ruhig hinein, nicht angewidert, sieht uns an und winkt mit der Hand. ›Rein! Saubermachen!‹

Wir springen hinein. In den Ecken, zwischen den verlorenen Uhren und den Pfützen und Häufchen, die hier die Menschen hinterlassen haben, liegen totgetrampelte und erstickte Kinder, kleine häßliche Leichen mit riesengroßen Köpfen und aufgedunsenen Bäuchen. Wir tragen sie hinaus wie Hühner, zwei in jeder Hand. Die Menschen sind weg. Eine dicke Staubwolke wirbelt hinter dem letzten Wagen auf der Straße her, der Zug ist weggefahren. Jetzt müssen wir bloß noch alles das einsammeln, was auf den Gleisen herumliegt. Papier, Fetzen, alles, was als Abfall nach einem Transport übrigbleibt, damit keine Spur das ›dreckige Geschäft‹ verrät. Als wir endlich auch damit fertig sind und uns ein bißchen im Schatten ausstrecken wollen, pfeift hinter der Kurve eine Eisenbahn. Langsam, unendlich langsam schieben sich Waggons heran, ein langer, durchdringender Pfiff der Lokomotive zerreißt die Luft, hinter den vergitterten Fenstern drängen sich blasse, müde Gesichter, flach, wie aus Papier ausgeschnitten, mit übergroßen, fiebrig glänzenden Augen. «

Borowski, Tadeusz: Die steinerne Welt, München 1963, S. 90 ff.

Die Rampe von Auschwitz: Ankunft eines Transports

196

Diese Gesichter trugen Namen:

Philipp Nussbaum (am 8. Februar 1944 vom holländischen Lager Westerbork nach Auschwitz deportiert)

Rchel Nussbaum (am 8. Februar 1944 vom holländischen Lager Westerbork nach Auschwitz deportiert)

Justus Nussbaum (am 3. September 1944 vom holländischen Lager Westerbork nach Auschwitz deportiert, Häftlingsnummer B 9274. Am 28. Oktober 1944 nach Stutthof überstellt, Häftlingsnummer 100336. Am 7. Dezember 1944 gestorben)

Fajga Nussbaum (am 31. Juli 1944 aus dem belgischen Lager Mechelen nach Auschwitz deportiert)
Felix Nussbaum (am 31. Juli 1944 aus dem belgischen Lager Mechelen nach Auschwitz deportiert)

Einer von Millionen

Auschwitz war nur eines unter mehreren Todeslagern, neben Chelmno, Belzec, Sobibor, Treblinka und Maidanek. Hinzu kam die große Zahl der ›gewöhnlichen‹ Konzentrationslager, in denen die Häftlinge allein durch Unterernährung, Krankheit oder Selbstmord in großen Massen starben: Sachsenhausen, Belsen, Oranienburg, Buchenwald, Flossenbürg und Mauthausen.

Améry, Jean: Jenseits von Schuld und Sühne, München 1966, S. 125

Nur wenn auf einer, der seinen Seite Fremdheit und Mißtrauen bestehen bleibt, und, hierdurch geweckt, auf der anderen das Selbstmißtrauen, schreibt Jean Améry in ›Jenseits von Schuld und Sühne‹, würde das deutsche Volk empfindlich dafür bleiben, daß es ein Stück seiner Geschichte nicht von der Zeit neutralisieren lassen darf, sondern zu integrieren hat. »Zwei Menschengruppen, Überwältiger und Überwältigte, würden einander begegnen am Treffpunkt des Wunsches nach Zeitumkehrung und damit nach Moralisierung der Geschichte. (...) Nicht durch eine subjektiv fast immer dubiose und objektiv geschichtsfeindliche Versöhnlichkeit, sondern durch diese Forderung ... wäre Hitler zurückgenommen. Und am Ende wäre wirklich für Deutschland das erreicht, wozu das Volk einst nicht die Kraft oder nicht den Willen hatte (...): die Auslöschung der Schande. « Amérys Worte, Felix Nussbaums Leben und Tod müssen uns Mahnung sein.

Améry, a.a.O., S. 98 f.

Sein Werk muß uns Vermächtnis sein. Gerade auch in seinem Scheitern, gerade auch in der Frage nach den Gründen dieses Scheiterns. Noch einmal sei Jean Améry angeführt: »Im südfranzösischen Internierungslager saß damals auch, fast siebzigjährig, der zu seiner Zeit berühmte Lyriker Alfred Mombert und schrieb an einen Freund: ›Alles fließt von mir ab, wie ein großer Regen. Alles mußte zurückbleiben, alles. Wohnung, versiegelt durch Gestapo. Mitnahme von sage hundert Reichsmark war gestattet. Ich mit meiner 72jährigen Schwester samt der gesamten jüdischen Bevölkerung (...), samt Säugling und ältestem Greis binnen einiger Stunden zum Bahnhof, dann abtransportiert in ein großes Internierungslager. Ob Ähnliches je einem deutschen Dichter passiert ist?‹ Die fast unerträglichen Zeilen sind hier nur angeführt um des ersten und des letzten Satzes willen: zwischen beiden klafft ein Widerspruch, der die ganze Problematik unseres Exils enthält ... Alles floß ab wie ein großer Regen, damit hat es seine Richtigkeit. Die Vergangenheit des neuromantischen Lyrikers floß aus der Welt an dem Tag, da man einen Siebzigjährigen namens Alfred Israel Mombert deportierte und keine Hand sich erhob, ihn zu schützen. Und dennoch schrieb er, nachdem das nicht mehr Umkehrbare sich ereignet hatte, von sich als einem ›deutschen Dichter‹. Er hat in der Baracke des Internierungslagers, hungrig, von

198

Entwurf für ein Gemälde, 1941 (WV Nr. 258)

Ungeziefer bedrängt, vielleicht brutalisiert von einem ahnungslosen Gendarmen des Vichy-Regimes, unmöglich erkennen können, wozu viele von uns Jahre gesammelten Nachdenkens, Nachspürens nötig hatten: daß ein deutscher Dichter nur ein Mann sein kann, der nicht nur *in* Deutsch dichtet, sondern *für* Deutsche auf deren ausdrückliches Verlangen. Die Hand, die sich zu seinem Schutz nicht erhob, hat den Alten verstoßen. Die Leser von einst, die gegen seine Deportierung nicht protestierten, hatten seine Verse ungeschehen gemacht. «

Ob Felix Nussbaum zu der bitteren Einsicht Amérys gekommen ist, wissen wir nicht. Motive aus Osnabrück und Umgebung sind in seinem Frühwerk häufig zu finden. Auch in der Zeit des Exils bleibt er – über die Familie – seiner Heimatstadt verbunden. Noch 1941 zeichnet er, vor den faschistischen Truppen versteckt, im Hintergrund des *Entwurfs für ein Gemälde* (Nr. 258) eine Stadtlandschaft, die eindeutig als Ansicht von Johannisstraße und -kirche in Osnabrück auszumachen ist. Zwei Jahre später ist in dem *Selbstbildnis mit Judenpaß* (Nr. 278) die Eintragung des Geburtsortes auf dem Paß bis zur Unleserlichkeit verwischt. Eine Geste der Selbstbehauptung, so wie z. B. andere Emigranten stets ein Hitlerbild als ›Mittel gegen Heimweh‹ mit sich führten? Hat Felix Nussbaum zum Schluß die bittere Konsequenz Amérys gezogen?

Wir wissen es nicht. Aber wir wissen: Die Geburtsstadt hat ihn verstoßen oder doch zumindest keine Hand zu seinem Schutz erhoben. Immer wieder uns dessen zu erinnern, unsere Selbstbefragung und unser Handeln darauf auszurichten: das vor allem ist das Vermächtnis seines Werkes. – Es liegt an uns, sein Werk nicht ungeschehen zu machen.

Nachbemerkung

Juden und Deutsche besaßen einmal eine eng verzahnte, gegenseitig befruchtende Geschichte. Von ihr ist nichts geblieben. »Für uns Juden aus Deutschland ist eine Geschichtsepoche zu Ende gegangen«, schreibt der große deutsche Rabbiner Leo Baeck (der die Konzentrationslager überlebte). »Eine solche geht zu Ende, wenn immer eine Hoffnung, ein Glauben, eine Zuversicht endgültig zu Grabe getragen werden muß. Unser Glaube war es, daß deutscher und jüdischer Geist auf deutschem Boden sich treffen und durch ihre Vermählung zum Segen werden könnten. Dies war eine Illusion – die Epoche der Juden in Deutschland ist ein für allemal vorbei.«

Zitiert nach Christian Zentner: Anmerkungen zum Holocaust, München 1979, S. 119

Uns bleibt neben der Trauer nur die Pflicht, das Vergessen und Vergessenwollen nicht zuzulassen, das Schicksal der deutschen Juden und ihre Leistungen, die an ihnen verübten Verbrechen und die noch faßbaren Reste ihres kulturellen Erbes in Erinnerung zu rufen. Konrad Merz, ein deutscher Jude und Schriftsteller, der nach dem Reichstagsbrand in die Niederlande floh, die Verfolgung überlebte und nicht mehr nach Deutschland zurückkehrte (sein 1936 veröffentlichtes Hauptwerk trägt den bezeichnenden Titel ›Ein Mensch fällt aus Deutschland‹), gibt dieser Pflicht, dem Vergessen entgegenzuwirken, schmerzvollen Ausdruck: »Es leben zu viele tote Juden in Deutschland – auch wenn es dort jetzt weniger lebende Antisemiten geben sollte. Ich habe den Eindruck, daß die toten Juden, die in Deutschland leben, täglich weniger werden. Am Schluß wird es keine mehr geben. Und die lebenden Deutschen werden gar nicht merken, daß sie die toten Juden zum zweiten Mal umgebracht haben. Ach, könnte ich's noch erleben, daß Deutsche aufwachsen, die meinen Eindruck umbringen – und nicht die toten Juden!«

Aus: Fremd im eigenen Land. Juden in der Bundesrepublik, hrsg. von Henryk M. Broder und Michel R. Lang, Frankfurt/M. 1979, S. 291

Zu verhindern, daß der tote Jude Felix Nussbaum ein zweites Mal umgebracht werde, haben wir versucht, ein möglichst umfassendes Bild von Leben und Werk zu entwerfen. Leider mußte es gelegentlich bei Skizzen bleiben. Denn die Literatur über Nussbaum ist sehr gering an Umfang und dazu noch von äußerst unterschiedlicher Qualität. Mitteilungen von Freunden und Bekannten widersprechen teilweise den wenigen amtlichen Dokumenten. Viele Zeugenaussagen heben sich in den Details gegenseitig auf. Oft genug waren wir bei derart unsicheren Informationen auf Vermutungen angewiesen. Einige Kapitel wiederum sind von ihrer Datenlage her so gut abgesichert, daß die Relation von Umfang und Bedeutung nicht immer gewahrt werden konnte. Das auf diese Weise entstandene Lebensbild ist keineswegs so einheitlich und geschlossen, wie es zuweilen scheinen mag. Viele Fragen müssen offen bleiben.

Wenn daher ganze Partien dieses Buches mit der Bemerkung »Wir wissen es nicht« abschließen, so ist dies keine bloß rhetorische Floskel. Angesichts der gegenwärtigen Kenntnisse ist jedes Urteil über Nussbaum nur halb gültig. Auch dieses Buch muß sich daher als vorläufig verstehen. Es ist jederzeit korrigierbar.

Danksagung

Ohne die Hilfe zahlreicher Personen wäre diese Monographie nicht zustandegekommen. Auguste Moses, geb. van Dyk aus Ramat-Gan, Israel (eine Cousine des Künstlers) und Willy Billestraet, Kunsthändler in Brüssel (ein Sohn der Familie, bei der sich Nussbaum versteckt hielt), lieferten mit ihren detaillierten Angaben die Grundlage für unsere Nachforschungen. Sie waren stets zu Korrekturen und ergänzenden Auskünften bereit. Ihnen gilt unser besonderer Dank.

Viele Osnabrücker Bürger trugen durch mündliche Berichte dazu bei, ein Bild der Person Felix Nussbaums zu umreißen und einige bisher unbekannte Frühwerke seiner Hand für uns zu sichern.

In hohem Maße haben zwei Institutionen am Gelingen unseres Vorhabens Anteil. Der Leiter des Archivs der Preußischen Akademie der Künste in Berlin, Prof. Walter Huder, stellte uns sämtliche noch vorhandenen Unterlagen aus Nussbaums Akademiezeit zur Verfügung. Mit der gleichen Freundlichkeit überließ uns Frau Dr. Elisabeth Wolken, Leiterin der Deutschen Akademie Villa Massimo in Rom, alle noch greifbaren Dokumente aus Nussbaums römischer Zeit.

Mehrere Künstler, die mit Felix Nussbaum in Kontakt standen, waren uns bei der Ermittlung biographischer Daten und der Klärung strittiger Fragen behilflich. Wir nennen Rudi Lesser, Hermann Teuber, Karl Rössing und Arno Breker.

Viele weitere Beiträger, die hier nicht alle namentlich aufgeführt werden können, haben geholfen, das allmählich entstehende Bild von Leben und Werk Felix Nussbaums abzurunden. Stellvertretend für alle seien genannt: das Archiv der Préfecture de Pyrénées-Atlantiques in Pau, das Centre de Documentation Juive Contemporaine in Paris, das Consistoire Central Israélite de Belgique in Brüssel, der Internationale Suchdienst in Arolsen, die Kulturabteilungen der belgischen Botschaft in Bonn und der deutschen Botschaft in Brüssel, die Jüdischen Gemeinden in Osnabrück und Berlin, die Berlinische Galerie, das Yad Vashem Institut in Jerusalem, das Leo-Baeck-Institute in New York und nicht zuletzt das Kulturgeschichtliche Museum in Osnabrück.

Dennoch: diese Arbeit wäre – zumindest für die Exilszeit – Fragment geblieben, hätte uns nicht Hans Schoemann aus Brüssel immer wieder wertvolle Hinweise gegeben, für uns Recherchen angestellt und seinen Einfluß bei belgischen Organisationen geltend gemacht. Besonderer Dank gebührt auch Horst Vierkötter, der schon frühzeitig an der Arbeit großen Anteil nahm und jederzeit auf Wünsche und Anregungen einzugehen bereit war.

Zum Abschluß sei noch all denen gedankt, die zwar unserer Bitte um Auskunft nicht entsprechen konnten, aber um so tatkräftiger mitgeholfen haben. Gerade ihre spontane Bereitwilligkeit, andere Kontakte für uns anzuknüpfen, und ihr nachhaltiges Interesse haben uns über den langen Zeitraum der Entstehung dieses Buches immer wieder aufs neue ermutigt.

Anhang

Literatur

Die folgende Literaturliste verzeichnet im ersten Teil alle über Felix Nussbaum erreichbaren Titel, ohne dabei Anspruch auf Vollständigkeit zu erheben. Der zweite Teil nennt, geordnet nach den jeweiligen Kapiteln des vorliegenden Buches, eine knappe Auswahl, die lediglich Hinweise geben und zur weiteren Beschäftigung mit dem Thema anregen will. Auf Literatur zu einzelnen Künstlern und Personen der Zeitgeschichte wurde verzichtet.

1 Literatur zu Felix Nussbaum

In den führenden Kunstzeitschriften der Weimarer Zeit, Paul Westheims ›Kunstblatt‹ und Georg Biermanns ›Cicerone‹, wird Felix Nussbaum des öfteren erwähnt – wenn auch meist nur in Sammelbesprechungen oder Kritiken von Kollektivausstellungen.

Kunstblatt   Jg. 11, 1927, S. 318
                 (Kurzbesprechung der Nussbaum-Ausstellung in der Galerie Casper von Paul Westheim)
                 Jg. 12, 1928, S. 10
                 (Paul Westheim zählt Nussbaum zu den Hofer-Schülern in einer Sammelbesprechung der ›Ausstellung der jungen Maler und Bildhauer in der Deutschen Kunstgemeinschaft Berlin‹)
                 Jg. 12, 1928, S. 29
                 (Kritik einer Kollektivausstellung in der Galerie Nierendorf von Paul Westheim. Kurze Erwähnung Nussbaums)
                 Jg. 12, 1928, S. 122/123
                 (Bericht über das Preisausschreiben der Grafik-Zeitschrift ›Die Schaffenden‹ von Paul Westheim. Kurze Erwähnung Nussbaums)
                 Jg. 13, 1929, S. 9/10
                 (Kritik der ›Ausstellung der jungen Künstler‹ in der ›Modernen Galerie A. Wertheim‹ von Paul Westheim. Nussbaum ausführlich gewürdigt)

Jg. 14, 1930, S. 158
(Kritik des Zeichners Nussbaum anläßlich seiner Einzelausstellung in der Galerie Wertheim)
Jg. 15, 1931, S. 159

Cicerone   Jg. 21, 1929, S. 28 f.
(Kurze Erwähnung)
Jg. 21, 1929, S. 86
(Kurze Erwähnung in einem Bericht über die Ausstellung des ›Vereins Berliner Künstler‹)
Jg. 21, 1929, S. 143
(Kurze Erwähnung)
Jg. 21, 1929, S. 170
(Kritik anläßlich der Einzelausstellung in der Galerie Casper)
Jg. 21, 1929, S. 529
Jg. 21, 1929, S. 619
(Berichte über die ›Juryfreie Kunstschau‹ bzw. die ›Berliner Secession‹. Nussbaum kurz erwähnt)
Jg. 22, 1930, S. 202
(Ausführliche Besprechung)

Weitere Artikel in:

Aus alter und neuer Zeit. Illustrierte Zweiwochenschrift des Israelitischen Familienblattes Hamburg, Ausgabe Nr. 45, 27. 6. 1929 (der Künstler Nussbaum aus jüdischer Sicht)

Die Horen, Jg. 5, 1928/29, S. 789 ff.

International Conference on the Lessons of the Holocaust, Philadelphia, 18–20, October 1978, S. 101 ff.

Kunst der Zeit, 1930, S. 246 ff. (zwei längere Artikel von Willi Wolfradt)

Kunst und Künstler, Jg. 29, 1931, S. 248 ff.

Menorah, Jg. 8, 1930, S. 281 f. und S. 299 (Artikel des gleichen Autors wie in ›Aus alter und neuer Zeit‹ in leicht abgewandelter Form)

Schünemanns Monatshefte, 1929, S. 1001 ff.

Shoah, Vol. I, Nr. 2, New York, (Frühjahr 1978). S. 10 ff.

Art, H. 9, 1982, S. 66 ff. (Porträt des jüdischen Malers Felix Nussbaum im Kontext der Serie ›Künstler unterm Hakenkreuz(7), verfaßt von Peter Junk)

In den beiden wichtigsten Kunstnachschlagewerken finden sich kurze lexikalische Daten:

Thieme, Ulrich und *Felix Becker:* Allgemeines Lexikon der bildenden Künstler von der Antike bis zur Gegenwart, Leipzig 1931, Bd. 25, S. 539

Vollmer, Hans: Allgemeines Lexikon der bildenden Künstler des XX. Jahrhunderts, Leipzig 1956, Bd. 3, S. 497

Zwei Beiträge, die sich mit Nussbaum überwiegend lokalgeschichtlich (und, insbesondere Rabe, nicht fehlerfrei) befassen, finden sich in:

Kühling, Karl: Die Juden in Osnabrück. Osnabrück 1969, S. 103/104

Rabe, Hanns-Gerd: Osnabrücker Kunst und Künstler 1900–1970, in: Osnabrücker Mitteilungen, Bd. 81, 1974, S. 42–44

Ferner liegen folgende Kataloge vor:

Felix Nussbaum. 1904–1943. Gemälde aus dem Nachlaß, Ausstellungskatalog des
   Kulturgeschichtlichen Museum, Osnabrück 1971

Berlinische Galerie 1913–1933. Bestände: Malerei, Skulptur, Graphik, Berlin o. J.
   (um 1979), S. 171–173

Widerstand statt Anpassung. Deutsche Kunst im Widerstand gegen den Faschismus 1933–1945, hrsg. vom Badischen Kunstverein Karlsruhe in Zusammenarbeit mit Elefanten Press, Berlin 1980, S. 273 (mehrfache Erwähnung
   Nussbaums in Text und Bild)

Bilder sind nicht verboten. Eine Ausstellung zur Vertiefung des Dialogs zwischen
   Christen und Juden anläßlich des 87. Deutschen Katholikentages in Düsseldorf 1982, hrsg. von der Städtischen Kunsthalle Düsseldorf und dem Kunstverein für die Rheinlande und Westfalen, Düsseldorf 1982

Zwei Rezensionen der Karlsruher Ausstellung stellen u. a. Felix Nussbaum in
den Mittelpunkt:

Müller, H.-J.: Wer ist ein echter Antifaschist?, in: ›Die Zeit‹, Nr. 7, 8. 2. 1980, S.
   27

Serke, Jürgen: Die Bilder der Verfolgten, in: ›Stern‹, Nr. 5, 24. 1. 1980, S. 98 ff.

2 Literatur zu einzelnen Themenbereichen

Künstler und Jude

Elbogen, Ismar und Eleonore Sterling: Die Geschichte der Juden in Deutschland,
   Frankfurt/M. 1966
Kampmann, Wanda: Deutsche und Juden, Frankfurt/M. 1979
Roth, B. Cecil: Die Kunst der Juden, 2 Bde, Frankfurt/M. 1963/64
Sievers, Leo: Juden in Deutschland, Hamburg 1977

Kunst in der Provinz

Kühling, Karl: Die Juden in Osnabrück, a. a. O.
Rabe, Hanns-Gerd: Osnabrücker Kunst und Künstler, a. a. O.

Realismus zwischen den Kriegen

Bertonati, Emilio: Die neue Sachlichkeit in Deutschland, München 1974
Dreißiger Jahre, Die: Schauplatz Deutschland. Ausstellungskatalog des Hauses
   der Kunst, München 1977
Hartlaub, F. G.: Katalog der Ausstellung ›Neue Sachlichkeit‹, Mannheim 1925
Roh, Franz: Geschichte der deutschen Kunst von 1900 bis zur Gegenwart,
   München 1958
Roh, Franz: Nachexpressionismus – Magischer Realismus, Leipzig 1925
Schmied, Wieland: Neue Sachlichkeit und magischer Realismus in Deutschland
   1918–1933, Hannover 1969
Steingräber, Erich (Hrsg.): Deutsche Kunst der 20er und 30er Jahre, München
   1979
Tendenzen der Zwanziger Jahre. Ausstellungskatalog der 15. Europäischen
   Kunstausstellung, Berlin 1977

Wem gehört die Welt – Kunst und Gesellschaft in der Weimarer Republik, Ausstellungkatalog der Neuen Gesellschaft für Bildende Kunst, Berlin 1977

Jahre in Berlin

Berlinische Galerie 1913–1933. Bestände: Malerei, Skulptur, Graphik, a. a. O.

Südliches Zwischenspiel

Deutsche Akademie in Rom Villa Massimo 1914–1964. Geschichte und Gegenwart einer deutschen Auslandsstiftung, Rom 1964

Der verfolgte Künstler

Brenner, Hildegard: Die Kunstpolitik des Nationalsozialismus, Reinbek 1963
Hinz, Berthold: Die Malerei im deutschen Faschismus. Kunst und Konterrevolution, München 1974
Kunst im 3. Reich. Ausstellungskatalog des Frankfurter Kunstvereins, Frankfurt/ M. 1975
Mueller-Mehlis, Reinhard: Die Kunst im Dritten Reich, München 1976
Roh, Franz: Entartete Kunst. Kunstbarbarei im Dritten Reich, Hannover 1962
Wulf, Joseph: Die Bildenden Künste im Dritten Reich. Eine Dokumentation, Reinbek 1966

Im Exil

Um uns die Fremde. Die Vertreibung des Geistes 1933–1945, Berlin 1968
Walter, Hans Albert: Deutsche Exilliteratur 1933–1950, Bd. 2: Asylpraxis und Lebensbedingungen in Europa, Darmstadt 1972

Interniert in Frankreich

Kantorowicz, Alfred: Exil in Frankreich, Bremen 1971
Schramm, Hanna: Menschen in Gurs. Erinnerungen an ein französisches Internierungslager (1940–41), mit einem dokumentarischen Beitrag zur französischen Emigrantenpolitik (1933–1944) von Barbara Vormeier, Worms 1977

Leben im Untergrund

Kühn, Heinz: Widerstand und Emigration. Die Jahre 1928–1945, Hamburg 1980
Rings, Werner: Leben mit dem Feind. Anpassung und Widerstand in Hitlers Europa 1939–1945, München 1979

Jude und Künstler

Toll, Nelly: Without Surrender. Art of the Holocaust, Pennsylvania (Running Press) 1978
Widerstand statt Anpassung. Deutsche Kunst im Widerstand gegen den Faschismus 1933–1945, hrsg. vom Badischen Kunstverein Karlsruhe in Zusammenarbeit mit Elefanten Press, a. a. O.
Blatter, Janet und *Sybil Milton:* Art of the Holocaust, New York 1981

Auschwitz

Arendt, Hannah: Eichmann in Jerusalem, München 1965

Demant, Ebbo (Hrsg.): Auschwitz – ›direkt von der Rampe weg . . .‹ – Kaduk, Erber, Klehr: drei Täter geben zu Protokoll, Reinbek 1979

Hoess, Rudolf: Kommandant in Auschwitz, eingeleitet und kommentiert von Martin Broszat, Stuttgart 1961

Kogon, Eugen: Der SS-Staat. Das System der deutschen Konzentrationslager, Frankfurt/M. 1965

Konzentrationslager. Dokument F 321 für den Internationalen Militärgerichtshof – Nürnberg, hrsg. von Eugène Aroneanu, Nürnberg 1949

Langbein, Hermann: Menschen in Auschwitz, Wien 1972

Poliakov, Leon und *Joseph Wulf:* Das Dritte Reich und die Juden, Berlin 1955

Reitlinger, Gerald: Die Endlösung. Hitlers Versuch der Ausrottung der Juden Europas 1939–1945, Berlin 1956

Scheffler, Wolfgang: Judenverfolgung im Dritten Reich, Berlin 1964

Schoenberner, Gerhard: Wir haben es gesehen. Augenzeugenberichte über Terror und Judenverfolgung im Dritten Reich, Hamburg 1962

Selbstbildnis im Atelier, um 1939 (WV Nr. 226) ▷

Vorbemerkungen zum Werkverzeichnis

Das Werkverzeichnis umfaßt alle bekannt gewordenen Gemälde und Grafiken des Künstlers – annähernd 300 Werke, die, mit Ausnahme einer Jugendzeichnung von 1920, aus den Jahren 1925 bis 1944 stammen. Weitere Arbeiten waren für diesen Zeitraum von etwa 20 Jahren nicht namhaft zu machen.

Da Felix Nussbaum äußerst produktiv gewesen ist, muß ein wesentlich umfangreicheres Gesamtwerk als das hier aufgeführte vermutet werden. Große Teile des Werkes sind jedoch zerstört und etliche Bilder verschollen. So vernichtete ein Brand in Nussbaums Berliner Atelier um die Jahreswende 1932/33 mit ca. 150 Bildern fast das gesamte Frühwerk. Auch die Bilder, die sich in Philipp Nussbaums Amsterdamer Wohnung bis zu dessen Verhaftung und Deportation befanden, sind nicht mehr zu ermitteln; sie müssen als zerstört oder verschollen gelten. Einige weitere Werke sind nur noch durch Reproduktionen in zeitgenössischen Zeitschriften nachweisbar, manche gar nur als Erwähnung im Textzusammenhang einer Ausstellungskritik belegt.

Die Zufälle, die gelegentlich auf die Spur einiger Werke in Privatbesitz geführt haben, lassen auf weitere mögliche Zufallsfunde bisher noch unbekannter Werke schließen. Nussbaums Keramiken, von vielen Gewährsleuten bezeugt und auf Bildern selbst zitiert, blieben bis auf ein einziges Beispiel (ein bemalter Teller im Besitz der Witwe Dolf Ledels, Brüssel) unauffindbar.

Andererseits ist die Existenz einiger Werke durchaus bekannt, ohne daß jedoch Angaben über sie gemacht werden können. Nach Auskunft der Erben befinden sich drei Bilder in israelischem Privatbesitz. Bei Redaktionsschluß war es trotz intensiver Bemühung noch nicht gelungen, zu diesen Werken nähere Auskünfte zu erhalten. Gleiches gilt für drei Werke in belgischem Privatbesitz.

So kann dieses Werkverzeichnis keinen Anspruch auf Vollständigkeit erheben. Auch die einzelnen Angaben zu den ermittelten Werken haben gelegentlich fragmentarischen Charakter. Teilweise waren nicht nachprüfbare, spärliche Auskünfte der Besitzer die einzige Informationsquelle.

Die Auflistung der Werke folgt der chronologischen Ordnung. Soweit bekannt, werden folgende Daten angegeben:
Titel (Bildtitel in Anführungszeichen gehen auf Bezeichnungen des Malers zurück),
Entstehungsjahr (geschätzte Daten tragen den Zusatz ›um‹),
Künstlerische Technik und Bildträger sowie Format (bei Holz als Bildträger sind die Abmessungen auf die Tafel, bei Leinwand auf den Keilrahmen oder der sichtbaren Bildausschnitt bezogen. Höhe steht vor Breite),
Signatur, Datierung, Bezeichnung, Notizen zum Bildgegenstand (hier auch Verweise auf Literatur und Abbildungen),
Besitzvermerk und Standort, Herkunft (die Bemerkung ›aus dem Nachlaß‹ bezieht sich auf den Nachlaß Grosfils, welcher der Erbengemeinschaft zugesprochen wurde und den die Galerie Hasenclever, München, betreut).

Ein Teil der Angaben basiert auf denen des Kataloges der Osnabrücker Gedächtnisausstellung von 1971. Auf Verweise zu Nummern und Abbildungen dieses Kataloges wurde verzichtet.
Redaktionsschluß: Juli 1982. Nach diesem Zeitpunkt bekannt gewordene Werke finden sich im Nachtrag.

1 »Bleibe fromm«, 1920
Feder und Pinsel in Tusche, 24 × 16 cm
Signiert und datiert: Felix Nussbaum 1920 (rechts unten)
Bezeichnet: Bleibe fromm (am unteren Rand)
Ein bärtiger Jude, in den Gebetsmantel gehüllt, steht vor einem mit dem Davidstern geschmückten Rauchopferaltar. Aus dem Rauch, dessen Linien das Sternmotiv wieder aufnehmen, tritt ein bärtiger Prophetenkopf hervor. Den Altar flankieren reichornamentierte Säulen.
Erste erhaltene Arbeit Felix Nussbaums, gestaltet mit den Mitteln des Jugendstils.
Das Blatt trägt eine Widmung: »Alfred Gossels in steter Erinnerung zur Barmizwa gewidmet. Felix Nussbaum 31. Juli 1920.« Zusätzlicher Text: »Eigener Entwurf und Zeichnung« (auf der Rückseite).
Privatbesitz, Osnabrück
Geschenk des Künstlers

2 »Erinnerung an Grüssau«, 1925
Öl auf Leinwand, 85 × 63 cm
Signiert und datiert: Felix Nußbaum 1925 (rechts unten)
Bezeichnet: Erinnerung an Grüßau 1925 (auf der Rückseite)
Über die Ebene einer Vorgebirgslandschaft bewegt sich eine Prozession vom linken Vordergrund in die Tiefe des Bildes hinein. Der Himmel über dem hohen Horizont wird von der Sonne und konzentrischen Lichtringen beherrscht.

Neben der Tatsache, daß hier ein jüdischer Maler eine christliche Prozession zum Thema wählt, ist vor allem der auffallend starke Einfluß van Goghs bemerkenswert.
Walter Borchers schreibt zu diesem Bild: »Dynamik und Spannungsreichtum sind zweifellos Kennzeichen seiner Bilder. Die Pinselstriche sind kurz, fast zeichnerisch akzentuiert aufgetragen. Das Farblineament wird somit zum graphischen Gerüst des Bildgefüges und das Geschehen innerhalb des Bildrahmens von innen her bewegt und dramatisiert. Eigenwillig und kühn in der Konzeption ist sein Bild mit der Darstellung der Grüßauer Prozession. Im Vordergrund die dunklen Gestalten der Mönche, vom Rücken her gesehen, schräg in das Bild hineinstoßend das Gewimmel der Männer und Frauen, der Wallfahrer mit ihrer Fahne unter einem dämonisch bewegten, in vielen Kreisen ausstrahlenden Sonnenhimmel, der alles in seinen Bann saugt.« (Zitiert nach: Karl Kühling, Die Juden in Osnabrück, Osnabrück 1969, S. 103).
Privatbesitz Karl Albrecht, Osnabrück

3 »Rummelplatz«, 1925
Öl auf Leinwand, 79 × 63 cm
Signiert und datiert: Felix Nußbaum 1925 (links unten)
Bezeichnet: Rummelplatz (auf der Rückseite)
Auf einer Wiese am Stadtrand drängt sich um Karussells, Buden und Wohnwagen eine dichte Menge, die sich zum Vordergrund hin in einzelne Personen auflöst.
Abbildung in: Karl Kühling, Die Juden in Osnabrück, Osnabrück 1969, nach S. 104.
Privatbesitz Friedrich Harbsmeyer, Osnabrück
Erworben 1940. Vorbesitzer Wiking (Osnabrück), der das Bild vom Künstler erwarb

4 Bildnis eines Jünglings, um 1925
Öl auf Leinwand, 64 × 39 cm
Unsigniert
Frontales Brustbild mit dunkler Baskenmütze.
Kulturgeschichtliches Museum, Osnabrück
Leihgabe des Museums- und Kunstvereins Osnabrück
Aus dem Nachlaß

5 »Meine Mutter«, 1926
Öl auf Leinwand, 50 × 55 cm
Signiert, datiert und bezeichnet: Meine Mutter, Felix Nußbaum August 1926 (links unten)
Frontales Brustbild einer Frau mit dunklem Hut vor einem Fensterausblick. In der rechten unteren Bildecke ein Zinnienstrauß.
»Zu seinen feinsten Dichtungen jüdischen Klanges aber gehört das Bildnis seiner Mutter, in dem sich ganz die Mentalität des jüdischen Künstlers widerspiegelt«, schreibt Will Pless in: ›Aus alter und neuer Zeit. Illustrierte Zweiwochenschrift des Israelitischen Familienblattes Hamburg‹, Nr. 45, 27. Juni 1929 (mit Abbildung).
Kulturgeschichtliches Museum, Osnabrück
Aus dem Nachlaß

6 Inneres der Synagoge zu Osnabrück, auch »Die beiden Juden«, 1926
Öl auf Leinwand, 115 × 99 cm
Signiert und datiert: Felix Nußbaum 1926 (rechts unten)
Bezeichnet: Die beiden Juden (auf der Rückseite)
In den Bänken des hohen gewölbten Raumes sitzen oder stehen einige Gemeindemitglieder. Im Vordergrund, dem Beschauer zugewandt, die Brustbilder eines älteren bärtigen und eines jungen Mannes, der das Gebetstuch über den Kopf geschlagen hat: Porträts des Kantors Gittelsohn und des jungen Felix Nussbaum.
Will Pless schreibt zu diesem Bild (in ›Menorah, Jüdisches Familienblatt für Wissenschaft, Kunst und Literatur‹, Jg. 8, 1930, S. 281): »...ein interessanter Versuch, den westeuropäischen Juden in der Synagoge darzustellen. Ein Motiv, das in diesem Bild nicht gelöst ist, aber Anregung zur Arbeit auf einem Gebiete moderner jüdischer Malerei gibt, das bisher wenig beachtet wurde.«
In einem leicht abgewandelten Aufsatz des gleichen Autors in ›Aus alter und neuer Zeit. Illustrierte Zweiwochenschrift des Israelitischen Familienblattes Hamburg‹, Nr. 45, 27. Juni 1929 heißt es weiter dazu: »Ein psychologisch und malerisch sehr interessantes Motiv (...). (...) Nußbaums Bild enthält schon eine nicht uninteressante Andeutung der Psyche des westeuropäischen Juden (Alt und Jung), die einmal nicht in individuell-porträtistischen Köpfen, sondern in umfassenden, ins Große und Allgemeine gehenden Typen wiederzugeben, eine problemreiche Aufgabe moderner jüdischer Malerei sein könnte.« (Abbildung auf dem Titelblatt). Weitere Abbildung in Zvi Asaria: Die Juden in Niedersachsen, Leer 1979, S. 315.
Kulturgeschichtliches Museum, Osnabrück
Aus dem Nachlaß

7 Stilleben mit Zinnteller, 1926
Öl auf Leinwand, 83 × 52 cm
Signiert und datiert: Felix Nussbaum 1926
Hocker mit bemaltem Tonkrug. An der Wand lehnt ein Zinnteller.
Privatbesitz Schulamit Jaari, Beer-Turia, Israel
Eine Bildvorlage stand nicht zur Verfügung

8 »Häuser in Rothenfelde«, 1926
Öl auf Leinwand, 36 × 43 cm
Signiert und datiert: Felix Nußbaum 1926 (links unten in Schwarz) und Felix Nußbaum 26 (Mitte unten in die weiße Grundierung geritzt)
Bezeichnet: Häuser in Rothenfelde (auf der Rückseite)
Eine Straßenecke mit größeren und kleineren bäuerlichen Gebäuden in Rothenfelde bei Osnabrück. Mit diesem Gemälde beginnt eine umfangreiche Serie von Dorf- und Stadtlandschaften.
Kulturgeschichtliches Museum Osnabrück
Aus dem Nachlaß. Das Werk wurde während der Berliner Ausstellung des Kunstamtes Neukölln 1972 gestohlen und gilt seitdem als verschollen.

9 »Mühle in Ostfriesland«, 1926
Kaltnadelradierung, 10 × 14 cm
Signiert und datiert: Felix Nußbaum 1926 (rechts unten)
Bezeichnet: Mühle in Ostfriesland (links unten)
Dargestellt ist eine Windmühle mit einem Nebengebäude. Im Hintergrund ein Wasserlauf.
Das Blatt trägt eine Widmung: »Meinem lieben Georg Gossels zum Geburtstag. Felix. Berlin, den 1. März 1927.«
Privatbesitz, Osnabrück
Geschenk des Künstlers

10 »Packhaus«, 1926
Öl auf Leinwand, 70 × 52,5 cm
Signiert und datiert: Felix Nußbaum 1926 (rechts unten)
Bezeichnet: Packhaus Felix Nußbaum 1926 (auf der Rückseite. Die nähere Bezeichnung des Packhauses ist unkenntlich gemacht.)
An den Ecken einer schmalen Straße links ein großes Packhaus, rechts ein bürgerliches Wohnhaus (vermutlich am Falderntor in Emden).
Privatbesitz
Aus dem Nachlaß

11 »Straße in Greetsiel«, 1926
Öl auf Leinwand, 61 × 57 cm
Signiert und datiert: Felix Nußbaum 1926 (rechts unten)
Bezeichnet: Straße in Greetsiel Felix Nußbaum 1926 (auf der Rückseite)
Ein Mann geht über eine schmale Deichstraße, an die zu beiden Seiten kleine Fischerhäuser angrenzen.
Altonaer Museum, Hamburg
Aus dem Nachlaß

12 Am Sandpfad in Emden, 1926
Tempera auf Leinwand, 66,5 × 53,5 cm
Signiert und datiert: Felix Nußbaum 1926 (rechts unten)
Bezeichnet: 3 Emden Felix Nußbaum 1926 (auf der Rückseite)
Blick in eine Straße mit mehreren kleinen Häusern und einem Spaziergänger vor einigen Bäumen. An einer Hausecke vorn links ein Straßenschild ›Am Sandpfad‹.
Privatbesitz Fritz Wolf, Osnabrück
Aus dem Nachlaß

15 Häuser in Emden, um 1926/27
Öl auf Leinwand, 69 × 51 cm
Unsigniert
In der rechten Bildhälfte die Ecke eines stattlichen Wohnhauses mit einer hohen Vortreppe. Links neben einem Kanal ein großes Lagerhaus. Am Kanal entlang schreitet eine Gestalt auf den Bildhintergrund zu.
Privatbesitz Horst Vierkötter, Osnabrück

17 Gehöft am Rand einer Ortschaft, 1927
Öl auf Leinwand, 55,5 × 47 cm
Signiert und datiert: Felix Nußbaum 1927 (rechts unten)
An einer Straße liegt ein eingeschossiges Haus mit an der Rückseite weit heruntergezogenem Dach.
Kulturgeschichtliches Museum, Osnabrück
Aus dem Nachlaß

13 »Häuser am Deich«, um 1926
Kaltnadelradierung, Maße unbekannt
Signiert: Felix Nußbaum (rechts unten)
Bezeichnet: Häuser am Deich (links unten)
Zu Füßen des Deiches ein Fischerhaus mit Nebengebäuden, vermutlich in Greetsiel.
Privatbesitz Frieda Low, London
Geschenk des Künstlers

14 »Häuser am Deich«, 1926/27
Öl auf Leinwand, 35,5 × 40 cm
Signiert und datiert: Felix Nußbaum 1927 (rechts unten)
Bezeichnet: Häuser am Deich 1926 (auf der Rückseite), Gleiches Motiv wie Nr. 13.
Privatbesitz, Osnabrück
Aus dem Nachlaß. Das Werk wurde während der Berliner Ausstellung des Kunstamtes Neukölln 1972 gestohlen und gilt seitdem als verschollen.
Eine Bildvorlage stand nicht zur Verfügung

16 Pernickelturm, 1926/27
Öl auf Leinwand, Maße unbekannt
Signiert und datiert: Felix Nußbaum 1927 (rechts oben/auf der Rückseite: 1926)
Ansicht des Pernickelturms in Osnabrück. Am linken Bildrand die Pernickelmühle. In der Bildmitte eine Frau auf der Fußgängerbrücke über die Hase.
Privatbesitz Irmgard Nickel, Melle
Um 1927 von der Schwester der Besitzerin für 200,– RM vom Künstler erworben

18 »Mühle in Xanten«, auch »Weiße Mühle«, 1927
Öl auf Leinwand, 38 × 38 cm
Signiert und datiert: Felix Nußbaum 1927 (rechts unten)
Bezeichnet: Mühle in Xanten, Weiße Mühle (auf der Rückseite)
Vom rechten Bildrand läuft eine Mauer, die Bildfläche teilend, auf eine Rundmühle zu.
Walter Borchers schreibt in dem bereits genannten Buch von Kühling (s. Nr. 2), S. 103 f. zu diesem Bild:
»Wie ganz anders (gegenüber der noch stark expressionistischen ›Erinnerung an Grüssau‹, d. Verf.) wirkt das Bild der Xantener Mühle. Hier ist eine Beruhigung der Fläche eingetreten. Der Maler löste sich von dem Vorbild van Gogh. (...) Ein kleines Bildformat, das aber in der sparsamen Anordnung der Mittel, in der flächenhaften Betonung der Farbwerte einer gewissen Größe nicht ermangelt.«
Privatbesitz Dr. Hellmann, Osnabrück
Geschenk des Künstlers

19 ›Landstraße‹, 1927
Kaltnadelradierung, Maße unbekannt
Signiert und datiert: Felix Nußbaum 1927 (rechts
unten)
Bezeichnet: Landstraße (links unten)
Auf einer Straße, die von rechts diagonal nach hinten
verläuft, geht ein Mann mit dem Rücken zum Be-
trachter. Die Landstraße säumt eine Mauer mit einem
Toreingang. Im Hintergrund ein Kirchturm.
Privatbesitz Frieda Low, London
Geschenk des Künstlers

21 Süsterstraße, 1927
Öl auf Leinwand, 37,5 × 33 cm
Signiert und datiert: Felix Nußbaum 1927 (links
unten)
Gebäudekomplex in der Süsterstraße in Osnabrück.
Das Schild trägt die Aufschrift: ›Herm. Vogt & Co.
Grabmalskunst Osnabrück‹.
Privatbesitz Utta Janshen, Osnabrück

23 Porträt eines jungen Mannes. 1927
Öl auf Leinwand, 98 × 73 cm
Signiert und datiert: Felix Nußbaum 1927 (rechts
unten)
In einem kahlen Atelierraum, an dessen Rückwand
zwei umgedrehte Bilder lehnen, steht in entspannter
Haltung ein junger Mann in Cut und gestreifter
Hose. Kniestück.
Auf der Rückseite: ›Mummenschanz‹ (s. Nr. 227).
Gallery B. Friedman, New York
Aus dem Nachlaß

20 »Straßenbild«, 1927
Öl auf Leinwand, 63,5 × 48,5 cm
Signiert und datiert: Felix Nußbaum 1927 (links
unten)
Bezeichnet: Straßenbild Felix Nußbaum Sommer
1927 (auf der Rückseite)
Die leicht bergaufführende Straße, von Häusern flan-
kiert, stößt auf ein dreistöckiges Haus, hinter dem ein
Turm mit einem kegelförmigen Dach aufragt.
Privatbesitz, Köln
Aus dem Nachlaß

22 »Talea«, 1927
Öl auf Leinwand, 100 × 60 cm
Signiert, datiert und bezeichnet: Felix Nußbaum
1927 Talea (rechts oben) Talea 1927 (auf der Rück-
seite)
Lebensgroßes Porträt einer älteren Frau, die in einem
Korbstuhl sitzt, in der rechten Armbeuge hält sie
einen Strauß Ringelblumen. (Talea ist ein in Ostfries-
land häufig vorkommender Mädchenname. Die Dar-
gestellte war Hausgehilfin der Familie Gossels.)
Kulturgeschichtliches Museum, Osnabrück
Aus dem Nachlaß

24 Selbstbildnis, 1927
Öl auf Sperrholz, 55× 41 cm
Signiert und datiert: Felix Nußbaum 1927 (rechts
oben)
Brustbild en face mit Hut.
Abbildung in ›Aus alter und neuer Zeit. Illustrierte
Zweiwochenschrift des Israelitischen Familienblattes
Hamburg‹, Nr. 45, 27. Juni 1929.
Galerie Hasenclever, München
Aus dem Nachlaß

25   Knabe in Landschaft, um 1927
Aquarell, Maße unbekannt
Unsigniert
Sitzender Knabe am Ufer eines Sees. Im Hintergrund
ein Steg. Impression in locker skizzierender Pinsel-
führung.
Privatbesitz Frieda Low, London
Geschenk des Künstlers

27   »Zigeuner«, 1928
Öl auf Leinwand, 59 × 44 cm
Signiert, datiert und bezeichnet: 1928 Felix Nuß-
baum Zigeuner (links oben)
Brustbild eines Mannes mit lockigem schwarzen
Haar. Abgebildet in: ›Die Horen‹, 1928/29, S. 790.
Privatbesitz Dr. Andor Koritz, Berlin
Aus dem Nachlaß

29   »Grablegung« (2), 1928
Öl auf Leinwand, 49,5 × 37,5 cm
Signiert und datiert: Felix Nußbaum 1926 (links
unten)
Bezeichnet: Grablegung 1928 (auf der Rückseite)
Nur unwesentlich veränderte Ausführung des Ent-
wurfs (s. Nr. 28).
Privatbesitz, Bramsche
Aus dem Nachlaß

26   Zigeunerin, 1927
Öl auf Leinwand, 59 × 47,5 cm
Signiert und datiert: Felix Nußbaum 1927 (links
unten)
Brustbild einer schwarzhaarigen Frau in gelbem
Kleid
Privatbesitz Dr. Andor Koritz, Berlin
Aus dem Nachlaß

28   Grablegung (1), 1928
Feder in Tusche, aquarelliert, Maße unbekannt
Signiert und datiert: Felix Nußbaum Berlin 1928
(links unten)
Vor dem Tor eines Friedhofs steht in Rückenansicht
ein Mann in Trauerkleidung, am linken Arm einen
Kranz mit Schleife. Auf der Höhe des Friedhofs ein
Krematorium, auf das ein Weg zuführt. Entwurf zu
dem Gemälde, s. Nr. 29.
Privatbesitz Irmgard Nickel, Melle

30   »Trauer«, 1928
Öl auf Leinwand, 59 × 42 cm
Unsigniert. Datiert und bezeichnet: Trauer Berlin
1928 (auf der Rückseite)
Hinter einem offenen Fenster steht eine Frau in
schwarzer Trauerkleidung, den rechten Unterarm
auf dem Fensterbrett, die linke Hand mit einem Tuch
vor dem Mund. Neben ihr ein Blumentopf mit drei
Tulpen.
Kulturgeschichtliches Museum, Osnabrück

31   Ansicht einer Straße, 1928
Öl auf Leinwand, Maße unbekannt
Signiert und datiert: Felix Nußbaum 1928 (rechts unten)
Drei Häuser eines Straßenzuges (wahrscheinlich in Osnabrück) mit einem Möbelgeschäft und einem Restaurant.
Privatbesitz, Osnabrück

32   »Straßenbild Berlin«, 1928
Öl auf Leinwand, 43 × 60 cm
Signiert und datiert: Felix Nußbaum 1928 Berlin (rechts unten)
Bezeichnet: Straßenbild Berlin 1928 (auf der Rückseite)
Ansicht einer baumbestandenen Berliner Straße mit gelbfarbener Straßenbahn. In der Bildmitte ein Gebäude mit Turmaufbau (Rathaus Charlottenburg).
Kulturgeschichtliches Museum, Osnabrück
Leihgabe des Museums- und Kunstvereins Osnabrück
Aus dem Nachlaß

33   »Liebespaar«, 1928
Öl auf Leinwand, 59 × 42,5 cm
Signiert und datiert: Felix Nußbaum 1928 (rechts unten)
Bezeichnet: Liebespaar 1928 Berlin (auf der Rückseite)
Ein Paar vor einer grauen Mauer, die Rücken dem Betrachter zugewandt. Inmitten des gestirnten schwarzblauen Himmels ist der bleiche Vollmond zu sehen.
Die Themenwelt dieses und der nächsten Bilder läßt den Einfluß Henri Rousseaus erkennen.
Privatbesitz, Osnabrück
Aus dem Nachlaß

34   »Funkturm Nr. 2«, 1928
Öl auf Leinwand, 59,5 × 38 cm
Signiert und datiert: Felix Nußbaum 1928 Osnabrück (links unten)
Bezeichnet: Funkturm Nr. 2 Berlin April 1928 (auf der Rückseite)
Auf einem Parkweg vor dem Berliner Funkturm und dem Rundfunkgebäude sind drei Spaziergänger dargestellt. Die verschiedenen Datierungen belegen, daß Nußbaum sich auch während seiner Berliner Ausbildung zwischenzeitlich wohl oft in seiner Heimatstadt Osnabrück aufgehalten hat.
Galerie Hasenclever, München
Aus dem Nachlaß

**35   Landstraße mit malendem
        Felix Nußbaum, 1928**
Öl auf Leinwand, 71 × 42 cm
Signiert und datiert: Felix Nußbaum 1928 (rechts oben)
In der Bildmitte befindet sich der Maler mit seiner Staffelei, links im Vordergrund ist der Vater in Rückenansicht, rechts ein kleines Mädchen zu sehen. Vor dem Horizont am rechten Bildrand eine kleine Kirche. Am Himmel ein Ballon mit der Aufschrift ›Osnabrück‹. Ballon und Figur des Vaters als Hinweise auf die enge Bindung des Malers an Familie und Stadt.
Privatbesitz, Osnabrück
Aus dem Nachlaß

36   »Landbriefträger«, 1928
Öl auf Leinwand, 37 × 49 cm
Signiert und datiert: Felix Nußbaum 1928 (rechts unten)
Bezeichnet: Landbriefträger 1928 (auf der Rückseite)
Eine hellgraue Mauer durchzieht schräg das Bild. Vor ihr steht ein junger Baum. Ein Briefträger geht parallel zur Mauer auf die linke Bildseite zu. Abbildung in: ›Kunstblatt‹, 1928, H. 1, S. 28/29.
Privatbesitz Auguste Moses, Ramat-Gan, Israel
Aus dem Nachlaß. Das Werk wurde während der Ausstellung des Kunstamtes Neukölln 1972 gestohlen und gilt seitdem als verschollen.

37 Posthof, um 1928
Öl auf Leinwand, Maße unbekannt
Keine weiteren Angaben
In einem Posthof, der nach hinten durch das Postge-
bäude und die Häuser eines Straßenzuges abgeschlossen ist, eilen vier Briefträger dem Ausgang zu. Ein
weiterer steht im Vordergrund mit seinem Fahrrad
bereit.
Abbildungen in: ›Kunst der Zeit‹, 1930, S. 249 und
in: ›Die Horen‹, 1928/29, S. 792 (unter dem Titel:
Postboten).
In einer Kritik der Zeitschrift ›Cicerone‹ von 1930
heißt es auf S. 202: »Mit freundlich-spöttischem
Blick nimmt er etwa die Ecke eines Posthofes auf mit
emsig hin und her eilenden Briefträgern in blitzblau-
en, rotblitzten Uniformen. Oder putzige Sportler
von heute und gestern, Pärchen, die über vergißmeinnichtfarbenes Kleinstadtpflaster stolpern, sein
hübsch aufgeräumtes Atelier (s. Nr. 68), Nizzas
Uferpromenade mit reizenden Spielzeughotels (s.
Nr. 50 und 51).«
Standort unbekannt, möglicherweise beim Atelierbrand 1932 vernichtet

38 Hafenkai in Ostende, 1928
Feder in Tusche, 32 × 21,5 cm
Signiert und datiert: Felix Nußbaum Ostende Juli
1928 (rechts unten)
Blick vom Kai des Fischereihafens in Ostende – mit
männlicher Rückenfigur – auf Masten, Takelwerk
und Netze einiger Boote. Im Hintergrund eine Häu-

serfront und die Türme der Kirche St. Peter und Paul.
Das Blatt trägt oben links den Zusatz »Herrn Profes-
sor Steyns freundlichst gewidmet«.
Privatbesitz Eva Steyns, Ostende
Geschenk des Künstlers an Desirée Steyns

39 Netzflicker, 1928
Öl auf Leinwand, 55 × 40 cm
Signiert und datiert: Felix Nußbaum Belgien 1928
(links unten)
Auf einem Stuhl sitzt in der Nähe einer Kaimauer ein
junger Mann und flickt ein Fischernetz.
Privatbesitz, Osnabrück

40 Ostender Seesteg, um 1928
Öl auf Leinwand, Maße unbekannt
Signiert und datiert: Felix Nußbaum (Datum unle-
serlich) (rechts oben)
Diagonal vom Festland aus an den linken Bildrand
nach vorn vorstoßend, ist der beflaggte Seesteg von
Ostende dargestellt. Zwei Ruderboote beleben den
Vordergrund.
Abbildung in: ›Die Horen‹ 1928/29, S. 791.
In einer Kritik heißt es: »Auch die intime Kunst Felix
Nußbaums erfreut nicht zum wenigsten durch solche
naiv gelaunte Stillvergnügtheit der Betrachtungswei-
se, der nun freilich das spöttische Vorzeichen nicht
fehlt, wenn sie beispielsweise die Ecke eines Posthofes aufnimmt (...), den von Booten und Möwen
umschaukelten, bunt aufgeflaggten Ostender Seesteg

und dergleichen mehr. In diesen Bildern ist keinerlei
erkünstelte Naivität, sie entzücken vielmehr gerade
durch ihre besondere Natürlichkeit, die ein reizender
Anflug unverbildeter Schelmerei des Gemüts noch
erhöht.« (›Kunst der Zeit‹, 1930, S. 246 ff.).
Standort unbekannt, möglicherweise beim Atelierbrand 1932 vernichtet

41 Cafés in Ostende, 1928
Öl auf Leinwand, 50 × 42,5 cm
Signiert und datiert: Felix Nußbaum Juli 1928 (rechts
unten)
Blick in eine fahnengeschmückte, kopfsteingepfla-
sterte Gasse Ostendes. An einer Straßenecke zwei
Cafés. Vor einem Café mit den Aufschrifttafeln ›Au
vieil Ostende‹ und ›Cafe Restaurant Chez Jules‹ sitzen
zwei Personen an Tischen im Freien. Im Vorder-
grund geht ein Mann, als Rückenfigur gesehen, die
Straße entlang.
Privatbesitz

42 Judengasse in Antwerpen, um 1928
Öl auf Leinwand, Maße unbekannt
Keine weiteren Angaben
Vor dem Hauseingang einer Wirtschaft sitzen zwei
Personen auf Stühlen auf der gepflasterten Straße und
gehen ihrem Handwerk nach.
Abbildung in: ›Menorah‹, Jg. 8, 1930, S. 278.
Standort unbekannt, möglicherweise beim Atelier-
brand 1932 vernichtet

43   Sonnenblumen, 1928
Öl auf Leinwand, Maße unbekannt
Signiert und datiert: Felix Nußbaum 1928 (rechts oben)
Welkende Sonnenblumen in einer Vase, gemalt in enger Anlehnung an motivgleiche Bilder van Goghs. Vermutlich in Südfrankreich entstanden.
Auf der Rückseite: ›Porträt der Mutter‹ (s. Nr. 44).
Privatbesitz Frieda Low, London
Geschenk des Künstlers

44   Porträt der Mutter, um 1928
Öl auf Leinwand, Maße unbekannt
Unsigniert
Brustbild en face.
Rückseite von: ›Sonnenblumen‹ (s. Nr. 43).
Privatbesitz Frieda Low, London
Geschenk des Künstlers

45   »Mein Vater«, um 1928/29
Öl auf Leinwand, Maße unbekannt
Signiert, datiert und bezeichnet: Mein Vater Felix Nußbaum (Datum unleserlich) (links unten)
Brustbild eines Mannes, nach links aus dem Bild herausblickend. Die physiognomische Ähnlichkeit und noch mehr die Attribute (Hut, Blume im Knopfloch, Spazierstöckchen – s. a. ›Landstraße mit malendem Felix Nußbaum‹, Nr. 35 – sowie ein kleines Gemälde an der Zimmerwand im Bildhintergrund) weisen ihn eindeutig als Philipp Nußbaum aus. Das Bild im Hintergrund ist ein Eigenzitat Nussbaums, ›Packhaus‹ von 1926 (Nr. 10). Diese Tatsache und der auffallende Bezug – sowohl in der Signierweise

als auch in der Anlage des Bildes als Pendant – zu ›Meine Mutter‹ von 1926 (Nr. 5) lassen eine Datierung um 1926 als wahrscheinlicher vermuten.
Abbildung in: ›Menorah‹, Jg. 8, 1930, S. 282.
Standort unbekannt, möglicherweise beim Atelierbrand 1932 vernichtet

46   Alte Bäuerin, um 1928/29
Öl auf Leinwand, 37 × 31 cm
Unsigniert
Porträt einer alten Bäuerin mit blauem Kopftuch und braunem Hut.
Privatbesitz Schulamit Jaari, Beer-Turia, Israel
Eine Bildvorlage stand nicht zur Verfügung

47   Cagnes-sur-Mer, 1929
Öl auf Leinwand, Maße unbekannt
Signiert und datiert: Felix Nußbaum Cagnes sur mer 1929 (links unten)
Den Bildhintergrund nehmen ein großformatiges Haus provençalischen Typs und weitere Gebäude des Ortes ein. Auf der leeren Straße schreitet ein Mann, der einen harten Schlagschatten wirft, in Richtung auf den Betrachter zu.
Abbildung in: ›Menorah‹, Jg. 8, 1930, S. 281.
Eines der »hübschen Städtebilder des Südens« in »glücklicher Auflockerung der Farben«, die während der Studienreise von 1929 entstanden.
Standort unbekannt, möglicherweise beim Atelierbrand 1932 vernichtet

48   Zwei Netzflicker, 1929
Öl auf Leinwand, Maße unbekannt
Signiert und datiert: Felix Nußbaum 1929 (rechts unten)
Zwei Netzflicker sitzen im Vordergrund in der Bildmitte nach links gewendet, hinterfangen von Fischerbooten. Am anderen Ufer im Bildhintergrund links eine Säule. Vermutlich in Ostende entstanden. Abbildung in: ›Kunst der Zeit‹, 1930, S. 248.
»Reizvoll eine Serie von Fischer- und Strandbildern, darunter eine Reihe von Schwarz-Weiß-Blättern (Netzflicker und Boote) von versonnener zarter Stimmung«, schreibt Will Pless zu den Bildern dieser Zeit in ›Menorah‹, Jg. 8, 1930, S. 281.
Standort unbekannt, möglicherweise beim Atelierbrand 1932 vernichtet

49   Boot am Strand, 1929
Öl auf Leinwand, Maße unbekannt
Signiert und datiert: Felix Nußbaum Cagnes sur mer 1929 (links unten)
Die Bildmitte nimmt ein auf den Strand einer Mittelmeerbucht gezogenes Fischerboot ein. Zwei Fischer und einige Fangkörbe beleben den Strand. Im Hintergrund Ansicht einer Ortschaft.
Privatbesitz Frieda Low, London
Geschenk des Künstlers

50 Ansicht von Nizza, 1929
Feder in Tusche, Kohle, 36 × 18,5 cm
Signiert und datiert: Felix Nußbaum Nizza 1929
(links unten)
Ansicht der Strandpromenade von Nizza im Hoch-
format. Im Vordergrund eine frontal gesehene
männliche Ganzfigur.
Abbildung in: ›LBI News‹, Nr. 39, Winter 1980, S.
10.
Leo Baeck Institute, New York

51 Uferpromenade in Nizza, um 1929
Öl, Bildträger und Maße unbekannt
Keine weiteren Angaben
Erwähnt in einer Kritik der Zeitschrift ›Cicerone‹
von 1930, S. 202 (s. Nr. 37).
Eine Bildvorlage stand nicht zur Verfügung

52 Landschaft in der Provence, um 1929
Öl auf Leinwand, Maße unbekannt
Signiert: Felix Nußbaum (am rechten Bildrand)
Provençalische Landschaft mit Feld, ummauertem
Olivenhain, Zypressenwäldchen und schroffen Ber-
gen im Hintergrund. Ein vom rechten Bildrand
schräg nach hinten verlaufender Weg (darauf ein vom
Rücken gesehener Mann mit Hut und Stock) teilt die
Landschaft.
Privatbesitz

53 »Gräberallee in Arles«, 1929
Öl auf Leinwand, 49 × 63,5 cm
Signiert, datiert und bezeichnet: Felix Nußbaum
Arles sur Rhone Gräberallee 1929 Les Alyscamps
(links unten)
Auf dem schmalen Weg zwischen der Doppelreihe
von Pyramideneichen und römischen Sarkophagen
schreiten drei Personen auf den Betrachter zu.
Kulturgeschichtliches Museum, Osnabrück
Aus dem Nachlaß

54 Turner, 1929
Öl auf Leinwand, Maße unbekannt
Signiert und datiert: Felix Nußbaum 1929 (links
unten)
In einem mauerumstandenen Hof mit zwei kleinen
Bäumen turnt ein Junge am Barren. Sechs weitere
Knaben stehen in geordneter Reihe bereit.
Paul Westheim schreibt zu diesem Bild: »Diese Turner, das ist nicht nur als Einfall reizvoll, ist auch
überlegt und wirklich gut komponiert. Die schwarzen Flächen in rhythmischer Reihe vor der gelb-
grauen Wand, die horizontal die Bildebene teilt, das
beweist, daß Nußbaum Fläche und Raum beherrscht.« (›Kunstblatt‹, 1929, S. 9f., Abbildung).
Willi Wolfradt schreibt in: ›Die Horen‹, 1928/29, H.
9, S. 4: »Hinter irgendeiner Mauer turnen ein paar
Jungen emsig an Barren und Reck, – kranzgeschmückt hält der siegreiche Rennradler sich bereit,
bewundert und wohl gar abgemalt zu werden (s. Nr.
56), – geschäftig eilen die Postboten über den Hof des
Postamtes, ihre Austragetaschen sind dick und die
Stadt wartet schon (s. Nr. 37): Poesie und Possierlichkeit dieser einfachen Szenen ist mit fröhlicher und
sachter Hand eingefangen.«
Standort unbekannt, möglicherweise beim Atelierbrand 1932 vernichtet

55 Fußball, 1929
Öl auf Leinwand, Maße unbekannt
Signiert und datiert: Felix Nußbaum 1929 (rechts
unten)
Zwei Spieler springen nach dem Ball, ein Torwart
steht sprungbereit zwischen den Pfosten. Zuschauer
säumen den Spielfeldrand.
Abbildung in: ›Schünemanns Monatshefte‹, 1929, S.
1003, sowie in ›Der Querschnitt‹, 1931, H. 6.
Standort unbekannt, möglicherweise beim Atelierbrand 1932 vernichtet

56 Der Sieger im Sechstagerennen, 1929
Öl auf Leinwand, 124 × 59 cm
Signiert und datiert: Felix Nußbaum 1929 (rechts
unten)
Der Sieger mit seinem Fahrrad, einen Lorbeerkranz
mit Blumen um die Schultern gehängt, nimmt fast
die gesamte Bildfläche ein. Links hinter ihm, vor der
Wand mit der Aufschrift ›Zu den Tribünen‹, steht ein
Herr in schwarzem Mantel und steifem Hut.
Abbildung unter dem Titel ›Radfahrer‹ in ›Wem
gehört die Welt‹, Ausstellungskatalog der Neuen
Gesellschaft für Bildende Kunst, Berlin 1977, S. 338.
Privatbesitz Dr. Andor Koritz, Berlin
Aus dem Nachlaß

57 Porträt eines Mannes, um 1929
Öl auf Leinwand, 67,5 × 52 cm
Unsigniert
Brustbild eines Mannes mit hohem Hut.
Kulturgeschichtliches Museum, Osnabrück
Leihgabe des Museums- und Kunstvereins Osnabrück
Aus dem Nachlaß

58 Bildnis der jüdischen Malerin Platek, um 1929
Öl auf Leinwand, Maße unbekannt
Unsigniert
Ganzfiguriges Bildnis von Fajga Platek (genannt ›Felka‹), der Lebensgefährtin Nussbaums, auf einem Teppich in einem kahlen Raum stehend. In den verschränkten Armen hält sie einen Blumenstrauß.
Will Pless schreibt in ›Aus alter und neuer Zeit. Illustrierte Zweiwochenschrift des Israelitischen Familienblattes Hamburg‹, Nr. 45, 27. Juni 1929: »Das ›Bildnis der jüdischen Malerin Platek‹, ganz auf Sachlichkeit und Einfachheit gestellt, zeigt treffsicher das Typische des jüdischen Gesichtes.‹ (Dort auch Abbildung).
Standort unbekannt, möglicherweise beim Atelierbrand 1932 vernichtet

59 »Knaben im Garten«, um 1929
Keine weiteren Angaben
Will Pless schreibt in ›Jüdische Künstler auf der Berliner Juryfreien Kunstschau 1929‹: »Felix Nussbaum, von einer Südenreise mit aufgelockerten Farben heimgekehrt, zeigt unter anderem ein Geschwisterbild ›Knaben im Garten‹, in dem die Seele des jüdischen Kindes (der Künstler suchte hier aus der Erinnerung sein eigenes Kinderbild zu malen) im Traum der Augen widerklingt.« (›Aus alter und neuer Zeit‹, Nr. 3, 7. November 1929, S. 18).
Standort unbekannt, möglicherweise beim Atelierbrand 1932 vernichtet
Eine Bildvorlage stand nicht zur Verfügung

60 Stilleben mit Pinseln, 1929
Feder in Tusche, Kohle, mit Deckweiß gehöht, 31 × 31 cm
Signiert und datiert: Felix Nussbaum 1929 Berlin (rechts unten)
Das Blatt wird bei diagonalem Kompositionsaufbau von einer Schale mit Früchten und zwei Gefäßen auf dem Fußboden gefüllt, daneben ein Krug mit Pinseln auf einem Hocker.
Kulturgeschichtliches Museum, Osnabrück

61 Erinnerung an Norderney, 1929
Öl auf Leinwand, 98 × 110 cm
Signiert und datiert: Felix Nussbaum 1929 (links unten)

Vor dem Meer, auf dem am rechten Bildrand eine Reihe von Fischerbooten schwimmt, ist auf einem fiktiven Bodenstück ein Haus ›VILLA NORDSEE‹ mit der Jahreszahl 1890 in leicht karikierender Weise dargestellt. Im Vordergrund links liegt auf dem Sand der Schädel eines großen Säugetieres. Gegen die Villa und ein auf den Strand gezogenes Boot gelehnt eine Postkarte, auf der eine Personengruppe in Badeanzügen für eine Gruppenaufnahme posiert.
Am unteren Rand der Postkarte handschriftlich: »Gefühl von Trauer – welches, gleich einem Rade über unserem Gemüt rollt. Aber trotzdem bin ich kein Spielverderber – und sind wir eine ganz fidele Gesellschaft. Überlassen wir also die Dinge – die unseren Augen unsichtbar sind –, den modernen Malern! Für heute innigste Grüße und Küsse Euer Euchl. Sohn Felix«
Kulturgeschichtliches Museum, Osnabrück
Aus dem Nachlaß

62 Gehöft in Südfrankreich, 1930
Öl auf Leinwand, 49 × 58,5 cm
Signiert und datiert: Felix Nussbaum 1930 (links unten)
Vor einem größeren Gebäudekomplex zwei kahle Bäume und ein blühender Mandelbaum.
Privatbesitz
Aus dem Nachlaß

63 Begegnung, 1930
Öl auf Leinwand, 35 × 36 cm
Signiert und datiert: Felix Nussbaum 1930 (links unten)

In einem Park stoßen vor einer bildparallelen grauen Mauer zwei Wege zusammen, auf denen sich ein Mann und ein Hund begegnen. Am Himmel steht eine schwarze Sonne.
Galerie Hasenclever, München
Aus dem Nachlaß

66 Begräbnis, um 1930
Öl auf Leinwand, 43 × 38 cm
Unsigniert, undatiert
Sechs schwarz gekleidete Skelette tragen einen Sarg. Im Hintergrund eine hohe Friedhofsmauer mit einem Glockenturm. Hinter der Mauer ragen Galgen auf.
Berlinische Galerie, Berlin
Aus dem Nachlaß

68 »Mein Atelier«, um 1930
Öl auf Leinwand, Maße unbekannt
Keine weiteren Angaben
Blick in die Zimmerecke des ordentlich aufgeräumten Ateliers. Auf dem leeren Holzfußboden Krug, Stuhl und Staffelei. Einige Bilder an die Wand gelehnt, an der Wand Bild, Tuch und Vorhang.
Abbildung in: ›Kunst der Zeit‹, 1930, S. 246.
Standort unbekannt, möglicherweise beim Atelierbrand 1932 vernichtet

64 Rauferei, 1930
Öl auf Leinwand, 40 × 50 cm
Signiert und datiert: Felix Nussbaum 1930 (links unten)
Auf einem Weg, der parallel zum Bildrand zwischen niedrigen Bäumen vor einer Mauer verläuft, ringen zwei Männer miteinander. Eine Frau versucht sie zu trennen.
Privatbesitz, Georgsmarienhütte
Aus dem Nachlaß

65 »Friedhof«, um 1930
Öl auf Leinwand, Maße unbekannt
Signiert: Felix Nußbaum (links unten)
Den Mittelgrund beherrschen mehrere Grabkreuze. Davor zwei Frauen in Trauerkleidung mit Grabkränzen. Hinter dem Mauersockel eines Zaunes (mit Kritzelei und Totenkopf) erhebt sich im Hintergrund eine Windmühle.
Abbildung in: ›Kunst der Zeit‹, 1930, S. 247.
Standort unbekannt, möglicherweise beim Atelierbrand 1932 vernichtet

67 Männliches Porträt, 1930
Öl auf Leinwand, 43,5 × 35 cm
Signiert und datiert: Felix Nussbaum 1930 (rechts unten)
Brustbild eines bärtigen Mannes mit Zylinder. Im Hintergrund eine Tapete mit einem orientalischen Märchenmotiv.
Galerie Hasenclever, München
Aus dem Nachlaß

69 Illustration eines Hochzeitsgedichts, 1930
Feder und Pinsel in Tusche, maschinenbeschriebenes
Papier, verschiedene Abmessungen
Randzeichnungen zu einem Hochzeitsgedicht. Fer-
ner ein Abschlußblatt mit Hochzeitspaar, Amor,
Boot und strahlender Sonne (mit der Widmung
»Herzlichen Glückwunsch Felix Nussbaum«).
Entstanden anläßlich der Hochzeit von Agnes Linne-
meier, geb. Lütgehaus, einer Angestellten der Firma
Gossels und Nussbaum, im Jahre 1930. Der Text
stammt von Irmgard Nickel (s. Nr. 16, 28), einer
langjährigen Mitarbeiterin der Firma.
Kulturgeschichtliches Museum, Osnabrück
Geschenk des Künstlers an Frau Linnemeier (Vorbe-
sitzerin)

71 Leierkastenmann, 1931
Öl auf Leinwand, 88 × 73 cm
Signiert und datiert: Felix Nussbaum 1931 (links
unten)
Im Bildvordergrund steht ein Leierkastenmann ne-
ben seinem Instrument, dessen Prospekt mit zwei
exotischen Gestalten bemalt ist. An den Mann
schmiegt sich ein kleiner Junge im Matrosenanzug.
Im Hintergrund agieren dunkelgekleidete maskierte
Männer, die Sonnenblumen in den Händen halten.
Abbildung in: ›Berlinische Galerie 1913–1933‹, Be-
standskatalog, S. 172.
Berlinische Galerie, Berlin
Aus dem Nachlaß

73 Paar auf der Treppe, um 1931
Öl auf Leinwand, Maße unbekannt
Signiert und datiert: Felix Nussbaum (links unten),
Datum unleserlich
Blick in das Treppenhaus einer geräumigen Berliner
Villa: ein festlich gekleidetes Paar schickt sich an, die
statuengeschmückte Treppe hinunterzuschreiten.
Am Fuß der Treppe erwartet sie ein Hausdiener.
Abbildung in: ›Kunst und Künstler‹, 1931, Jg. 29, S.
248 ff.
Standort unbekannt, möglicherweise beim Atelier-
brand 1932 vernichtet

70 Bildnisgruppe, 1930
Öl auf Leinwand, 72 × 87 cm
Signiert und datiert: Felix Nussbaum 1930 (rechts
unten) und Felix Nussbaum Sommer 1930 (auf der
Rückseite)
Hinter einem Tisch auf einer Terrasse sitzen zwei
junge Frauen sowie ein junger Mann und stehen zwei
Knaben. Auf dem vorgeschobenen Tisch eine
schwarze Katze und eine mit Blumen gefüllte Schale.
Am rechten Bildrand wird eine Türöffnung sichtbar.
Im Hintergrund das Meer.
Privatbesitz, Berlin
Aus dem Nachlaß

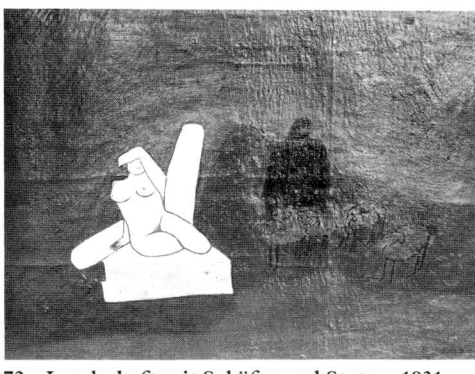

72 Landschaft mit Schäfer und Statue, 1931
Öl auf Leinwand, 52 × 69 cm
Signiert und datiert: Felix Nussbaum 1931 (rechts
unten)
In einer kahlen Landschaft unter schwarzem Himmel
steht auf einem großen Sockel die Statue eines sitzen-
den weiblichen Aktes. Rechts daneben eine kleine
Schafherde und eine schwarze Gestalt.
Privatbesitz
Aus dem Nachlaß

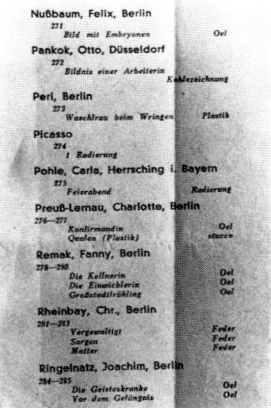

74 »Bild mit Embryonen«, um 1931
Öl, Bildträger und Maße unbekannt
Keine weiteren Angaben
Das Bild wurde in der Ausstellung ›Frauen in Not‹
von 1931 gezeigt. »Eine Ausstellung von besonde-
rem Format, eine Kunstschau, die zum ersten Mal in
ihrer Gesamtheit sich in den Dienst einer Idee stellt,
ist die im Haus der Juryfreien veranstaltete Internationale Ausstellung ›Frauen in Not‹. Sie ist nicht nach
Richtungen, Namen, Schulen geordnet, sie will
nichts, als im Kunstwerk das Schicksal der Frau
zeigen, des größten Opfers dieser Zeit, als Arbeiten-
de, Frau und Mutter. Hier haben auch jüdische
Künstler mutige und ergreifende Beiträge geliefert,
so (...) Felix Nussbaum (...).« (›Israelitisches Familienblatt‹, Nr. 46, 12. November 1931).
Der Katalog verzeichnet das Bild unter der Nr. 271.
Standort unbekannt, möglicherweise beim Atelierbrand 1932 vernichtet
Eine Bildvorlage stand nicht zur Verfügung

75 Maler im Atelier, 1931
Öl auf Leinwand, 87 × 100 cm
Signiert und datiert: Felix Nussbaum 1931 (rechts unten)
In der linken Hälfte des Bildes steht der Maler vor seiner Staffelei, auf der die Darstellung eines weiblichen Halbaktes im Umriß angelegt ist. Eine maskenhafte Gestalt hat dem Maler eine Hand auf die Schulter gelegt. Drei weitere Masken treten durch eine Tür in der rechten Raumhälfte ein.
»Dem Maler erscheinen die Geister seiner Verwandten und warnen ihn, das begonnene Bild zu vollenden«, heißt es in einer Notiz der ›Süddeutschen Zeitung‹ vom 30. Dezember 1977 (dort auch Abbildung).
Privatbesitz
Aus dem Nachlaß

Östlich des Brandenburger Tores, auf dem Pariser Platz, hat sich eine große Gruppe mit weißen Kitteln bekleideter Künstler versammelt, die teils inmitten ihrer Bilder stehen, teils damit beschäftigt sind, aus einem Lastwagen weitere Bilder zu entladen. Der Platz wird an der linken Seite begrenzt vom Gebäude der Akademie der Künste, in das ein Zug schwarzgekleideter bärtiger Herren gerade einziehen will. In der rechten hinteren Ecke bewegt sich eine Gruppe ähnlich gekleideter Männer mit Zylindern, an ihrer Spitze geht ein Mann mit einer großen Trommel. In der Häuserfront, die den Platz in Höhe des Tores abschließt, erscheint in einer Lücke rechts der Sockel der Siegessäule mit dem abgebrochenen Schaft. Die Nike der Siegessäule schwebt horizontal zwischen dem Tor und dem Sockel über einem Haus. In dem Haus, über dem die Nike schwebt, wohnte Max Liebermann als Präsident der Preußischen Akademie der Künste. Auf dem Dach seines beschädigten Hauses stehend, malt Liebermann an seinem letzten Selbstporträt.
In der linken Bildhälfte schweben über dem Zug der bärtigen Greise drei geflügelte Putten, von denen einer in eine Posaune bläst und ein anderer eine preußische Fahne hält. Vor dem Eingang in die Akademie kniet ein weiterer Putto vor einem Berg von Blumen.
Die Bildidee geht zweifellos auf das 1906 entstandene Werk Henri Rousseaus ›Die Freiheit ruft die Künstler auf, am 22. Salon der Unabhängigen teilzunehmen‹ zurück.
Will Pless schreibt im ›Israelitischen Familienblatt‹ vom 13. Mai 1931: »Eine weniger ehrfurchtsvolle,

Ausstellung eröffnete, hängt das Bild von Felix Nussbaum, das auf launige Art das Thema ›Künstler unter sich‹ variiert. Da ist der Pariser Platz, da ist die Akademie. Die Herren Professoren, durch ihre Bärte vor Zugluft geschützt, von Englein gehütet, wallen auf kostbarem Teppich in das Akademiehaus. Während das Jungvolk, geschart um Paul Klee, den die Berliner Akademie ja auch noch nicht kennt, sich drängt und schiebt und stößt und mit all den frisch gemalten schönen Bildern hübsch draußen zu bleiben hat. Ein Gegenstück zu dem vor 25 Jahren gemalten Bild von Henri Rousseau, das so verheißungsvoll bezeichnet ist: La liberté invitant les artistes à prendre part à la 22ᵉ exposition des Artistes Indépendantes. Hier bei Nussbaum droht das Ganze mehr ins Apokalyptische überzuschlagen. Berlins Stolz: die Siegessäule ist zerborsten, das Liebermann-Haus neben dem Brandenburger Tor ist zur Hälfte schon eingestürzt. Oben, wo das Atelier war, über dem Zusammenbruch sieht man den Altmeister deutscher Kunst, das letzte Selbstbildnis vor der Zerstörung gerettet.«
Klaus Märtens nimmt Bezug auf diesen Text Paul Westheims in seinem Artikel ›Felix Nussbaum: Der tolle Platz Berlin 1931 – oder die Situation der Zeit im Bild‹ (›Berliner Kunstblatt‹, Nr. 13, September 1976, S. 9): »Man möchte es nicht für möglich halten, daß dieses Bild schon Anfang 1931 gemalt wurde. Doch setzt seine Reproduktion in Paul Westheims ›Kunstblatt‹ (1931, H. 5) alle Zweifel außer Kraft. Dort schrieb Westheim selbst eine fast enthusiastische, deutende Würdigung für das von der Berliner Secession gezeigte Bild. Die Gestalten links nennt er ›durch

76 »Der tolle Platz«, 1931
Öl auf Leinwand, 97 × 195,5 cm
Signiert und datiert: Felix Nussbaum gemalt im Jahre 1931 (links unten)
Bezeichnet: Felix Nussbaum Der tolle Platz Berlin 1931 (auf der Rückseite)

aber prächtig gelungene Satire ist das vielbeachtete Gemälde des jungen Felix Nussbaum ›Der tolle Pariserplatz‹.«
Kritik in der Zeitschrift ›Kunstblatt‹, Jg. 15, 1931, H. 5, S. 159 (darin auch Abbildung): »In der Berliner Sezession, die gerade bei Abschluß dieses Heftes ihre

Bärte vor Zugluft geschützte Professoren, die auf kostbaren Teppichen und von Englein behütet in das Akademiehaus wallen, während das Jungvolk, geschart um Paul Klee, den die Akademie ja auch noch nicht kennt, sich drängt, schiebt und stößt und mit all den frisch gemalten, schönen Bildern draußen zu bleiben hat‹. Ob Westheim den Begriff ›Jungvolk‹ wohl ironisch meinte? Und wie kann er Klee in diesem Kreise vermuten? Aus den erkennbaren Bildern ist kein Hinweis auf dessen Formerfindung gegeben. Über Klee war im Kunstblatt schon oft geschrieben worden, und Westheim wollte auch diese Gelegenheit nicht ungenutzt lassen, um seinen Namen zu nennen. Es sind die Freunde Nussbaums, die sich um ihn scharen. Sich selbst hat er ganz links vorn mit einem Papier in der Hand portraitiert. Die Namen der anderen waren bisher nur zum Teil in Erfahrung zu bringen. Ihre Aufzählung würde z. Z. nur Verwirrung stiften, da sie weniger bekannt sind als Nussbaum selbst.

Westheim zieht auch den naheliegenden Vergleich zu H. Rousseaus ›Freiheit lädt die Künstler zur Teilnahme an der 22. Ausstellung der Unabhängigen ein‹, ohne in konsequenter Weise bei diesem Bild von der ›Abweisung‹ oder der ›Unfreiheit der Künstler‹ zu sprechen. Er ahnte die ›apokalyptische Drohung‹, aber der Zukunft blieb es vorbehalten, hier angedeutete Zerstörung in grausiger Übertreibung zu verwirklichen. Uns fällt es heute leicht, einen Haufen Verängstigter und Versprengter in den Malern zu sehen, die sich zusammendrängen und sich mit ihren Bildern wie mit Schilden zu schützen suchen. Die systematische Ächtung sollte für sie kaum fünf Jahre später kommen. Laut trommelnd und in Formation marschierende Totengräber haben ja rechts schon Front auf das Haus Max Liebermanns gemacht, der am Pariser Platz gerade gegenüber der Akademie residierte. Sein Haus ist eine Ruine, und auf dem kahlen Dache malt er an einem letzten Selbstbildnis, das an der, von der zerborstenen Siegessäule gebrochenen, frei schwebenden Viktoria wie an einer Edelstaffelei befestigt ist.

Vor wenigen Jahren wurde ein solches Bild noch von der allgemeinen Kritik als Gedankenmalerei abgetan, wie ja fast alle realistische Malerei in argem Mißkredit stand. Wir haben inzwischen ein bißchen umgelernt und fangen nun an, die jüngere Kunstvergangenheit neu zu beurteilen. Wir haben hinzulernen müssen, daß auch die Zeit unmittelbar vor 1933 voller großer, neuer, künstlerischer Kräfte steckte, die bisher noch nicht mit der ihnen zustehenden Aufmerksamkeit gewürdigt wurden. Die gegenständlichen und engagierten Tendenzen der zwanziger Jahre, die unter der Diktatur der Reichskulturkammer ihr Ende finden sollten, haben in diesem Bilde gleichsam vorab ihre Apotheose. Es ist der hellsichtig vorweggenommene Abschluß der künstlerischen Empfindung. Sie kann genauer sein als alle kluge Zeitanalyse, wie dieser ›Tolle Platz‹ beweist.

Jetzt ist das Bild in die Berliner Galerie gelangt. Wie eigenartig, heute von seinem Standort in der Jebenstraße über den großen Stern auf das Brandenburger Tor hinzuzufahren: Dahinter liegt, beinahe gleichermaßen wie durch die unumkehrbare Zeit, auch durch den nicht direkt überwindbaren Raum getrennt von uns der Schauplatz dieses Geschehens.

In seiner Not fand der Emigrant Felix Nussbaum das versponnene Ostende des alten J. Ensor als Exil. Auf der Suche nach der verlorenen Zeit sollte er auch dort nicht sicher sein. Er starb 1944 in Auschwitz. Sein ›Toller Platz‹ ist, wie ich glaube, ein Schlüsselbild zur Kunst dieses Jahrhunderts. Kein Bild kann der Berlinischen Galerie mehr Ehre machen.«

Heinz Ohff erwähnt das Bild in einem Artikel über die Neugründung der Berlinischen Galerie und nennt es ein »Schlüsselbild der Kunstsituation Berlins kurz

vor Ausbruch des Dritten Reiches« (›Das Kunstwerk‹, 1976, H. 1, S. 57).
Abbildung in: ›Berlinische Galerie 1913–1933‹, Bestandskatalog, S. 171 sowie in: ›Art‹, H. 9, 1982, S. 70.
Berlinische Galerie, Berlin
Aus dem Nachlaß

77 »Spuk vor der Galerie«, um 1931/32
Öl, Bildträger und Maße unbekannt
Keine weiteren Angaben
Dieses Gemälde sowie den ›Tollen Platz‹ (s. Nr. 76) und die Werke Nr. 78–80 reichte Nussbaum bei seiner Bewerbung um den Großen Staatspreis (Rompreis) ein. Die Titel der Bilder (Nr. 76–80) sind im handschriftlichen Bewerbungsschreiben genannt.
Standort unbekannt, möglicherweise beim Atelierbrand 1932 vernichtet
Eine Bildvorlage stand nicht zur Verfügung

78 »Melancholie«, um 1931/32
Öl, Bildträger und Maße unbekannt
Keine weiteren Angaben
Siehe Nr. 77.
Standort unbekannt, möglicherweise beim Atelierbrand 1932 vernichtet
Eine Bildvorlage stand nicht zur Verfügung

80 »Die schamlose Plastik«, 1932
Öl auf Leinwand, 64 × 51 cm
Signiert und datiert: Felix Nußbaum 1932 (rechts unten)
Die Statue eines nackten Jünglings schaut, sich selbst bewundernd, in einen an einer Säule aufgehängten Spiegel. Sie hält eine Narzisse in der rechten Hand. (Rollenporträt des Künstlers als Narziß?). Rechts im Hintergrund ein Tempel.
Siehe Nr. 77.
Privatbesitz Auguste Moses, Ramat-Gan, Israel
Aus dem Nachlaß

79 »Schwarzer Pudel«, 1932
Öl auf Leinwand, 45 × 35 cm
Signiert und datiert: Felix Nussbaum 1932 (links unten)
Auf den gestürzten Resten einer antiken Säule steht ein schwarzer Pudel. Im Hintergrund Sonnenblumen.
Siehe Nr. 77.
Privatbesitz Auguste Moses, Ramat-Gan, Israel
Aus dem Nachlaß

81 Villa Nordsee, 1932
Feder in Tusche, 47 × 56,5 cm
Signiert und datiert: Felix Nussbaum Norderney Juli 1932 (rechts oben)
Ansicht einer Pension auf der Insel Norderney (in der die Familie Nussbaum bei ihren Ferienaufenthalten vermutlich gewohnt hat). Das Haus liegt an der Ecke zweier Straßen, deren Schnittpunkt eine Straßenlaterne am rechten Bildrand betont.
Das Motiv dieser Villa wird ebenfalls in ›Erinnerung an Norderney‹ (s. Nr. 61) benutzt.
Kulturgeschichtliches Museum, Osnabrück

82 Hinterhof mit Leitern, 1932
Bleistift, Kohle, Feder und Pinsel in Tusche,
39 × 54 cm
Signiert und datiert: Felix Nussbaum Berlin 1932
(links unten)
Blick in den Hinterhof eines Handwerkerbetriebs. Im
Hintergrund ist eine Kipplore zu erkennen. Leitern,
Sägeböcke und Leiterwagen sind über den Hof ver-
streut. Das Blatt trägt die handschriftliche Widmung:
»Herrn Dr. Hellmann freundlichst gewidmet«.
Das Blatt ist stark vergilbt und fleckig.
Privatbesitz Dr. Hellmann, Osnabrück
Geschenk des Künstlers

83 Werkstatt im Freien, 1932
Feder und Pinsel in Tusche, 34,5 × 50,5 cm
Signiert und datiert: Felix Nussbaum Berlin 1932
(links unten)
Blick in einen ummauerten Hof mit Backsteinhaus
und Bretterverschlag. Stangenhölzer und fertige Pro-
dukte einer Tischlerwerkstatt stapeln sich ungeord-
net um zwei Baumstämme. Hinter der Mauer ist
oben links der Dachaufbau einer Villa sichtbar.
Yad Vashem Institut, Jerusalem
Geschenk von Roger Katz, Brüssel

84 Die Meistermannschaft, 1932
Feder und Pinsel in Tusche, aquarelliert
Keine weiteren Angaben
Eine Fußballmannschaft, in verkürzter Perspektive
summarisch zusammengefaßt und mit Fußbällen als
Köpfen, stellt sich vor dem Tor einem Fotografen zur
Aufnahme. Über allem schwebt ein Engel mit einem
Lorbeerkranz.
Die Zeichnung erschien als Umschlagtitel von Heft 6
der Zeitschrift ›Der Querschnitt‹ (Ende Juni 1932).
Thema des Heftes: Fug und Unfug des Sports.
Ullstein-Verlag, Berlin
Erworben vom Künstler

85 Hochzeitspaar mit Kamelen, 1932
Feder und Pinsel in Tusche, aquarelliert
Keine weiteren Angaben
Ein jungvermähltes Paar, sich umarmend, auf dem
Rücken eines Kamels. Die Frau hält einen Ehering in
der rechten Hand. Dahinter ein weiteres Kamel.
Beide Tiere tragen einen Zylinder bzw. Brautschleier
auf dem Kopf.
Die Zeichnung erschien als Umschlagtitel von Heft
10 der Zeitschrift ›Der Querschnitt‹ (Oktober 1932).
Thema des Heftes: Die Ehe von heute.
Ullstein-Verlag, Berlin
Erworben vom Künstler

86 Mauer in Rom, 1932
Öl auf Leinwand, 39,5 × 57 cm
Signiert und datiert: Felix Nußbaum Rom 1932
(rechts unten)
Vor einer dunkelbraunen Mauer, die das Bild quer
durchzieht, steht ein zweirädriger Karren zwischen
Körben und Brettern.
Dieses und die folgenden Bilder sind während des
Studienaufenthalts in der Villa Massimo in Rom
entstanden.
Kulturgeschichtliches Museum, Osnabrück
Aus dem Nachlaß

87 Hinterhöfe in Rom, 1932
Öl auf Leinwand, 50 × 65 cm
Signiert und datiert: Felix Nußbaum Rom 1932
(rechts unten)
Blick in einen verwinkelten Hof zwischen niedrigen
Häusern und Mauern, die von zwei Zypressen über-
ragt werden.
Kulturgeschichtliches Museum, Osnabrück
Aus dem Nachlaß

88 Paar am Flußufer, 1932
Öl auf Leinwand, 35 × 39 cm
Signiert und datiert: Felix Nussbaum 1932 (links unten)
Mann und Frau, die Arme ineinandergeschlungen, auf einem Weg an einem hohen Flußufer. Links vorn ein düsterer Baumstamm, im Hintergrund die Teilansicht einer Brücke. Die Figuren sind in Hüfthöhe vom unteren Bildrand überschnitten.
Privatbesitz, Osnabrück
Aus dem Nachlaß

89 »Rom (Südwind)«, 1932/33
Gouache, Öl, 48 × 59 cm
Signiert und datiert: Felix Nussbaum Roma 1932 (links unten), Felix Nussbaum 1933 (links unten)
Bezeichnet: Rom (Südwind) (auf der Rückseite)
Ansicht einer bildparallelen Straße mit Mauer, dahinter Gebäude und Bäume eines Parks. Zwei Straßenlaternen betonen die Bildmitte.
Kulturgeschichtliches Museum, Osnabrück

90 Selbstbildnis (Villa Massimo), um 1932/33
Öl auf Leinwand, 50 × 71 cm
Deutsche Akademie Villa Massimo, Rom (verschollen)
Das Bild ging gemäß den Statuten der Akademie in den Besitz der Villa Massimo über. Im oder kurz nach dem Zweiten Weltkrieg ging das Bild verloren.
Eine Bildvorlage stand nicht zur Verfügung

91 Titelzeichnung für die Zeitschrift ›Der Querschnitt‹, 1933
Keine weiteren Angaben
Die Zeichnung erschien als Umschlagtitel von Heft 3 der Zeitschrift ›Der Querschnitt‹ (März 1933).
Ullstein-Verlag, Berlin (kein Belegexemplar mehr vorhanden)
Erworben vom Künstler

92 »Die Gedankensünde«, 1933
Feder in farbiger Tusche, aquarelliert
Keine weiteren Angaben
Ein Liebespaar geht an einem Haus vorbei. Der Mann wendet sich, mit überlangem Hals, einer zweiten Frau zu, die aus einem höher gelegenen Fenster schaut.
Die Zeichnung erschien als Umschlagtitel von Heft 9 der Zeitschrift ›Der Querschnitt‹ (Dezember 1933).
Thema des Heftes: Familie und Verwandtes.
Ullstein-Verlag, Berlin
Erworben vom Künstler

93 Schneemann, 1933
Feder in Tusche, aquarelliert
Keine weiteren Angaben
Schneemann mit verbeultem Hut. Der linke Arm, gebildet durch einen Regenschirm, hält zwei einander zugewandte Masken.

Die Zeichnung erschien als Umschlagtitel von Heft 1 der Zeitschrift ›Der Querschnitt‹ (Ende Januar 1934).
Ullstein-Verlag, Berlin
Erworben vom Künstler

94 Am Rande von Rom, um 1933
Öl auf Sperrholz, 35 × 50 cm
Signiert: Felix Nussbaum ROMA (links unten)
Gehöft in einer hügeligen Landschaft.
Der unbemalte Holzgrund ist stellenweise als Farbton stehengeblieben.
(Auf der Rückseite das 1942 in Brüssel gemalte Bild ›Gefängnishof‹, s. Nr. 263).
Privatbesitz
Aus dem Nachlaß
Eine Bildvorlage stand nicht zur Verfügung

95 »Vorstadtkirche in Rom«, 1933
Gouache, 48 × 58 cm
Signiert und datiert: Felix Nussbaum Roma 1933 (links unten)
Bezeichnet: Rom, Vorstadtkirche in Rom (auf der Rückseite)
Hinter Mauern, die den Vordergrund durchteilen, erhebt sich, von zwei Zypressen in der Bildmitte begleitet, der Campanile einer Kirche.
Kulturgeschichtliches Museum, Osnabrück

96 Osteria in Rom, 1933
Gouache, Öl, 48 × 62 cm
Signiert und datiert: Felix Nussbaum 1933 (links unten)
Über eine rote Bodenfläche, die den Vordergrund füllt, geht der Blick auf ein unscheinbares Haus, auf dessen Terrasse eine Gruppe von vier Männern sitzt.
Kulturgeschichtliches Museum, Osnabrück

98 In den Toskaner Bergen, um 1933
Gouache, Maße unbekannt
Keine weiteren Angaben
Ausblick auf eine von kubischen Häusern und Zypressen gegliederte Berglandschaft. Im Vordergrund eine weitausladende Agave.
Galerie Huis in 't Park, Eindhoven

100 Paare unter Zypressen, um 1933
Öl auf Leinwand, 63,5 × 39 cm
Signiert: Felix Nussbaum (rechts unten)
Unter zwei Zypressen stehen zwei Paare auf einem Platz im Schatten der Bäume vor einer Mauer. Der Mann vorn links trägt die Uniform eines Karabiniere. Über der Mauer ragen eine bergige Landschaft und ein hohes Haus hervor.
Das Bild ist ein interessantes Beispiel für die spielerische Ader des Künstlers. Im pastos gemalten Werk ist die Fläche des Kleides der vorderen Frau exakt ausgekratzt und in dünn aufgetragenem Gelb erneut ausgemalt. Bei Gegenlicht wird genau an dieser Stelle der Torso eines mit blauem Stift auf die nackte Leinwand der Rückseite gezeichneten Aktes sichtbar.
Privatbesitz, Hagen a. T. W.
Aus dem Nachlaß

97 Hof in der Campagna, 1933
Gouache, Öl, 44 × 58 cm
Signiert und datiert: Felix Nussbaum Roma 1933 (rechts unten)
Vor einem Hof mit Torturm ein blauer Karren. Rechts ein Junge mit weißem Hund und zwei schwarzen Hühnern.
Kulturgeschichtliches Museum, Osnabrück

99 Maler mit Staffelei in einer Landschaft, um 1933
Öl auf Sperrholz, 49,8 × 64,8 cm
Unsigniert
Maler an einer Staffelei, begleitet von einem schwarzen Pudel, in einer Landschaft mit Zypressen. Rohentwurf.
Rückseite von: ›Selbstbildnis mit Geschirrtuch‹ (s. Nr. 146).
Kulturgeschichtliches Museum, Osnabrück

101 Bildnis eines Karabiniere, um 1933
Öl auf Leinwand, 64 × 50 cm
Unsigniert
Hüftbild eines Mannes in schwarzer Uniform. Auf dem Kopf trägt er einen Zweispitz mit grün-weiß-roter Kokarde. Die rechte Hand stützt sich in Brusthöhe auf das Degengefäß, während die linke Hand ein Paar weiße Handschuhe hält. Links oben Ausblick ins Freie.
Privatbesitz Dr. Andor Koritz, Berlin
Aus dem Nachlaß

102 Zerstörung (1), um 1933
Pinsel in Tusche, 50 × 70 cm
Signiert: Felix Nussbaum (rechts unten)
In hügeliger Landschaft steht neben zerstörten anti-
ken Säulen und Statuen ein Paar. Im Hintergrund
eine Windmühle, ein sich neigender Campanile und
ein zerstörtes Amphitheater. Eine hörnerblasende
Gruppe durchschreitet von links die Szenerie.
Die Zeichnung hat skizzenhaften Charakter.
Kulturgeschichtliches Museum, Osnabrück

103 Zerstörung (2), 1933
Öl auf Leinwand, 53 × 76 cm
Signiert und datiert: Felix Nußbaum 1933 (rechts
unten)
Im Vordergrund liegen zerbrochene Bilder und Reste
eines Keilrahmens. Im Mittelgrund links und rechts
Ecken von Gebäuden, dazwischen ein teilweise zer-
störtes antikes Amphitheater. Vor der Gebäudefront
auf der linken Seite steht verloren ein sich umarmen-
des Paar.
Privatbesitz
Aus dem Nachlaß

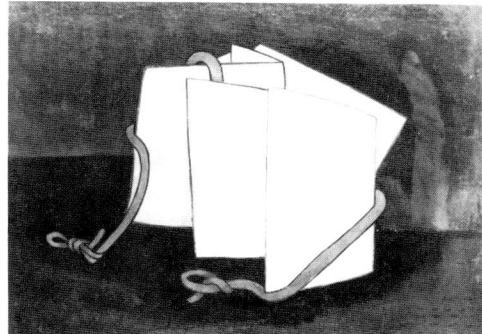

104 Faltbuch, um 1933
Öl auf Leinwand, 59 × 78 cm

Unsigniert
In der Bildmitte sind die unbeschriebenen Blätter
eines Faltbuches aufgestellt, darüber liegt lose ein an
beiden Enden mit Knoten versehenes Band.
Kulturgeschichtliches Museum, Osnabrück
Leihgabe des Museums- und Kunstvereins Osnabrück

105 Dorf in Italien, um 1933
Gouache, 61 × 47 cm
Signiert: Felix Nussbaum (links unten)
Hinter einem nur vage angedeuteten Vordergrund
erheben sich die massiven roten Häuser und die
Kirche eines Ortes.
Kulturgeschichtliches Museum, Osnabrück

106 Hafencafé, um 1933
Gouache, 63 × 48 cm
Signiert: Felix Nussbaum (links oben)
Halbverdeckt von einem großen Segel in der rechten
Bildhälfte, Ansicht eines Hafenbeckens mit Straßen-
café. Ein Reklameschild mit der Aufschrift ›Rossi‹
setzt einen Akzent.
Kulturgeschichtliches Museum, Osnabrück

107 Italienischer Fischerhafen, um 1933
Gouache und Öl, 49 × 65 cm
Signiert: Felix Nussbaum (links unten)
Auf dem Vorplatz eines tiefer gelegenen Hafenbek-
kens ruht ein Mann im Liegestuhl. Eine Hauswand
und Bäume führen das Bild in die Tiefe. In der
Bildmitte eine Hafenmauer mit laternenbewehrtem
Treppenabgang, daneben eine männliche Rückenfi-
gur. Hinter der Mauer werden Bootsmasten sichtbar.
Privatbesitz, Osnabrück

108 »San Remo«, um 1933
Gouache, 35 × 45 cm
Signiert: Felix Nussbaum (rechts unten)
Bezeichnet: San Remo (rechts unten)
An einem Anlegeplatz sind zwei Männer damit be-
schäftigt, ein Schiff zu beladen. Im Hintergrund ein
gebirgiger Küstenstrich.
Galerie Huis in't Park, Eindhoven

109 Bahnstation in Alassio, 1933
Gouache, 48 × 62 cm
Signiert und datiert: Felix Nussbaum 1933 (rechts unten)
Parallel zur Bildebene führt ein Schienenstrang mit einem abgesperrten Gleisübergang durchs Bild. Dahinter eine Bahnstation mit männlicher Figur. Eine befahrene Landstraße mit dem Ortsschild ›Alassio‹ und ein Ausschnitt der Meeresbucht, eingefaßt von Telegrafenstangen, schließen das Bild ab.
Privatbesitz Roger Katz, Brüssel

110 Am Strand von Alassio, 1933
Öl auf Leinwand, 46 × 63,5 cm
Signiert und datiert: Felix Nussbaum Alassio 1933 (rechts unten)
Vor einer Reihe einzelner Häuser sind zwei Fischerboote hoch auf den Strand gezogen. Das balkonverzierte Haus ist auch Bildmotiv von ›Haus mit Balkonen‹ (s. Nr. 111).
Privatbesitz
Aus dem Nachlaß

111 Haus mit Balkonen, 1933
Gouache und Öl, 48 × 68 cm

Signiert und datiert: Felix Nussbaum 1933 Alassio (rechts unten)
Ähnlicher Bildaufbau wie in ›Weißes Boot vor einer Mauer‹ (s. Nr. 112). Die linke Bildhälfte nimmt ein mit Balkonen verziertes Haus ein. Rechts geht der Blick über ein Boot und Badekabinen auf das Meer. Vor dem Himmel eine an Drähten aufgehängte Lampe.
Kulturgeschichtliches Museum, Osnabrück

112 Weißes Boot vor einer Mauer, 1933
Gouache und Öl, 47 × 62 cm
Signiert und datiert: Felix Nussbaum 1933 (links unten)
Auf einem leeren Platz, vor kahler Hausmauer, mit Teildurchblick auf das Meer, ein weißes Boot. Vor dem Himmel eine an Drähten aufgehängte Lampe (s. Nr. 111).
Kulturgeschichtliches Museum, Osnabrück

113 »Großes und kleines Boot«, 1933
Gouache, 48 × 67 cm
Signiert und datiert: Felix Nussbaum 1933 (links unten)
Bezeichnet: Großes und kleines Boot (auf der Rückseite)
Auf das Ufer gezogene Fischerboote, Körbe und Stangen.
Kulturgeschichtliches Museum, Osnabrück

114 Zwei blaue Boote, 1933
Gouache, 44 × 62 cm
Signiert und datiert: Felix Nussbaum 1933 (links unten)
Zwei blaue Boote vor grünem Meer. Hinter dem rechten Boot steht ein Angler.
Kulturgeschichtliches Museum, Osnabrück

115 »Fischerboote mit Insel«, 1933
Gouache, 48 × 67 cm
Signiert und datiert: Felix Nussbaum 1933 (links unten)
Bezeichnet: Fischerboote mit Insel (auf der Rückseite)
Im Vordergrund einer Bucht sind an einer rechtwinklig ins Bild hineinragenden Mole Boote festgemacht. Im Meer ein Badender, am Horizont eine Insel.
Kulturgeschichtliches Museum, Osnabrück

116 »Strandbild«, 1933
Gouache, 48 × 68 cm
Signiert und datiert: Felix Nussbaum 1933 (Mitte unten)
Bezeichnet: Strandbild (auf der Rückseite)
Strandszene mit Sonnenschirmen und Liegestühlen.
Ein groß ins Bild hineinragendes, blaues Fischerboot
schließt das Bild nach links, ein Haus nach rechts ab.
Ein Berg hinterfängt die Gruppe der Badenden.
Kulturgeschichtliches Museum, Osnabrück

117 Gasse zum Meer, 1933
Gouache, 66 × 46 cm
Signiert und datiert: Felix Nussbaum Alassio 1933
(links unten)
Durch einen Torbogen und über zwei Ruderboote
am Strand geht der Blick auf das Meer. Badende
umlagern ein Sprunggerüst.
Kulturgeschichtliches Museum, Osnabrück

118 Meereslandschaft mit Fischern, um 1933
Gouache, 49 × 65 cm
Signiert: Felix Nussbaum (rechts unten)

In loser Reihung sitzen mehrere Fischer am Strand
des Meeres. Zu den Seiten wird die Gruppe jeweils
von einem Ruderboot, an dem ein Fischer lehnt,
abgeschlossen.
Kulturgeschichtliches Museum, Osnabrück

119 Säulenhaus in Alassio, 1933
Gouache, 63 × 47 cm
Signiert und datiert: Felix Nussbaum 1933 (links
unten)
Zentrales Bildmotiv ist ein Haus mit säulengetrage-
nem Balkon. Davor liegt barriereartig ein Fischer-
boot.
Kulturgeschichtliches Museum, Osnabrück

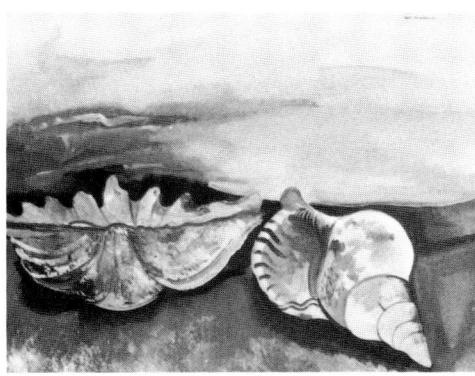

120 Zwei Muscheln, um 1933
Gouache, 48 × 62 cm
Signiert: Felix Nussbaum (rechts oben)
Vor dem skizzenhaft angedeuteten Hintergrund des
Meeres füllen zwei großformatig gesehene Muscheln
das Bild.
Privatbesitz Roger Katz, Brüssel

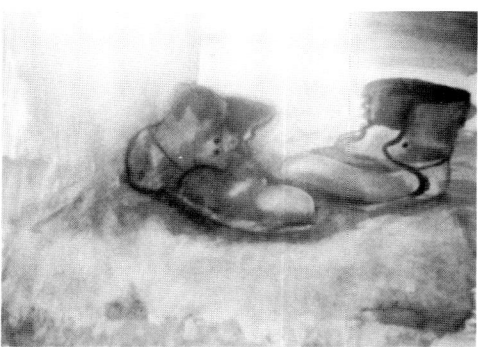

121 Stiefel, um 1933
Gouache, 45 × 65 cm
Signiert: Felix Nussbaum (rechts unten)
Ein Paar ausgetretener, alter Stiefel in monochrom
brauntoniger Umgebung.
Privatbesitz Maurice Schlussel, Brüssel
Erworben vom Künstler

122 Trattoria Emovese, um 1933
Gouache, 45 × 65 cm
Signiert: Felix Nussbaum (links unten)
Zweiseitig von Häusern umschlossener Platz eines
italienischen Fischerortes (wahrscheinlich Alassio).
Neben einer Baumgruppe, die den Blick auf das Meer
freigibt, lagert ein weißes Boot. Die hintere Häuser-
zeile überragt ein Kirchturm. Am rechten Bildrand
trägt der Sockel eines Hauses die Aufschrift: ›Tratto-
ria Emovese‹.
Privatbesitz Maurice Schlussel, Brüssel
Erworben vom Künstler

123 Die Bucht von Amalfi, 1933
Gouache, 47 × 65 cm
Signiert und datiert: Felix Nussbaum 1933 (rechts
unten)

Aussicht von einer am Hang gelegenen Straße über die Hausdächer und die Kirche eines Mittelmeerortes. Im Hintergrund das Meer, belebt von Schiff und Segelboot. (Der Besitzer gab als Titel ›Amalfi‹ an; für einen Aufenthalt Nussbaums in Amalfi gibt es jedoch keinen Beleg. Eventuell handelt es sich um eine Ansicht Alassios.)
Privatbesitz Ledel, Brüssel
Geschenk des Künstlers

126 Park in Rapallo, 1934
Gouache, 34 × 47 cm
Signiert und datiert: Felix Nussbaum 1934 (links unten)
Bezeichnet: Rapallo (auf der Rückseite). Ein weiterer, schwer lesbarer Zusatz »(Dollfuss) Österreich«, teils durchgestrichen (auf der Rückseite).
Parklandschaft mit großer Schmuckvase und Kirchengebäude.
Der Zusatz »Dollfuss« kann auf die Entstehungszeit verweisen (am 25. Juli 1934 wurde der österreichische Bundeskanzler Engelbert Dollfuss in Wien von nationalsozialistischen Putschisten ermordet).
Privatbesitz, Osnabrück

128 Piazza, 1934
Gouache, 50 × 35 cm
Signiert und datiert: Felix Nussbaum 1934 (rechts unten)
Piazza in Rapallo. Zwei Palmen rahmen eine Kirche mit Freitreppe, Arkaden und Glockenturm ein. Am linken Bildrand ein Mast mit der italienischen Fahne.
Kulturgeschichtliches Museum, Osnabrück

124 Italienische Straße, um 1934
Gouache, 67 × 48 cm
Signiert: Felix Nussbaum (rechts unten)
Straße, überspannt von einem dunklen Sonnensegel. Leitungsdrähte durchziehen den Himmel.
Kulturgeschichtliches Museum, Osnabrück

125 Rapallo, 1934
Gouache, 50 × 35 cm
Signiert und datiert: Felix Nussbaum 1934 Rapallo (links unten)
Hinter der Palmengruppe eines Parks sind kleine Häuser (Badekabinen?) zu erkennen.
Kulturgeschichtliches Museum, Osnabrück

127 Zwei Türme, 1934
Gouache auf Hartfaserplatte, 39,5 × 34 cm
Signiert und datiert: Felix Nussbaum 1934 (links unten)
Blick durch eine Gasse in Rapallo auf zwei Türme (linker Turm s. Nr. 128).
Kulturgeschichtliches Museum, Osnabrück

129 Küste von Rapallo, 1934
Öl auf Leinwand, 31,5 × 47 cm
Signiert und datiert: Felix Nussbaum 1934 (links unten)
Über ein vertäutes, abgetakeltes Segelboot geht der Blick auf Teile der Stadt Rapallo und die Berge im Hintergrund.
Yad Vashem Institut, Jerusalem
Geschenk von Charles Knoblauch, Belgien

130 Unterführung in Rapallo, 1934
Gouache und Öl, 50 × 35 cm
Signiert und datiert: Felix Nussbaum 1934 (rechts unten)
Ein von einer Unterführung unterbrochener Damm. Über dem Brückengeländer steht eine weiße Sonne.
Kulturgeschichtliches Museum, Osnabrück

131 Maler vor Viadukt, 1934
Gouache, Maße unbekannt
Signiert und datiert: Felix Nussbaum 1934 (rechts unten)
Vor den hohen Bögen eines Viaduktes (im linken Bogen abgestellte Karren, am rechten Bildrand ein Haus) steht auf der Straße ein Maler, die Zeichenmappe unter dem Arm. Die Figur ist stark stilisiert wiedergegeben.
Ehemals Privatbesitz, Osnabrück (verschollen)
Eine Bildvorlage stand nicht zur Verfügung

132 Boot und Eimer, 1934
Gouache, 38 × 49 cm
Signiert und datiert: Felix Nussbaum 1934 (rechts unten)
Bezeichnet: Rapallo (auf der Rückseite)
Boot und großer Eimer am Strand.
Privatbesitz, Osnabrück

133 Baumstudie, um 1934
Gouache und Öl, 62 × 48 cm
Signiert: Felix Nussbaum (links unten)
Verzweigter Stamm eines Baumes, aus freien Farbfeldern komponiert.
Kulturgeschichtliches Museum, Osnabrück

134 Selbstbildnis mit roter Krawatte, um 1934
Gouache und Öl, 70 × 52 cm
Signiert: Felix Nussbaum (rechts unten)
Brustbild. Die Farbfelder des Pullovers bauen zugleich auch den Hintergrund auf.
Kulturgeschichtliches Museum, Osnabrück

135 Sargträger, 1934
Öl auf Leinwand, 49 × 64 cm
Signiert und datiert: Felix Nußbaum 1934 (links unten)
Parallel zu einer schräg ins Bild laufenden Mauer wird von sechs Knochenmännern ein Sarg mit der Bezeichnung ›Nummer 850000‹ getragen. Über die Mauer ragen Galgen hinweg, zu Füßen der Mauer liegen Skelette und ein Leichnam, an denen Ratten nagen.
Galerie Hasenclever, München
Aus dem Nachlaß

136 Friedhofsbank, 1935
Gouache auf Hartfaserplatte, 61 × 47 cm
Signiert und datiert: Felix Nussbaum 1935 (rechts unten)
In Trauerkleidung sitzt ein Paar auf der Bank eines Friedhofs. Grabkreuze hinterfangen das Bild.
Kulturgeschichtliches Museum, Osnabrück

141 Interieur mit Stilleben, 1935
Öl auf Leinwand, 46,5 × 64,5 cm
Signiert und datiert: Felix Nussbaum 1935 (links unten)
Blick in einen Raum, in dem einige Möbel stehen, im Hintergrund links ein Waschbecken. Auf einem Tisch im Mittelgrund sind ein Tuch, zwei Masken, eine braune Steinzeugflasche und zwei Zitronen zu einem Stilleben arrangiert.
Privatbesitz Dr. Andor Koritz, Berlin
Aus dem Nachlaß

137 Reiter und Tod, 1935
Gouache auf Hartfaserplatte, 61 × 47 cm
Signiert und datiert: Felix Nussbaum 1935 (links unten)
Vor einer Mauer, über die Galgen und eine überdimensionale Glocke hinausragen, flieht ein Reiter vor einem Pferd. Aus einem Tor in der Mauer am rechten Bildrand tritt ein schwarzgekleidetes Skelett.
Kulturgeschichtliches Museum, Osnabrück

139 Maler mit Maske und Katze, 1935
Gouache auf Hartfaserplatte, 61 × 47 cm
Signiert und datiert: Felix Nussbaum 1935 (Mitte unten)
Selbstporträt des Malers mit Clownsmaske und Palette, über die Schultern ein Geschirrtuch drapiert. Maskierte Figuren und eine Katze flankieren den Dargestellten. Im Hintergrund ein Fensterausblick.
Kulturgeschichtliches Museum, Osnabrück

142 Stilleben mit Kaffeekanne, um 1935
Öl auf Leinwand, 48,5 × 55 cm
Unsigniert
Auf einer Tischplatte sind Tücher, eine Schachtel und Dose, eine Bierflasche, ein Stück Wurst, Kaffeekanne und Tasse arrangiert.
Privatbesitz M. und H. Berlinicke, Wildeshausen
Aus dem Nachlaß

138 Maler mit Maske, um 1935
Öl auf Leinwand, 62 × 47 cm
Signiert: Felix Nussbaum (rechts unten)
Hinter einem Fenster steht, den rechten Arm mit der Palette auf die Brüstung gestützt, ein Maler, das Gesicht hinter einer Clownsmaske verborgen.
In der Verbindung von Maler und Maske wird der Einfluß des in Ostende lebenden James Ensor deutlich.
Kulturgeschichtliches Museum, Osnabrück
Leihgabe des Museums- und Kunstvereins Osnabrück

140 Zwei Masken, 1935
Öl auf Leinwand, 66 × 47 cm
Signiert und datiert: Felix Nussbaum 1935 (links unten)
An einer rosagetünchten Wand hängen zwei Masken, die eine mit Pfeife, über die andere ist ein rotkariertes Geschirrtuch gebreitet.
Privatbesitz Dr. Andor Koritz, Berlin
Aus dem Nachlaß

143 Stilleben mit Fußball, um 1935
Öl auf Leinwand, 46,5 × 61,5 cm
Signiert: Felix Nussbaum
Yad Vashem Institut, Jerusalem
Geschenk von David Susskind, Belgien
Eine Bildvorlage stand nicht zur Verfügung

144 Selbstbildnis mit Keilrahmen, 1935
Öl auf Leinwand, 63 × 51 cm
Signiert und datiert: Felix Nussbaum 1935 (rechts oben)
Hüftbild en face, mit Baskenmütze und Pfeife, in der rechten Hand ein Bild auf einem Keilrahmen.
Galerie Hasenclever, München
Aus dem Nachlaß

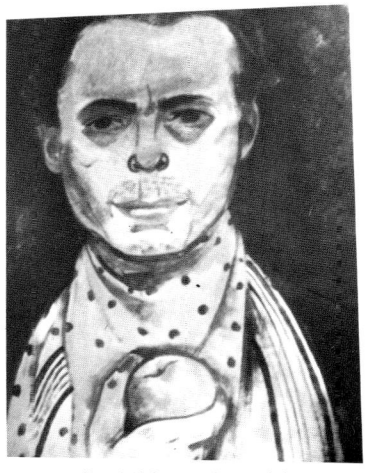

145 Selbstbildnis mit Apfel, um 1935
Gouache, Maße unbekannt
Keine weiteren Angaben
Frontales Brustbild vor grünem Hintergrund. Um den Hals schlingt sich ein rotes Tuch mit schwarzen Punkten und Randstreifen (s. Nr. 205), das die Brust bedeckt. Die linke Hand hält einen Apfel.
Galerie Huis in't Park, Eindhoven

146 Selbstbildnis mit Geschirrtuch, um 1935
Öl auf Sperrholz, 64,8 × 49,8 cm
Unsigniert
Frontales Brustbild. Ein blaukariertes über die rechte Schulter geschlungenes Geschirrtuch ist am Hals verknotet. Vor dem linken Ohr eine violette Blüte, auf dem Kopf eine Baskenmütze. Im Hintergrund die Dächer der Stadt Ostende.
(Auf der Rückseite das Bild ›Maler mit Staffelei in einer Landschaft‹, s. Nr. 99).
Kulturgeschichtliches Museum, Osnabrück
Aus dem Nachlaß

147 Die Dächer von Ostende, um 1935
Öl auf Leinwand, 19 × 24 cm
Keine weiteren Angaben
Blick über die Dachlandschaft Ostendes mit den Türmen von St. Peter und Paul. Ausblick aus dem Atelier (s. Nr. 146).
Privatbesitz Rosenthal, Chicago
Geschenk des Künstlers an das Ehepaar Blum (Eltern der heutigen Besitzerin)

148 Stadtansicht mit Boot, 1935
Gouache, 46,5 × 60 cm
Signiert und datiert: Felix Nussbaum 1935
Yad Vashem Institut, Jerusalem
Geschenk von Roger Katz, Brüssel
Eine Bildvorlage stand nicht zur Verfügung

149 Fischmarkt, um 1935
Gouache, 62 × 48 cm
Signiert: Felix Nussbaum (rechts oben)
Vom linken Bildrand geht der Blick über einen Bootsmast und zwei vom unteren Bildrand überschnittene männliche Figuren auf den Hafenarm. Am anderen Ufer Fischerbuden und Häuser, überragt von einer Kirche.
Kulturgeschichtliches Museum, Osnabrück

150 Hafenecke mit Kirche, um 1935
Gouache, 44,5 × 33 cm
Signiert: Felix Nussbaum Ostende (links unten)
Hafenecke in Ostende mit Fischerbooten und Kirche.
Im Vordergrund ein Poller.
Yad Vashem Institut, Jerusalem
Geschenk von Markus Gutwein, Belgien

151 Anker und Netze am Geländer, um 1935
Pinsel in Tusche, 47 × 63 cm
Signiert: Felix Nussbaum (rechts unten)
Blick auf den Teil eines Kanals, dessen Ufermauer ein
Geländer umzieht. Am Geländer hängen Anker und
Fischernetze, im Hintergrund lehnt neben einem
Karren eine männliche Rückenfigur. Eine mit dem
Pinsel gezogene Linie rahmt das Bildmotiv ein.
Kulturgeschichtliches Museum, Osnabrück

152 Angler im Hafen, 1935
Feder und Pinsel in Tusche, 48 × 64 cm
Signiert und datiert: Felix Nussbaum 1935 (rechts
unten)
In der Bildmitte, vor einem imposanten Hafengebäu-
de, eine Gruppe vertäuter Boote. Links am Pier drei
Angler.
Kulturgeschichtliches Museum, Osnabrück

153 Das Hafenbecken, 1935
Feder und Pinsel in Tusche, 48 × 64 cm
Signiert und datiert: Felix Nussbaum 1935 (rechts
oben)

Vom bildparallelen Kai geht der Blick über das
Hafenbecken. Die linke Bildhälfte ist von dichtge-
drängten Schleppern und Kranaufbauten gefüllt.
Kulturgeschichtliches Museum, Osnabrück

154 Straßenbrücke, 1935
Kohle und Gouache, 47 × 58 cm
Signiert und datiert: Felix Nussbaum 1935 Ostende
(links unten)
Zwischen einem Kran in der Bildmitte und zwei
Telegrafenmasten am rechten Bildrand führt eine
eiserne Straßenbrücke diagonal durch das Bild. Links
Andeutung des Hafens.
Kulturgeschichtliches Museum, Osnabrück

155 Blick übers Geländer, 1935
Pinsel in Tusche, 48 × 64 cm
Signiert und datiert: Felix Nussbaum 1935 (rechts
oben)
Hinter einem Geländer, an dem Wäsche zum Trock-
nen hängt, erhebt sich ein Wald von Masten. Der
Straßenzug am rechten Bildrand mit Karren und zwei
Personen erinnert an die ›Fischfrau am Hafen‹ (s. Nr.
196).
Kulturgeschichtliches Museum, Osnabrück

156 Zwei Fischer mit Booten, 1935
Gouache, 35,5 × 48 cm
Signiert und datiert: Felix Nussbaum Ostende 1935
(rechts unten)
Auf dem Geländer des Ostender Hafenkais lehnen
kieloben zwei Ruderboote. Daneben zwei Fischer.
Bootsmasten und Häuserfront im Hintergrund.
Privatbesitz Rosenthal, Chicago
Geschenk des Künstlers an das Ehepaar Blum (Eltern
der heutigen Besitzerin)

157 Straßenlaterne im Hafen, 1935
Pinsel in Tusche, 62 × 48 cm
Signiert und datiert: Felix Nussbaum 1935 (rechts
unten)
In der Bildmitte eine Straßenlaterne. Die rechte Bild-
hälfte bleibt frei, links zwei Bootsmasten und ein
Poller.
Privatbesitz, Bissendorf

158 Segelboote im Hafen, 1935
Feder und Pinsel in Tusche, 47 × 61 cm
Signiert und datiert: Felix Nussbaum 1935
Yad Vashem Institut, Jerusalem
Geschenk von Charles Knoblauch, Belgien
Eine Bildvorlage stand nicht zur Verfügung

159 Boot im Dock, um 1935
Öl auf Leinwand, 33 × 40,5 cm
Signiert: Felix Nussbaum
Yad Vashem Institut, Jerusalem
Geschenk von Roger Katz, Brüssel
Eine Bildvorlage stand nicht zur Verfügung

160 Boot, 1935
Öl auf Leinwand, 35,5 × 57,5 cm
Signiert: Felix Nussbaum 1935 (Mitte unten)
Frontale großformatige Ansicht eines Fischerbootes.
Yad Vashem Institut, Jerusalem
Geschenk von David Susskind, Belgien

161 Ausblick auf Ruderboote, 1935
Pinsel in Tusche, Kohle, 48 × 64 cm
Signiert und datiert: Felix Nussbaum 1935 (rechts unten)
Durch das Fenster eines Schuppens fällt der Blick auf zwei Ruderboote (in Aufsicht). Links ist am Fenstergebälk ein Tau verknotet.
Kulturgeschichtliches Museum, Osnabrück

162 Schiffsdeck, 1935
Feder und Pinsel in Tusche, mit Deckweiß gehöht, 48 × 64 cm
Signiert und datiert: Felix Nussbaum 1935 (links unten)
Deckaufbauten eines am Kai liegenden Schiffes. Rettungsboot und Davits in der Mitte weiß gehöht.
Privatbesitz, Osnabrück

163 Drei Netzflicker, 1935
Gouache, 48,5 × 58,5 cm
Signiert und datiert: Felix Nussbaum 1935 (Mitte unten)
Am Kai des Ostender Fischereihafens sitzen drei Netzflicker bei der Arbeit, überragt von dem Segel eines Kutters.
Privatbesitz Ledel, Brüssel
Geschenk des Künstlers

164 Am Kanal, 1935
Gouache, 46,5 × 62,5 cm
Signiert und datiert: Felix Nussbaum 1935 (links unten)
Frontale Ansicht eines Kanals in Ostende, im Hintergrund Lagerschuppen. Mehrere Männer sind damit beschäftigt, die Kohlefracht einer Schute auf einen Pferdewagen umzuladen.
Privatbesitz Ledel, Brüssel
Geschenk des Künstlers

165 Häuser am Kanal, um 1935
Öl auf Leinwand, 49,5 × 64,5 cm
Signiert und datiert: Felix Nussbaum (links unten)
Jahreszahl zerstört
Parallel zum Bildrand verläuft ein schmaler Kanal, auf dem ein Boot liegt. Am jenseitigen Ufer mehrere Gebäude, das linke überragt von einem Kirchturm. Vor diesem Gebäude ein Pferdewagen.
Privatbesitz, Osnabrück
Aus dem Nachlaß

166 Straßenszene in Ostende, um 1935
Gouache, 47 × 65 cm
Unsigniert
Straßenecke in Ostende. Im Vordergrund sitzen ein Mann, eine Frau und zwei Kinder auf einem Balken, daneben ein Stoßkarren und ein Gestell mit Fischen. Eine Frau schiebt einen Stoßkarren über die Straße. Auf der anderen Straßenseite ein Eckgebäude mit der Aufschrift ›Boulangerie‹.
Privatbesitz, ehemals Galerie Huis in't Park, Eindhoven

167 Fischerhaus in den Dünen, 1935
Pinsel in Tusche, 33 × 42 cm
Signiert und datiert: Felix Nussbaum 1935 (rechts unten)
Fischerhaus in den Dünen. Auf einer Bank zwei Männer.
Kulturgeschichtliches Museum, Osnabrück

169 Droschke im Hafen, um 1935
Gouache, 48 × 62 cm
Signiert: Felix Nussbaum (links unten)
Hafenszene in Ostende. Im Vordergrund ein Droschkengespann mit schlafendem Kutscher, dahinter ein Hafenbecken mit Kran, herausragenden Masten von Fischkuttern und Gebäuden.
Privatbesitz Roger Katz, Brüssel

171 Vor der Staffelei, um 1935/36
Feder in Tusche, aquarelliert, 29,5 × 21,5 cm
Unsigniert
Maler vor der Staffelei sitzend.
Kulturgeschichtliches Museum, Osnabrück

168 Kutscher, um 1935
Bleistift, Feder in Tusche, aquarelliert, 21,5 × 21,5 cm
Unsigniert
Skizze einer Straßenszene. Zwischen einer Straßenlaterne und einem Zeitungsleser auf einer Bank wartet ein Kutscher auf Fahrgäste (Blatt eines Skizzenblocks).
Kulturgeschichtliches Museum, Osnabrück

170 Passanten, um 1935
Feder in Tusche, aquarelliert, 17 × 20,5 cm
Unsigniert
Vier Skizzen aus dem Straßenleben Ostendes (Gruppe von Männern, männliche Rückenfigur, Mann mit Karren, Mutter mit Kind).
Kulturgeschichtliches Museum, Osnabrück

172 Die Palette, um 1935/36
Gouache, 49 × 63 cm
Signiert: Felix Nussbaum (rechts unten)
Auf einer mit einem Geschirrtuch bedeckten Kommode liegen Palette und Pinsel des Malers. Im Hintergrund das Oberlichtfenster des Ateliers.
Kulturgeschichtliches Museum, Osnabrück

173 Abendhimmel, um 1935/36
Aquarell, 24 × 31 cm
Signiert: Felix Nussbaum (rechts oben)
Abendhimmel über dem Hafen von Ostende.
Privatbesitz, Osnabrück

174 Dachlandschaft, um 1935/36
Aquarell, 24 × 31 cm
Signiert: Felix Nussbaum (rechts oben)
Dächer und Bäume vor Himmel.
Privatbesitz, Osnabrück

175 Selbstbildnis am Zeichenbrett, 1936
Pinsel in Tusche, 63 × 48 cm
Signiert und datiert: Felix Nussbaum 1936 (rechts oben)
Brustbild mit Mütze und geblümter Küchenschürze vor einem Zeichenbrett. Die rechte Hand hält eine Pfeife.
Die Zeichnung wird in ›Selbstbildnis im Torbogen‹, im Dessin der Schürze abgeändert und mit Hintergrund gefüllt, übernommen (s. Nr. 176).
Kulturgeschichtliches Museum, Osnabrück

176 Selbstbildnis im Torbogen, 1936
Gouache, 62 × 48 cm
Signiert und datiert: Felix Nussbaum 1936 (rechts unten)
Brustbild. Selbstporträt in Dreiviertelansicht am Zeichenbrett. Die Figur wird von einem Torbogen eingerahmt, der den Blick auf das Meer freigibt.
Überarbeitete Fassung der Zeichnung ›Selbstbildnis am Zeichenbrett‹ (s. Nr. 175).
Privatbesitz Roger Katz, Brüssel

177 Selbstbildnis mit Schal, um 1936
Pinsel in Tusche, Kohle, 60 × 47 cm
Signiert: Felix N. (links unten)
Frontales Selbstbildnis mit Schal und Baskenmütze. Mit wenigen Strichen ist ein Zeichenbrett angedeutet.
Kulturgeschichtliches Museum, Osnabrück

178 Selbstbildnis mit Schal und Baskenmütze, um 1936
Gouache, Öl, 62 × 49 cm
Unsigniert
Brustbild mit Schal und Baskenmütze.
Kulturgeschichtliches Museum, Osnabrück

179 Selbstbildnis als Grimasse (1), 1936
Kohle, 63 × 49 cm
Signiert und datiert: Felix Nussbaum 1936 (rechts unten)
Autonome Zeichnung, die, mit Hintergrund versehen, in eine Gouache mit gleichem Titel (s. Nr. 180) übernommen wird.
Kulturgeschichtliches Museum, Osnabrück

180 Selbstbildnis als Grimasse (2), 1936
Gouache, 62 × 48 cm
Signiert und datiert: Felix Nussbaum 1936 (links oben)
Selbstporträt als Brustbild, mit einer Papiertüte auf dem Kopf. Zerzauste Haare, die Asymmetrie der Augenpartie und der im Schrei verzerrte Mund geben dem Gesicht seine starke Ausdruckskraft. Im Hintergrund eine leicht gebogene Dorfstraße mit Mauer.
Erweiterte Fassung einer titelgleichen Zeichnung (s. Nr. 179).
Privatbesitz Roger Katz, Brüssel

182 Selbstbildnis mit Maske und Schalltrichter (2), um 1936
Gouache, 62 × 48 cm
Signiert: Felix Nussbaum (rechts unten)
Im Unterschied zur gleichbetitelten Zeichnung (s. Nr. 181) besitzt die Gouache als Zusatz einen Hintergrund mit Fensterausblick auf das Meer.
Privatbesitz Roger Katz, Brüssel

184 Selbstbildnis mit Kopftuch, 1936
Kohle, 63 × 48 cm
Signiert und datiert: Felix Nussbaum 1936 (Mitte rechts)
Frontales Brustbild vor dem Zeichenbrett, die rechte Hand nachdenklich zum Mund geführt. Auf dem Kopf ist ein Tuch verknotet.
Auf der Rückseite: ›Selbstbildnis in Dreiviertelansicht‹ (s. Nr. 185).
Kulturgeschichtliches Museum, Osnabrück

181 Selbstbildnis mit Maske und Schalltrichter (1), um 1936
Kohle, 63 × 49 cm
Unsigniert
Brustbild eines Mannes (Selbstbildnis?) in Verkleidung (Gesichtsmaske, Papierhut mit Blättern). Die rechte Hand hält einen Schalltrichter vor den Mund. Autonome Zeichnung, die in eine titelgleiche Gouache (s. Nr. 182) übernommen wird.
Auf der Rückseite: ›Schweigen‹ (s. Nr. 183).
Kulturgeschichtliches Museum, Osnabrück

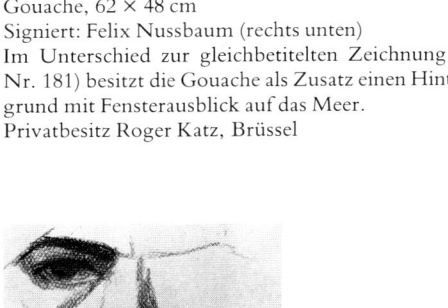

183 Schweigen, um 1936
Kohle, 63 × 49 cm
Unsigniert
Detailstudie eines Gesichtes. Der Zeigefinger der rechten Hand ist an den Mund geführt und bildet mit der Nase die Bildachse. Das rechte Auge ist im Gegensatz zur rechten Gesichtshälfte sorgfältig ausgeführt (Selbstbildnis?).
Die Zeichnung weist motivische Parallelen mit dem Gemälde ›Das Geheimnis‹ (s. Nr. 230) auf.
Rückseite von: ›Selbstbildnis mit Maske und Schalltrichter‹ (s. Nr. 181).
Kulturgeschichtliches Museum, Osnabrück

185 Selbstbildnis in Dreiviertelansicht, um 1936
Kohle, 63 × 48 cm
Unsigniert
Andeutungsweise, in Dreiviertelansicht angelegter Kopf, die linke Gesichtshälfte im Schatten.
Rückseite von: ›Selbstbildnis mit Kopftuch‹ (s. Nr. 184).
Kulturgeschichtliches Museum, Osnabrück

186 Selbstbildnis (Schatten), 1936
Kohle, 62 × 49 cm
Signiert und datiert: Felix Nussbaum 1936 (links unten)
Frontale Kopfstudie in der Bildmitte, stark verschattet.
Auf der Rückseite: ›Kopfstudie‹ (s. Nr. 187).
Kulturgeschichtliches Museum, Osnabrück

188 Selbstbildnis, um 1936
Kohle, 63 × 48 cm
Signiert: F. Nussbaum (links unten)
Frontale Kopfstudie, nach links aus der Bildachse versetzt. Brustbild. Fein ausgearbeiteter Kopf und angedeutete Körperlinien.
Kulturgeschichtliches Museum, Osnabrück

190 Mast, Poller und Tauwerk, um 1935/36
Feder und Pinsel in Tusche, 63 × 48 cm
Signiert: Felix Nussbaum (rechts unten)
Auf dem Kai Poller und Tauwerk, dahinter der Mast eines tiefliegenden Kutters, hinterfangen von Häusern am anderen Ufer. Teils sehr sorgfältig, teils skizzenhaft ausgeführt. Helle Tuschbahnen akzentuieren den Mast.
Kulturgeschichtliches Museum, Osnabrück

187 Kopfstudie, um 1936
Kohle, 62 × 49 cm
Unsigniert
In Umrißlinien angelegte Kopfstudie in Dreiviertelansicht mit zusammengekniffenen Augen.
Rückseite von ›Selbstbildnis (Schatten)‹ (s. Nr. 186).
Kulturgeschichtliches Museum, Osnabrück

189 Porträt Felka Platek, um 1936
Kohle, 60 × 48 cm
Signiert: Felix Nussbaum (rechts unten)
Frontales Brustbild mit weit um den Kopf spielendem Haar. Angedeutete Körperlinien.
Kulturgeschichtliches Museum, Osnabrück

191 Bootsmast, um 1935/36
Pinsel in Tusche, Kohle, Deckweiß gehöht,
62 × 48 cm
Signiert: Felix Nussbaum (rechts unten)
Bootsmast, teils weiß gehöht. Im Hintergrund angedeutete Häuser.
Kulturgeschichtliches Museum, Osnabrück

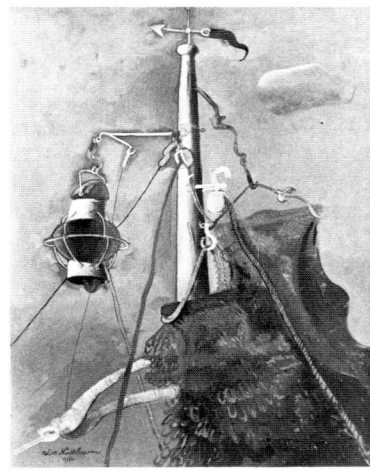

192 Bootsmast mit Positionslampe, 1936
Öl auf Sperrholz, 62,5 × 47,5 cm
Signiert und datiert: Felix Nussbaum 1936 (links
unten)
Vor freiem Himmel in Nahsicht der Mast eines
Fischerbootes mit Windfahne, Positionslampe, Net-
zen und Seilen der Takelage.
Kulturgeschichtliches Museum, Osnabrück
Aus dem Nachlaß

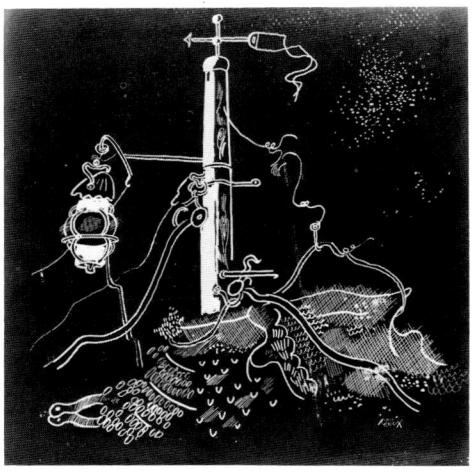

193 Bootsmast, um 1936
Glasmalerei, gebrannt, ca. 20 × 20 cm
Signiert: Felix (rechts unten)
Detail eines Bootsmastes mit Positionslaterne
(s. Nr. 192).
Privatbesitz Nico Gazan, Brüssel
Geschenk des Künstlers

194 Takelwerk, 1936
Öl auf Sperrholz, 51 × 38 cm
Signiert und datiert: Felix Nussbaum 1936 (links
unten)
Schiffsgerät, Takelwerk und Mastbaum.
Privatbesitz Auguste Moses, Ramat-Gan, Israel
Aus dem Nachlaß

195 Fischer am Hafen, 1936
Öl auf Sperrholz, 50,4 × 65,5 cm
Signiert und datiert: Felix Nussbaum 1936 (links
unten)
Fischer auf einem Kai. Hinter der Kaimauer ist ein
Teil eines Fischerbootes zu sehen, das mit einem
dicken Tau an einem Poller festgemacht ist. Am
linken Bildrand eine Hausecke mit einer Türöffnung.
Privatbesitz, Osnabrück
Aus dem Nachlaß
Eine Bildvorlage stand nicht zur Verfügung

196 Fischfrau am Hafen, 1936
Öl auf Sperrholz, 50,8 × 65,4 cm
Signiert und datiert: Felix Nussbaum 1936 (links
unten)
An der Ecke einer Straße, die parallel zu einem Kai
verläuft, sitzt eine Frau neben einem Gestell, an dem
große Plattfische zum Verkauf ausgehängt sind. Da-
hinter die Masten von Fischereifahrzeugen, in denen
Austernnetze hängen. Am Straßenrand ein zweiräd-
riger Stoßkarren.
Kulturgeschichtliches Museum, Osnabrück
Aus dem Nachlaß

197 Die Fähre nach Dover, 1936
Gouache, 47 × 62 cm
Signiert und datiert: Felix Nussbaum 1936 (rechts
unten)
An der Mole vertäut, liegt das Fährschiff von Ost-
ende nach Dover zur Abfahrt bereit. Kutter und
Ruderboote im Vordergrund.
Privatbesitz Paul Emile Holm, Brügge
Erworben vom Künstler durch Desirée Steyns, Ost-
ende, 1936
Geschenk von Eva Steyns an Paul Emile Holm

198 Lokomotive auf einem Holzlagerplatz, 1936
Öl auf Sperrholz, 50,5 × 65,8 cm
Signiert und datiert: Felix Nussbaum 1936 (links unten)
Zwischen niedrigen Häusern steht eine Schmalspurlokomotive mit hohem Schornstein daneben ein Mann mit Zylinder und ein barfüßiger Junge in Rückenansicht.
Galerie Hasenclever, München
Aus dem Nachlaß

199 Zimmermannsplatz, 1937
Gouache, 47 × 61,5 cm
Signiert und datiert: Felix Nussbaum 1937
Yad Vashem Institut, Jerusalem
Geschenk von Markus Gutwein, Belgien
Eine Bildvorlage stand nicht zur Verfügung

200 Bootsmast und Kirche, 1937
Pinsel in Tusche, Kohle, farbige Kreiden, 62 × 48 cm
Signiert und datiert: Felix Nussbaum 1937 Ostende (rechts oben)
Zentrales Bildthema ist ein farbig angereicherter Bootsmast. Ähnliches Motiv wie ›Fischmarkt‹ (s. Nr. 149).
Kulturgeschichtliches Museum, Osnabrück

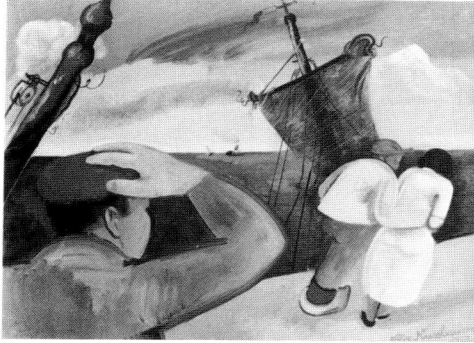

201 An der Kaimauer, 1937
Öl auf Sperrholz, 50 × 65,2 cm
Signiert und datiert: Felix Nussbaum 1937 (rechts unten)
Auf der Kaimauer, die schräg zur unteren Bildkante verläuft, schreitet rechts ein Fischer mit einer Frau aus der Bildszenerie. Beide Gestalten stemmen ihre Körper kräftig gegen den Wind. In der linken unteren Ecke Rückenansicht eines Fischers, der seine Mütze mit der Hand festhält. Eine stark geneigte Mastspitze ragt links ins Bild, Mast und Segel eines anderen Bootes ragen hinter dem Paar hervor. Auf der grünen bewegten See vor dem Horizont Segelboot und Dampfer.
Privatbesitz Wolfgang Sdun, Osnabrück
Aus dem Nachlaß

202 Fischer am Kai, 1937
Öl auf Sperrholz, 50 × 65 cm
Signiert und datiert: Felix Nussbaum 1937 (rechts unten)
Auf einem Poller sitzt, den Kopf schlafend nach vorn geneigt, ein Fischer. Hinter der Kaimauer werden die Masten und das Gaffelsegel eines Kutters sichtbar.
Bezirksregierung Osnabrück
Aus dem Nachlaß

203 Zwei Männer am Hafen, um 1937
Öl auf Leinwand, 52 × 59,5 cm
Unsigniert
Zwei Seeleute stehen am Rande eines Hafenbeckens. In der Bildmitte eine Gruppe von Schuten, Schleppern und Kränen. (Das Bild ist offenbar nicht vollendet, vor allem am rechten und am oberen Bildrand.)
Kulturgeschichtliches Museum, Osnabrück
Aus dem Nachlaß

204 Arbeiter im Steinbruch, 1937
Gouache, 46 × 62 cm
Signiert und datiert: Felix Nussbaum 1937 (rechts unten)
Steinbruch in hügeligem Gelände. Im Mittelgrund eine Gruppe von Arbeitern mit Stangen. Am linken Bildrand eine kleine Dampflokomotive.
Kulturgeschichtliches Museum, Osnabrück

205 Porträt Justus Nussbaum (1), um 1937
Kohle, 62 × 48 cm
Unsigniert
Frontales Brustbild mit geöffnetem Mund. Das Bildnis wird variiert in ›Porträt Justus Nussbaum (2)‹ (s. Nr. 206) und in ›Selbstbildnis mit Bruder‹ (s. Nr. 207) wiederverwendet.
Kulturgeschichtliches Museum, Osnabrück

207 Selbstbildnis mit Bruder, 1937
Öl auf Sperrholz, 50,5 × 65,4 cm
Signiert und datiert: Felix Nussbaum 1937 (rechts unten)
Brustbilder zweier Männer, wobei der hintere dem anderen mit zum Lachen geöffnetem Mund über die Schulter sieht. Im Hintergrund der rechten Bildhälfte eine Backsteinmauer, in der linken Bildhälfte unter düsterem Himmel eine graue Mauer, vor der ein alter Mann entlang geht. Der vordere Kopf zweifellos ein Selbstbildnis, der hintere könnte Nussbaums älteren Bruder Justus darstellen, Vorstudien s. Nr. 205, 206.
Kulturgeschichtliches Museum, Osnabrück

209 Selbstbildnis mit Hut, um 1937
Öl auf Sperrholz, 62,5 × 50 cm
Unsigniert
Frontales Brustbild, das Gesicht unrasiert, auf dem Kopf ein zerdrückter Hut. Im Hintergrund Häusergiebel, Schornsteine (s. Nr. 208) und Baumkronen.
Kulturgeschichtliches Museum, Osnabrück
Aus dem Nachlaß

206 Porträt Justus Nussbaum (2), um 1937
Blei, Gouache, Öl, 63 × 48 cm
Signiert: Felix Nussbaum (rechts unten)
Farbige Umarbeitung der Kohlezeichnung Nr. 205. Der Kopf ist in ein Interieur eingefügt: leeres Zimmer mit offener, den Kopf rahmender Tür. In der rechten Bildhälfte ein Stilleben mit Schale und zwei Zitronen, darüber hängt ein Geschirrtuch.
Kulturgeschichtliches Museum, Osnabrück

208 Über den Dächern (Geschirrtuch), um 1937
Öl auf Leinwand, 71,5 × 59 cm
Unsigniert
Blick auf ein Gewirr von Schornsteinen vor zwei Hauswänden und Hausdächern, die von Baumwipfeln überragt werden. An zwei Klammern hängt scheinbar frei im Himmel ein rotkariertes Geschirrtuch. Variation s. Nr. 237.
Privatbesitz, Osnabrück
Aus dem Nachlaß

210 Kopf hinter dem Fenster, 1937
Öl auf Sperrholz, 65,5 × 50,6 cm
Signiert und datiert: Felix Nussbaum 1937 (rechts unten)
Durch die kleine Öffnung eines Fensters sieht man einen Kopf mit einer dunkelgrünen Kappe, umschlungen von einem braunroten Tuch mit schwarzen Punkten und Randstreifen. Die rechte Hand ist zum lachend geöffneten Mund geführt.
Die Darstellung scheint auf Museumsbesuche in Brüssel hinzuweisen; sie ist deutlich von Ostade inspiriert.
Kulturgeschichtliches Museum, Osnabrück
Aus dem Nachlaß

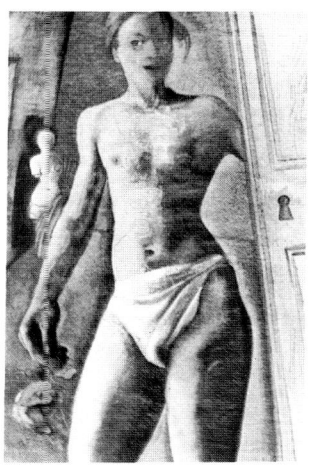

211   Modell im Atelier, 1938
Öl auf Leinwand, 64 × 51 cm
Signiert und datiert: Felix Nussbaum 1938 (links oben)
In einem Raum steht frontal in der Bildmitte eine fast nackte männliche Gestalt, im Hintergrund wird der Torso einer weiblichen Statue sichtbar. Den rechten Bildrand akzentuiert eine Tür, die ebenso wie die Senkrechten der linken Raumecke nach innen geneigt ist.
Privatbesitz Dr. Andor Koritz, Berlin
Aus dem Nachlaß

212   Don Quichotte und die Windmühlen, 1938
Öl auf Sperrholz, 65 × 50 cm
Signiert und datiert: Felix Nussbaum 1938 (rechts unten)
Brustbild des Ritters im Harnisch mit geöffnetem Visier in düsteren Farben. Im Hintergrund rechts vor dem Horizont zwei Windmühlen. Das Bild setzt die Kenntnis von Daumiers Quichotte-Darstellungen voraus.
Privatbesitz Dr. Andor Koritz, Berlin
Aus dem Nachlaß

213   Blumenstilleben, 1938
Öl auf Leinwand, 47 × 62 cm
Signiert und datiert: Felix Nussbaum 1938
Blauer Krug mit Anemonen vor dunkelgrüner Wand. Auf der Rückseite: ›Akt eines sitzenden jungen Mädchens‹ (s. Nr. 214).
Privatbesitz Schulamit Jaari, Beer-Turia, Israel
Eine Bildvorlage stand nicht zur Verfügung

214   Akt eines sitzenden jungen Mädchens, um 1938
Öl auf Leinwand, 62 × 47 cm
Rückseite von »Blumenstilleben« (s. Nr. 213).
Privatbesitz Schulamit Jaari, Beer-Turia, Israel
Eine Bildvorlage stand nicht zur Verfügung

215   Stilleben, mit vergittertem Fenster (1), 1938
Öl auf Leinwand, 63 × 54,5 cm
Signiert und datiert: Felix Nussbaum 1938 (links unten) und Felix Nussbaum Bruxelles 1938 (auf der Rückseite)
Auf einem schwarzen Tisch neben einem vergitterten Fenster steht eine bauchige Vase, in der vier Malpinsel und eine blaßrosa Mohnblume mit geknicktem Stiel stecken.
Kulturgeschichtliches Museum, Osnabrück
Aus dem Nachlaß

216   Stilleben mit vergittertem Fenster (2), 1938
Öl auf Leinwand, 50 × 40 cm
Signiert und datiert: Felix Nussbaum 1938 (auf der Rückseite)
Variante des Werkes Nr. 215.
Privatbesitz Auguste Moses, Ramat-Gan, Israel
Aus dem Nachlaß

217   Trauernde, 1938
Öl auf Leinwand, 61 × 50 cm
Signiert und datiert: Felix Nussbaum 1938 (rechts unten) und Felix Nussbaum 1938 Bruxelles (auf der Rückseite)
Die Bildmitte wird vom Brustbild einer Frau eingenommen, links vor ihr der Kopf eines Kindes. Aus dem linken Auge der Frau fließen Tränen, die sich in drei Perlen verwandelt haben. Um den Hals trägt sie eine Kette mit sehr großen Perlen. In Höhe ihres Scheitels sind im Bildhintergrund auf der linken Seite schemenhaft kämpfende und sterbende Soldaten, auf der rechten Seite weiße Grabkreuze dargestellt.
Galerie Hasenclever, München
Aus dem Nachlaß

218 Zwei Pferde, 1938
Öl auf Leinwand, 55 × 65 cm
Signiert und datiert: Felix Nussbaum 1938 (links unten)
In nächtlicher gebirgiger Landschaft mit Vollmond sind ein schwarzes und ein weißes Pferd im Rohentwurf gegeben.
Kulturgeschichtliches Museum, Osnabrück

220 Surreale Landschaft, um 1939
Öl auf Sperrholz, 50,7 × 65,4 cm
Signiert: Felix Nussbaum (rechts unten)
Gebäudeteile, Gräber und ein Telegrafenmast bilden zusammen eine unwirkliche Kulisse. Am Himmel erscheinen die untergehende Sonne und der Vollmond. Die Darstellung ist umgeben von einem gemalten Rahmen.
Kulturgeschichtliches Museum, Osnabrück
Aus dem Nachlaß

222 Surreale Landschaft mit Paar, um 1939
Öl auf Sperrholz, 50,6 × 65,6 cm
Unsigniert
Landschaftsfragmente und Gebäudeteile sind zu einer Kulisse zusammengebaut, in der ein in schwarzen Linien gemaltes Paar steht.
Kulturgeschichtliches Museum, Osnabrück
Aus dem Nachlaß

219 Gartenansicht, 1938
Gouache, 28,5 × 35,5 cm
Signiert und datiert: Felix Nussbaum Bruxelles 1938 (rechts unten)
Ansicht eines schmalen, von hohen Mauern umgebenen Gartens mit blühendem Obstbaum, trocknender Wäsche und zwei neben ihrem Arbeitsgerät pausierenden Männern. Das Motiv ist in Aufsicht, aus dem Brüsseler Atelierfenster, wiedergegeben und taucht erneut, allerdings in wesentlich bedrückenderer Thematik, in ›Der Mann auf dem Baum‹ (s. Nr. 264) auf.
Yad Vashem Institut, Jerusalem
Geschenk von Charles Knoblauch, Belgien

221 Surreale Landschaft mit Kopf (Selbstbildnis), um 1939
Öl auf Sperrholz, 64,4 × 50,2 cm
Signiert: Felix Nussbaum (links unten)
Zwischen Gebäudeteilen, Gittermasten und Kränen ist ein verfremdeter männlicher Kopf dargestellt, in den Zahlen hineingeschrieben sind.
Galerie Hasenclever, München
Aus dem Nachlaß

223 Surreale Landschaft mit Leierkastenmann, 1939
Öl auf Leinwand, 52 × 63 cm
Signiert und datiert: Felix Nussbaum 1939 (rechts unten)
Vor einer bühnenbildartigen Kulisse von Gebäudeteilen, geschlossen durch einen Berg im Hintergrund, steht ein Drehorgelspieler. Rechts im Mittelgrund drei Gestalten und ein Klavierspieler, rechts vorn ein Schneckengehäuse.
Kulturgeschichtliches Museum, Osnabrück
Aus dem Nachlaß

224 Selbstbildnis mit Apfelblüte, 1939
Öl auf Leinwand, 75,5 × 63,4 cm
Signiert und datiert: Felix Nussbaum 1939 (links unten)
In einer düsteren Landschaft mit einer grauen, sich ins Unbestimmte verlierenden Mauer und gekappten Bäumen hat sich im Vordergrund, von einem Baumstamm z. T. verdeckt, der Maler im Brustbild dargestellt, zwischen den Lippen eine Apfelblüte. Im Mittelgrund vor der Mauer eine schemenhafte weibliche Gestalt mit einem Blumenstrauß.
Privatbesitz Auguste Moses, Ramat-Gan, Israel
Aus dem Nachlaß

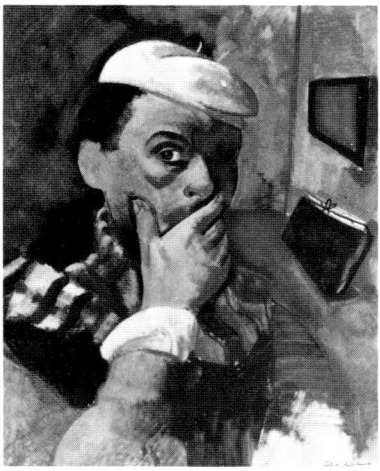

226 Selbstbildnis im Atelier, um 1939
Gouache, 62 × 48 cm
Signiert: Felix Nussbaum (rechts unten)
Vor dem Hintergrund des kahlen Ateliers (mit Bild und Grafikmappe) Selbstporträt als Brustbild in Dreiviertelansicht. Die rechte Hand ist in einer Pose zwischen Nachdenklichkeit und Erschrecken vor den Mund geführt. Die Mittelpunktsfigur in ›Mummenschanz‹ (s. Nr. 227) ist eine Variante dieses Porträts. In ›Geheimnis‹ (s. Nr. 230) wird das Thema in abgeänderter Form wieder aufgenommen.
Privatbesitz Roger Katz, Brüssel

228 Europäische Vision, 1939
Öl auf Leinwand, 60 × 74 cm
Signiert und datiert: Felix Nussbaum 1939 (rechts unten)
In einem kahlen Raum steht ein großer weißer Tisch, der aus der linken unteren Bildecke herauszuwachsen scheint. Auf dem Tisch ein großer Globus, der so gedreht ist, daß Mitteleuropa im Blickfeld erscheint. Rechts im Mittelgrund sitzt auf einem Hocker ein Mann, beide Hände vor das Gesicht geschlagen, neben ihm am Boden Stock und Bündel. Durch eine Türöffnung in der linken Wand des Raumes blickt man in eine kahle Landschaft mit entlaubten Bäumen und ziehenden Vögeln.
Galerie Hasenclever, München
Aus dem Nachlaß

225 Selbstbildnis mit Skabiose, 1939
Öl auf Sperrholz, 65,5 × 50,8 cm
Signiert und datiert: Felix Nussbaum 1939 (rechts oben)
Lebensgroßes Brustbild in eigenartiger Kostümierung. Um den Hals hat sich der Maler ein braunrotes Tuch mit schwarzen Punkten und ebensolchen Randstreifen geschlungen, auf dem Kopf trägt er einen roten Hut mit einer Feder, der das Gesicht bis auf die rechte Wange beschattet, in seiner rechten, mit einem weißen Handschuh bekleideten Hand hält er eine langstielige Skabiose. Auf dem Handschuh sitzt eine Fliege. Auf einem Tisch vor ihm befinden sich zwei Birnen und eine Weinflasche.
Privatbesitz, Osnabrück
Aus dem Nachlaß

227 Mummenschanz, um 1939
Öl auf Leinwand, 73 × 98 cm
Unsigniert
Sechs Figuren (drei Brustbilder, dahinter drei überschnittene Köpfe) füllen dichtgestaffelt und karnevalistisch verkleidet das Bild. Sie sind allesamt als Selbstporträts erkennbar (die Brustbilder s. Nr. 180, 182, 226). Im Hintergrund rechts Hochhäuser, links ein Baum mit verdorrten Ästen unter gleißender Sonne. Rückseite von: ›Porträt eines jungen Mannes‹ (s. Nr. 23). Abbildung in: ›Art‹, H. 9, 1982, S. 71.
Gallery B. Friedman, New York
Aus dem Nachlaß

229 Das Geheimnis (1), 1939
Bleistift und Gouache, 15,5 × 19,5 cm
Unsigniert
Zwei männliche Halbfiguren nebeneinander im Bildvordergrund, die eine hat lauschend die Hand ans Ohr gehoben, die andere flüstert ihr hinter vorgehaltener Hand etwas zu. Hinter den beiden ein weiblicher Halbakt, ein Finger als Geste des Schweigens auf die Lippen gelegt. In der linken oberen Bildecke ein tiefer Durchblick in eine Raumflucht. An der rechten Seite hängt ein kariertes Geschirrtuch. Die obere Figur entstand in enger Anlehnung an ›Schweigen‹ (s. Nr. 183). Werkzeichnung zu dem Gemälde (s. Nr. 230).
Unterhalb der Zeichnung eine kleine Kompositionsskizze.
Kulturgeschichtliches Museum, Osnabrück

230 »Das Geheimnis« (2), 1939
Öl auf Leinwand, 61 × 74,5 cm
Signiert und datiert: Felix Nussbaum Bruxelles, No-
vembre 1939 (rechts unten)
Bezeichnet: Das Geheimnis Felix Nussbaum 1939
LE SECRET (auf der Rückseite)
Nur unwesentlich abgeänderte Fassung der Zeich-
nung Nr. 229.
Privatbesitz, Osnabrück
Aus dem Nachlaß

231 »Die trostlose Straße«, um 1939
Öl auf Leinwand, 56 × 43 cm
Signiert: Felix Nussbaum (rechts oben, vom Rahmen
verdeckt)
Bezeichnet: DIE TROSTLOSE STRASSE Felix
Nussbaum (auf der Rückseite)
Blick in eine schmale Straße mit zwei düsteren Häu-
serfronten, aus deren leeren Fensterhöhlen einige
schwarze Fahnen heraushängen. Auf dem Gehweg
rechts ein entlaubter Baum, in der Mitte der Straße
eine schwarze Katze.
Galerie Hasenclever, München
Aus dem Nachlaß

232 Weg ins Gebirge, 1939
Öl auf Leinwand, 45 × 58 cm
Signiert und datiert: Felix Nussbaum 1939 (links
unten)
Durch die Bildmitte einer Landschaft führt ein Weg
ins Gebirge. Ein Wanderer geht der Bergkette entge-
gen. Neben dem Weg ein gekappter, schiefer Baum.
Privatbesitz Schulamit Jaari, Beer-Turia, Israel
Eine Bildvorlage stand nicht zur Verfügung

233 Trümmer am Berg, 1939
Öl auf Leinwand, 54 × 75 cm
Signiert und datiert: Felix Nussbaum 1939 (rechts
unten)
Verschiedene Personen sowie zerbrochene Teile
einer Statue und einer Säule rollen, von greller Sonne
beschienen, einen Abhang hinunter. Am rechten
Bildrand ein fliehendes Pferd.
Privatbesitz Auguste Moses, Ramat-Gan, Israel
Aus dem Nachlaß

234 Stilleben mit Handschuh, 1939
Gouache, 61 × 46 cm
Signiert und datiert: Felix Nussbaum 1939 Bruxelles
(rechts oben)
Auf einem Stuhl ist ein Stilleben aufgebaut: Krug und
Handschuh, über der Stuhllehne hängen zwei Tü-
cher.
Kulturgeschichtliches Museum, Osnabrück

235 Stilleben mit Zitronen, um 1939/40
Aquarell, 47 × 61 cm
Signiert: Felix Nussbaum (rechts oben)
Stilleben mit Schale, Krug, Zitronen und Papier-
rollen.
Kulturgeschichtliches Museum, Osnabrück

**236 Stilleben mit Krügen und Äpfeln,
um 1939/40**
Aquarell, 61 × 46 cm
Signiert: Felix Nussbaum (rechts unten)
Zwei Krüge und zwei Äpfel vor einem Fensteraus-
blick.
Kulturgeschichtliches Museum, Osnabrück

237 Über den Dächern (Handschuhe), 1940
Gouache, 65,5 × 51,5 cm
Signiert und datiert: Felix Nussbaum 1940 (rechts unten)
Dachlandschaft in Brüssel, Atelierausblick (s. Nr. 208, 209). An einer Wäscheleine hängt ein Paar Handschuhe zum Trocknen.
Yad Vashem Institut, Jerusalem
Geschenk von Roger Katz, Brüssel

239 Stilleben mit Statuette, 1940
Öl auf Leinwand, 74 × 55 cm
Signiert und datiert: Felix Nussbaum 1940 (links unten)
Auf einer nicht exakt gekennzeichneten Fläche stehen eine helle Schale, die naive Statuette einer schwarzen Katze, eine dunkle Pappröhre, ein bauchiger Krug und ein Wecker. Im Hintergrund gekappte kahle Bäume. Die rechte obere Ecke wird von einem rotkarierten Geschirrtuch eingenommen.
Privatbesitz, Belm
Aus dem Nachlaß

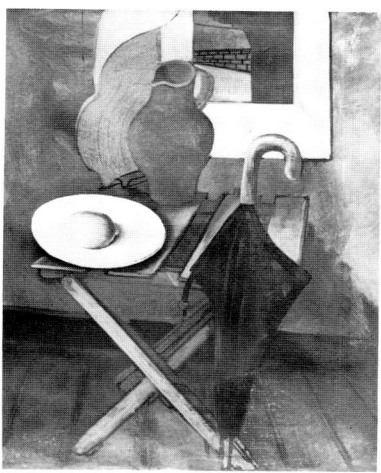

241 Stilleben mit Regenschirm, um 1940
Öl auf Leinwand, 88 × 71 cm
Unsigniert
Auf einem Klapphocker, an den ein Regenschirm gelehnt ist, stehen ein Teller mit einer Zitrone und ein Krug. Ein kleines Fenster gibt den Durchblick auf ein Gebäude frei.
Privatbesitz, Osnabrück
Aus dem Nachlaß

238 Atelier in Brüssel, 1940
Gouache, 62 × 48 cm
Signiert und datiert: Felix Nussbaum 1940 (rechts oben)
Nussbaums Atelier in Brüssel: in der rechten Bildhälfte zwei Staffeleien mit in Arbeit befindlichen Werken. In der linken Bildhälfte zwei übereck stehende Schränke, an und auf denen Grafikmappen und Keilrahmen lehnen. Davor ein Klapphocker mit Palette und ein Krug mit Pinseln. Ein Schrank ist als Bücherschrank erkennbar, der andere enthält Keramiken (eigener Produktion?) und ein aufgebautes Stilleben aus Flasche, Gliederpuppe und Keramiken.
Privatbesitz Roger Katz, Brüssel

240 Stilleben mit Weinflasche, 1940
Öl auf Leinwand, 81 × 51 cm
Signiert und datiert: Felix Nussbaum 1940 (rechts oben)
Auf einem grauen Kubus steht eine halbleere schwarzgrüne Weinflasche, deren Schatten an der Wand erscheint. Neben ihr liegt ein Tulpenstengel. dessen Blüte über den Rand des Kubus herabhängt.
Privatbesitz, Osnabrück
Aus dem Nachlaß

242 Stilleben mit Stuhl, 1940
Gouache, Feder in Tusche, 65 × 53 cm
Signiert und datiert: Felix Nussbaum 1940 (am linken Rand)
Geschnitzter Stuhl mit Westerwälder Krug und einer Schale grüner Äpfel.
Privatbesitz, Bissendorf

243 Stilleben mit Gliederpuppe, um 1940
Öl auf Leinwand, 100 × 88 cm
Unsigniert
Auf einer Tischplatte, über deren Vorderkante ein
zusammengeschobenes Tuch herabhängt, befinden
sich ein Teller mit einem Apfel, ein Zeichendreieck,
drei Eierbecher mit Löffeln, Schachteln, eine Weinflasche, eine ausgesägte bemalte Puppe, das Titelblatt
von ›LE SOIR‹, dahinter eine Gliederpuppe, wie sie
von Malern für Bewegungsstudien gebraucht wird,
vor einer hochaufgerichteten hellen Papprühre. In
einer der Schachteln ein schlanker Papiertrichter.
Galerie Hasenclever, München
Aus dem Nachlaß

244 Stilleben mit Pampelmuse, 1940
Öl auf Sperrholz, 49,8 × 64,8 cm
Signiert: Felix Nussbaum (rechts unten)
Zwei Bücher, eine Pampelmuse, ein umgelegter
Steinzeugkrug und ein Fetzen der Zeitung ›LE SOIR‹
sind zu einem Stilleben gruppiert. Auf dem Etikett
des einen Buches die Bezeichnung ›LA NATURE
MORTE de Felix Nussbaum‹. Auf dem Zeitungs-
blatt das Datum ›MARDI 16 AVRIL 1940‹.
Kulturgeschichtliches Museum, Osnabrück
Aus dem Nachlaß

245 Porträt Felka Platek, 1940
Gouache und Kohle, 71 × 53 cm
Signiert und datiert: Felix Nussbaum 1940 (rechts
oben)
Frontal gesehenes halbfiguriges Porträt mit vor der
Brust verschränkten Armen. Gebrochene Grün- und
Blautöne unterstreichen den melancholischen Aus-
druck.
Kulturgeschichtliches Museum, Osnabrück

246 Porträt Felka Platek, um 1940
Kohle, Pinsel in Tusche, Kreide, 59 × 53 cm
Signiert: Felix Nussbaum (rechts unten)
Brauntoniger Kopf mit leerem Blick.
Kulturgeschichtliches Museum, Osnabrück

247 Bombardement, um 1940
Pinsel in Tusche, 50 × 63,5 cm
Signiert: Felix Nussbaum Fassung I
Yad Vashem Institut, Jerusalem
Geschenk von Roger Katz, Brüssel
Eine Bildvorlage stand nicht zur Verfügung

248 Gefangene in Saint-Cyprien (1), um 1940
Bleistift, 20 × 39 cm
Unsigniert
Im stacheldrahtumzäunten Sandgelände des Internierungslagers Saint-Cyprien sitzen und stehen mehrere
Personen um eine große Kiste, auf der ein Globus
steht. Wut, Trauer und Hoffnungslosigkeit spiegeln
sich in Gesichtsausdruck und Körperhaltung der
Gefangenen. Zwei Personen, die eine in tiefer Melancholie, die andere mit Stock und Bündel zur Flucht
bereit, blicken direkt auf den Betrachter. Zwei weitere wenden, in Decken gehüllt, dem Beschauer den
Rücken zu. Am rechten Bildrand ein in Hoffnungs-
losikgeit und Erschöpfung zusammengebrochener
Mann auf einer Kiste sitzend (vgl. Detailstudie, s. Nr.
265). Vorzeichnung zu dem Gemälde (s. Nr. 266).
Abbildung in: ›Widerstand statt Anpassung. Deutsche Kunst im Widerstand gegen den Faschismus‹,
hrsg. vom Badischen Kunstverein Karlsruhe, Berlin
1980, S. 152.
Kulturgeschichtliches Museum, Osnabrück

249 Gefangene in Saint-Cyprien (2), 1940
Bleistift, aquarelliert, 30 × 46,5 cm
Signiert und datiert: Felix Nussbaum 1940 (rechts
unten)
Bezeichnet: Entwurf zu einem Gemälde (links unten)
Getreue Übernahme der Bleistiftzeichnung (s. Nr.
248). Links unten ist ein Knochen hinzugefügt. Farbige Ausgestaltung in blauen, dunkelgelben und grau-
en Tönen. Das Blatt trägt rechts unten in Tinte den
Zusatz: »Meiner lieben Familie Weichmann freund-
lichst gewidmet«. Sybil Milton schreibt in ›Interna-
tional Conference: The lessons of the Holocaust,
October 1978, Philadelphia‹: » (...) eine symbolische
Studie des Lebens im Konzentrationslager. Es ist eine
der künstlerisch kräftigsten und technisch vollendet-
sten Zeichnungen der Konzentrationslager-Kunst«
(S. 102). Darin auch Abbildung (S. 117). Ferner
abgebildet in: Shoah, Vol. 1, Nr. 2, New York,
Herbst 1978, S. 11 und in: Blatter/Milton, Art of the
Holocaust, New York 1981, S. 110.
Leo Baeck Institute, New York, Art Collection
Geschenk von G. Mitchell, Castle Grove, Australien
(Freund der Familie Weichmann)

250 Die Lagersynagoge (1), 1940
Feder und Pinsel in Tusche, Bleistift, 18 × 28 cm
Signiert und datiert: Felix Nussbaum 1940 (rechts unten)
Auf kahlem, sandigem Boden steht eine längliche, wellblechgedeckte Baracke (die im Internierungslager von Saint-Cyprien als Behelfssynagoge diente). Vor ihrer Längswand betet eine Gruppe von vier Juden, die in Gebetsmäntel gehüllt sind. Ein Fünfter hält sich abseits. Im Vordergrund ein Stück Stacheldraht, eine leere Konservenbüchse und ein zerfetzter Schuh.
Kulturgeschichtliches Museum, Osnabrück

251 Die Lagersynagoge (2), 1941
Öl auf Sperrholz, 50 × 64,8 cm
Signiert und datiert: Felix Nussbaum 1941 (rechts unten)
Übertragung der Zeichnung Nr. 250 in Öl.
Yad Vashem Institut, Jerusalem

252 Die Vertriebenen, 1941
Öl auf Leinwand, 87 × 101 cm

Signiert und datiert: Felix Nussbaum 1941 (rechts unten)
Im Bildmittelgrund eine zusammengedrängte Gruppe von Männern und Frauen verschiedenen Alters vor einer düsteren Landschaft, deren Himmel von einem Blitz durchzuckt ist. Die Gruppe wird flankiert von zwei kahlen Bäumen, von deren einem ein Strick herabhängt. Links von der Gruppe ein Knabe, der in eine Pusteblume bläst.
Privatbesitz, Osnabrück
Aus dem Nachlaß

253 Angst, 1941
Öl auf Leinwand, 51 × 39,5 cm
Signiert und datiert: Felix Nussbaum 1941 (rechts unten)
In der unteren Bildhälfte die eng aneinander gepreßten Gesichter eines Mannes und einer Frau, Augen und Münder angstvoll geöffnet (Bildnisse von Felix Nussbaum und Felka Platek). Hinter ihren Köpfen ein Maueranschlag mit der Zeile ›Tempete sur l'Europe‹ (Sturm über Europa). Vor dem nächtlichen Himmel die Silhouette einer düster brennenden Gaslaterne.
Privatbesitz Schulamit Jaari, Beer-Turia, Israel
Aus dem Nachlaß

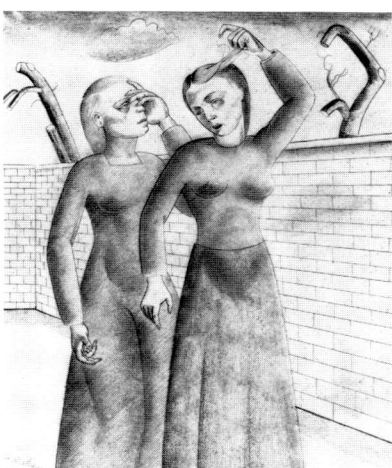

254 Verzweifelte Frauen, 1941
Beistift, 22 × 18 cm

Signiert und datiert: Felix Nussbaum 1941 (links unten)
Vor einer nackten Mauer stehen zwei weibliche Gewandfiguren, die in angstvoller Geste die Hand vor die Augen legen bzw. sich die Haare raufen. Zwei tote Bäume bilden den Begleitakkord. Entwurf zu ›Zwei Mädchen vor einer Mauer‹ (s. Nr. 255).
Kulturgeschichtliches Museum, Osnabrück

255 Zwei Mädchen vor einer Mauer, 1941
Öl auf Leinwand, 100 × 74 cm
Signiert und datiert: Felix Nussbaum 1941 (rechts unten)
Vor einer roten Backsteinmauer stehen zwei klagende Mädchen, eine Hand zum Gesicht erhoben bzw. in die Haare verkrallt. Vor dem düsteren Himmel über der Mauer Bäume mit abgehackten Ästen.
Galerie Hasenclever, München
Aus dem Nachlaß

256 Baum an der Mauer, um 1941
Öl auf Sperrholz, 48 × 34 cm
Signiert: Felix Nussbaum
An einer kahlen Mauer steht ein hoher Baum, dessen Krone graue Wolken berühren. Neben einem Steinhaufen eine Straßenlaterne, deren oberer Teil umgeknickt ist.
Privatbesitz Schulamit Jaari, Beer-Turia, Israel
Aus dem Nachlaß
Eine Bildvorlage stand nicht zur Verfügung

257 Weinende Frau, 1941
Öl auf Sperrholz, 52 × 48 cm
Signiert und datiert: Felix Nussbaum 1941
Vor dunklem Hintergrund trocknet sich eine weinende Frau mit einem Tuch die Augen. Sie trägt eine Kette aus Stacheldraht.
Privatbesitz Schulamit Jaari, Beer-Turia, Israel
Aus dem Nachlaß
Eine Bildvorlage stand nicht zur Verfügung

258 »Entwurf für ein Gemälde«, 1941
Bleistift, 16 × 15 cm
Signiert und datiert: Felix Nussbaum 1941 (rechts oben). Bezeichnet: Entwurf für ein Gemälde (links unten auf dem Passepartout)
Die untere Bildkante bildet eine hölzerne Brüstung, auf der sich ein Buch, ein Apfel und ein Fernrohr befinden. Hinter der Brüstung als zentrale Figurengruppe zwei weibliche Halbakte. Die linke Gestalt, ein junges, in sich gekehrtes Mädchen, hält in der rechten Hand, die der Brüstung aufliegt, eine Blume. Die rechte Frauenfigur, schmerzvoll aus dem Bilde herausblickend, hebt den rechten Arm vor die Stirn. Hinter dem Rücken der Frauen gibt eine im Bogen geführte Straße zwei Stadtansichten frei: im rechten Bildhintergrund ein Industriegebiet (Osnabrücks?) – am Straßenrand der Künstler mit einer Zeichenmappe unter dem Arm –, im linken Bildhintergrund eine Wohnstraße mit Blick auf die Osnabrücker Johanniskirche. Über der Frauengruppe ein Wasserflugzeug.
Kulturgeschichtliches Museum, Osnabrück

259 Junges Paar, 1941
Öl auf Leinwand, 88 × 71,5 cm
Signiert und datiert: Felix Nussbaum 1941 (links oben)
Vor dunklem Grund stehen in der Bildmitte eine zarte Mädchengestalt und schräg hinter ihr ein junger Mann, der eine Papierflöte in den erhobenen Händen hält. Beide Gesichter sind überaus ernst und lauschend. Besonders ausdrucksvoll die kräftig gebildeten locker herabhängenden Hände des Mädchens.
Kulturgeschichtliches Museum, Osnabrück
Aus dem Nachlaß

260 Porträt eines Unbekannten, 1941
Öl auf Leinwand, 58,5 × 71,5 cm
Signiert und datiert: Felix Nussbaum 1941 (rechts oben)
Ein Mann stützt sich auf einen Tisch, die Rechte an die gefurchte Stirn gehoben. Seiner linken Hand, die auf der Tischplatte aufliegt, ist ein welkes Blatt entfallen. Neben ihm liegt ein geschlossenes Buch.
Privatbesitz, Jerusalem

261 Stilleben mit Schachteln, 1941
Öl auf Leinwand, 64 × 75 cm
Signiert und datiert: Felix Nussbaum 1941 (rechts oben)
Eine große Vase, eine Schale, eine Flasche, eine Frucht und Schachteln sind auf einer nicht näher bestimmbaren Fläche arrangiert. Im Hintergrund Fetzen eines Zeitungsblattes.
Privatbesitz Oscar Gilson, München

262 Einsamkeit, 1942
Öl auf Leinwand, 95 × 61 cm
Signiert und datiert: Felix Nussbaum 1942 (links unten)
Zwischen zwei hohen Bretterwänden, die von astlosen, kahlen Bäumen überragt werden, läuft ein gesichtsloser Mann mit einem Papiertrichter vor dem Mund. Im Vordergrund Brustbild eines männlichen Aktes.
Privatbesitz, Belm
Aus dem Nachlaß

263 Gefängnishof, 1942
Öl auf Sperrholz, 50 × 35 cm
In einem Gefängnishof kappt ein Mann die Äste eines Baumes. Rückseite von: ›Am Rande von Rom‹ (s. Nr. 94).
Privatbesitz
Aus dem Nachlaß
Eine Bildvorlage stand nicht zur Verfügung

264 Der Mann auf dem Baum, 1942
Bleistift und Kohle, 36 × 27 cm
Signiert und datiert: Felix Nussbaum Bruxelles, 22 rue Archimede, 5. Mars 1942 (rechts unten)
Die Signatur gibt zugleich den Ort der Darstellung an: Ausblick aus dem Atelierfenster in den rückwärtigen Hof des Hauses. Der Hof ist durch eine Mauer unterteilt und wird von einem Haus mit vergitterten

Fenstern abgeschlossen. Inmitten des Hofes ein hoch-
ragender Baumstamm, den ein Mann mit Hilfe einer
Leiter erklettert hat, um ein langes Seil anzubringen
(Motivähnlichkeit mit Nr. 263). Hofmauer und
Baumstamm bilden ebenfalls den Hintergrund des
Bildes ›Selbstbildnis mit Judenpaß‹ (s. Nr. 278).
Kulturgeschichtliches Museum, Osnabrück

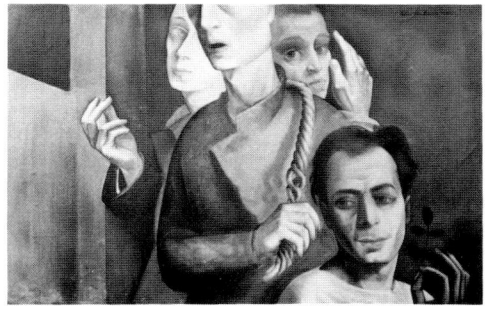

267 Gruppenbildnis, 1942
Öl auf Leinwand, 51 × 80,5 cm
Signiert und datiert: Felix Nussbaum 1942 (rechts
oben)
In einem unbestimmten Raum steht eine Gruppe von
drei Männern eng beieinander. Das Gesicht des vorderen, der einen Strick über der Schulter trägt, ist
unterhalb der Augen vom oberen Bildrand überschnitten, der Mund klagend geöffnet. Die beiden
anderen Männer haben in klagender Gebärde eine
Hand erhoben. Rechts von der Gruppe ragen von
unten her Kopf und Schultern eines Mannes ins Bild,
der zwischen Daumen und Zeigefinger ein Akazien-
blatt hält (Selbstbildnis des Malers).
Privatbesitz, Belm
Aus dem Nachlaß

269 Gliederpuppen, 1943
Öl auf Leinwand, 100 × 82 cm
Signiert und datiert: Felix Nussbaum 1943 (rechts
unten)
Auf einem illusionistisch wiedergegebenen, bühnen-
artigen Bretterboden eine männliche und eine weibliche Gliederpuppe in schwebend-tänzerischer Haltung, die Köpfe von Wolken flankiert. Drei weitere
Gliederpuppen am hinteren Rand der Bühne (ren-
nend, lesend, durch ein Fernrohr schauend). Kasten-
artige Aufbauten und kahle, gekappte Bäume schließen den Bühnenraum nach hinten ab.
Nach den Arbeiten in surrealistischer Manier von
1939 ein erneuter Versuch der Bildgestaltung mit den
›manichinos‹ von de Chirico.
In Klang und Anlage (Bretterfußboden, Doppelporträt in verschränkter Haltung) wirkt das Bild wie eine
verfremdete Variation von ›Selbstbildnis mit Felka
Platek‹ (s. Nr. 268).
Kulturgeschichtliches Museum, Osnabrück

265 Kauernder, um 1942
Kohle, Kreide, Feder in Tusche, Gouache, 42,5 ×
31,5 cm
Unsigniert
Detailstudie zu Nr. 266.
Kulturgeschichtliches Museum, Osnabrück

266 Gefangene in Saint-Cyprien (3), 1942
Öl auf Leinwand, 68 × 138 cm
Signiert, datiert und bezeichnet: Felix Nussbaum ST.
CYPRIEN (unvollendet) 18. Juni 1942 (auf der
Rückseite)
In einigen Partien entscheidend veränderte Fassung
der Vorzeichnung (s. Nr. 248): die Geige der linken
Randfigur ist durch eine Mandoline ersetzt, die rechte
Rückenfigur trägt einen Hut, im Vordergrund sind
Abfälle und eine laufende Ratte hinzugefügt. Der
Globus ist durch einen von den Gefangenen selbst aus
Brettern, Stacheldraht und Pappe gefertigten ersetzt.
Dem Fluchtbereiten sind deutlich Züge eines Selbst-
porträts verliehen.
Den unvollendeten Zustand des Bildes zeigt z. B. ein
Vergleich der verschieden stark ausgeführten Kisten,
die den beiden Figuren der rechten Bildhälfte als Sitz
dienen. Abbildung in: ›Widerstand statt Anpassung.
Deutsche Kunst im Widerstand gegen den Faschis-
mus‹, hrsg. vom Badischen Kunstverein Karlsruhe,
Berlin 1980, S. 152.
Kulturgeschichtliches Museum, Osnabrück

268 Selbstbildnis mit Felka Platek, 1942
Öl auf Leinwand, 87 × 72 cm
Signiert, datiert und bezeichnet: SOIR (unfertig) Juni
1942 Felix Nussbaum (auf der Rückseite)
Die Mitte des Bildes und zugleich des Raumes, der
durch einige wenige aus dem Gefüge geratene Dinge
(beschädigter Krug, zerknüllte Zeitung, verschobe-
ner Teppich) Behaustheit ebenso wie Gefährdung
ausdrückt, nimmt das Doppelporträt des Malers und
seiner Frau ein. Beide sind frontal wiedergegeben,
der Maler mit nacktem Oberkörper, Felka Platek als
Akt mit bunter Kette, in der linken Hand einen
Akazienzweig haltend. Ein Fensterausblick im linken
Bildhintergrund zeigt eine Straße mit abgestorbenem
Baum, auf der die Rückenfigur eines alten Mannes
und ein an der Straßenecke stehender junger Mann zu
sehen sind.
Abbildung in: ›Art‹, H. 9, 1982, S. 73.
Kulturgeschichtliches Museum, Osnabrück

270 Stilleben mit Kaktus, 1943
Gouache, 64 × 49 cm
Signiert und datiert: Felix Nussbaum 1943 (links
unten)
Ein Kaktus auf einer Tischplatte wirft seinen Schatten
auf die nackte Mauer einer Zimmerecke.
Kulturgeschichtliches Museum, Osnabrück

251

271 Die Küche im Versteck, 1943
Feder in Tusche und Kohle, 48 × 64 cm
Unsigniert. Datiert: 20. 3. 1943 (rechts unten)
Die Ecke einer ärmlichen Küche (in der illegalen
Kellerwohnung Nussbaums in Brüssel) mit wenigen
auf dem Fußbogen abgestellten Küchenutensilien
und benutztem Geschirr. Auf einem Hocker Agaven-
topf und Gießkanne. Am rechten Rand die Wasser-
stelle.
Kulturgeschichtliches Museum, Osnabrück

272 Ausblick aus dem Atelier, 1943
Feder und Pinsel in Tusche, Gouache, 31 × 39 cm
Signiert und datiert: Felix Nussbaum Mars 1943
(rechts oben)
Ausblick auf eine Dachlandschaft mit zwei charak-
teristischen Schornsteinen, die auf mehreren Bildern
Nussbaums wiederkehren (s. Nr. 208, 209, 237).
Kulturgeschichtliches Museum, Osnabrück

273 Stilleben mit Flasche und Krügen, 1943
Bleistift, Kohle, 36 × 29 cm
Unsigniert. Datiert: 23. 3. 1943 (rechts unten)
Sehr streng und klar komponiertes Stilleben aus
Flasche, Krügen und Tuch auf einem hölzernen
Hocker vor schadhafter Wand (des Brüsseler Ate-
liers).
Kulturgeschichtliches Museum, Osnabrück

274 Stilleben mit Ei, 1943
Gouache, 35 × 30 cm
Signiert und datiert: Felix Nussbaum Mars 1943
(rechts oben)
Sparsam aufgebautes, farblich sehr nuancenreiches
Stilleben mit umgelegtem Blumentopf, Krug und Ei.
Kulturgeschichtliches Museum, Osnabrück

**275 Stilleben mit Puppe und Tennisschläger,
1943**
Öl auf Leinwand, 56 × 48 cm
Signiert und datiert: Felix Nussbaum Juin 1943 (links
unten)
Vor der weißen Wand einer Zimmerecke sind auf
einem Holzfußboden eine Puppe, eine bemalte Vase,
Tennisball und -schläger arrangiert. An der Wand
hängt ein kariertes Geschirrtuch. Bei der bemalten
Vase handelt es sich um eine der kunstgewerblichen
Arbeiten, die Nussbaum zum Broterwerb anfertigte.
Abbildung in: Blatter/Milton: Art of the Holocaust,
New York 1981, S. 131.
Kulturgeschichtliches Museum, Osnabrück
Leihgabe des Museums- und Kunstvereins Osna-
brück

276 »Orgelmann«, 1943
Öl auf Leinwand, 102 × 83 cm
Signiert, datiert und bezeichnet: Felix Nussbaum
Juillet 1943 (rechts unten); ORGELMANN (unvoll-
endet) Juni 1942 Felix Nussbaum (auf der Rückseite)
In der Mitte einer zentralperspektivisch nach hinten
fluchtenden Straße mit leeren, teilweise zerstörten
Häusern, aufgerissenem Straßenpflaster, zerfetzten
schwarzen Fahnen und Skelettteilen steht ein frontal
abgebildeter Mann, in nachdenklicher Pose auf eine
knochenverzierte Drehorgel gestützt.
Den Dargestellten nimmt Nussbaum in Haltung und
Aussehen noch einmal auf in der männlichen Zentral-
figur in ›Die Verdammten (2)‹ (s. Nr. 282).
Kulturgeschichtliches Museum, Osnabrück

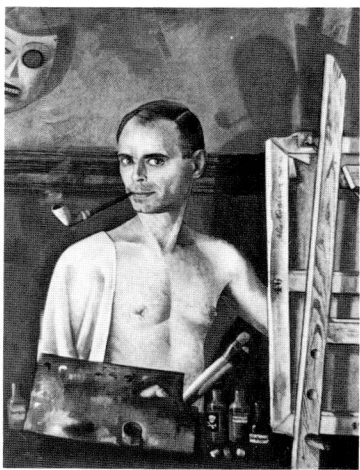

277 Selbstbildnis an der Staffelei, 1943
Öl auf Leinwand, 75 × 55 cm
Signiert und datiert: Felix Nussbaum Aout 1943 (auf dem Keilrahmen des auf der Staffelei stehenden Bildes)
Brustbild en face. Mit dem Blick auf den Betrachter (bzw. in den Spiegel), im Munde eine Pfeife, über die rechte Schulter des nackten Oberkörpers ein Tuch gelegt und Palette und Pinsel in der rechten Hand, steht der Maler vor der Staffelei. Flaschen mit den Aufschriften ›Humeur‹, ›Nostalgie‹, ›Souffrance‹ sowie eine Giftflasche sind auf dem vor ihm stehenden Tisch postiert. Den Hintergrund der Wand beleben eine Maske und der Schlagschatten von Maler und Staffelei.
Abbildung in: Blatter/Milton: Art of the Holocaust, New York 1981, Umschlagtitel und S. 9 sowie in: ›Art‹, H. 9, 1982, S. 70.
Kulturgeschichtliches Museum, Osnabrück

densterm gekennzeichneten Mantels geführt, auf dem Kopf ein Hut.
Über der schrundigen Mauer sind im oberen Bilddrittel ein Haus, Telegrafendrähte und ein blühender sowie ein gekappter Baum gegen den wolkenverhangenen Himmel sichtbar. Der Paß mit dem Stempel ›JUIF-JOOD‹ trägt neben einem Foto deutlich lesbare Eintragungen: die Kennkartennummer (›2985‹), Vor- und Nachnamen, Geburtsort (stark verwischt) und die Angabe der Nationalität (›sans‹ – ohne).
Das Selbstbildnis wird, leicht abgewandelt, in ›Die Verdammten‹ noch einmal verwendet (s. Nr. 282).
Abbildung in: ›Widerstand statt Anpassung. Deutsche Kunst im Widerstand gegen den Faschismus‹, hrsg. vom Badischen Kunstverein Karlsruhe, Berlin 1980, S. 215 und auf dem Umschlagtitel. »Der Künstler seine Kainsmale präsentierend: Judenpaß und gelben Stern. Ausweiskontrolle vor sich selbst. Ein harter Blick voller Fragen, Anklage, Ungewißheit. Ringsum nur hohe Mauer und darüber ein schmaler Streifen Zuversicht: Vögel in den Wolken, ein Blütenzweig, Licht noch in einem Fenster. Selbstbildnis und Bild der Zeit«, schreibt H. J. Müller in ›Die Zeit‹, Nr. 7, 8. Februar 1980 (darin auch Abbildung) anläßlich einer Besprechung der Karlsruher Ausstellung. Ferner Abbildung in: ›Stern‹, Nr. 3, 24. Januar 1980, S. 99; Blatter/Milton: Art of the Holocaust, New York 1981, Umschlagtitel; ›Art‹, H. 9, 1982, S. 67 und in: Katalog ›Bilder sind nicht verboten‹, Ausstellung zum 87. Deutschen Katholikentag vom 1.–5. September 1982, Kunsthalle Düsseldorf 1982, S. 49.
Kulturgeschichtliches Museum, Osnabrück

280 Trauerndes Paar, 1943
Öl auf Leinwand, 62 × 49 cm
Signiert und datiert: Felix Nussbaum 6. 12. 1943 (links oben)
Vom unteren Bildrand in Schulterhöhe überschnitten, steht ein Paar mit trauerndem Gesichtsausdruck eng aneinandergelehnt am Fenster eines Zimmers. Den Hauptteil des Bildes nimmt die leere Fläche der rissigen Mauer ein.
Kulturgeschichtliches Museum, Osnabrück

278 Selbstbildnis mit Judenpaß, um 1943
Öl auf Leinwand, 56 × 49 cm
Unsigniert, auf dem Paß mit dem Namen bezeichnet
In die Ecke eines hoch ummauerten Hofes gedrängt, weist der Maler – in Brustbild und Dreiviertelprofil – seinen Judenpaß in der linken Hand vor. Die Rechte ist zum hochgeschlagenen Kragen des mit dem Ju-

279 Jude am Fenster, 1943
Öl auf Leinwand, 104 × 60 cm
Signiert und datiert: Felix Nussbaum Decembre 1943 (rechts unten und auf der Rückseite)
Im leeren Zimmer eines ruinösen Hauses steht neben dem Fenster ein ausgemergelter Mann, in einen mehrfach geflickten, zerrissenen und durch den Judenstern gekennzeichneten Kittel gekleidet. Die Figur, frontal und als Kniestück mit hinter dem Rücken verschränkten Armen dargestellt, wirft einen Schatten an die Wand.
Abbildung in: Zvi Asaria: Die Juden in Niedersachsen, Leer 1979, S. 316.
Kulturgeschichtliches Museum, Osnabrück

281 Die Verdammten (1), um 1943
Bleistift, 12,5 × 21 cm
Unsigniert
In den Trümmern einer Stadt, dort wo sich eine am rechten Bildrand nach vorn stoßende Straße zum Platz weitet, stehen ein Mann und eine Frau in abgerissener Kleidung. Beide tragen den Judenstern. Sie warten ebenso auf ihr Ende wie die vier Gestalten, die sich am linken unteren Bildrand an den Fuß einer Treppe drängen. Drei weitere Figuren sind (zwei davon säulenhaft erstarrt, eine flüchtend) im Mittelgrund dargestellt, der durch eine Mauer geschlossen wird. Dahinter ist unter einem wolkenreichen Himmel ein Ausblick auf eine Hinrichtungsstätte – Golgatha – zu sehen.
Handschriftliche Zusätze rechts neben der Zeichnung. Entwurf zu dem Gemälde Nr. 282.
Kulturgeschichtliches Museum, Osnabrück

282 Die Verdammten (2), 1943/44
Öl auf Leinwand, 101 × 153 cm
Signiert und datiert: Felix Nussbaum 43/5. 1. 1944
(rechts unten)
Das Gemälde weicht wesentlich vom Entwurf (s. Nr. 281) ab: Den vier Gestalten in der linken unteren Bildecke sind vier weitere hinzugefügt, dadurch wird diese Gruppe stärker mit den beiden Hauptfiguren der Bildmitte verbunden. Zwei weitere zusätzliche Figuren füllen die rechte untere Bildecke. Den Platz der zwei Gestalten in der Straßenflucht am rechten Bildrand nehmen im Gemälde (wie durch den handschriftlichen Zusatz »Gerippe« auf der Zeichnung schon angedeutet) mehrere aus einer Seitenstraße herannahende Skelette ein, die offene Särge tragen. Nicht nur die Gestalten sind enger zusammengerückt, auch die Architektur tritt näher und drohender heran: die Mauer ist bis zum oberen Bildrand hochgezogen und verdeckt jede – noch so trostlose – Aussicht.
Das Bild benutzt Zitate der christlichen Sakralkunst; Segensgestus (links unten) und Beweinung (rechts unten). Außerdem zitiert sich Nussbaum selbst. Sein Selbstporträt (linke Mitte unten) folgt exakt dem ›Selbstbildnis mit Judenpaß‹ (s. Nr. 278), die zentrale männliche Gestalt ist an den ›Orgelmann‹ des gleichen Jahres (s. Nr. 276) angelehnt, die links neben ihm stehende Figur entspricht dem ›Juden am Fenster‹ (s. Nr. 279), und in der Vorzeichnung (s. Nr. 281) zu dem Gemälde bezieht sich die Gestaltung des rechten Bildrands auf ›Einsamkeit‹ (s. Nr. 262) von 1942. An der Kleidung ist der Judenstern getilgt.
Abbildung in: ›Widerstand statt Anpassung. Deutsche Kunst im Widerstand gegen den Faschismus‹, hrsg. vom Badischen Kunstverein Karlsruhe, Berlin 1980, S. 215 und in: ›Art‹, H. 9, 1982, S. 72.
Kulturgeschichtliches Museum, Osnabrück

283 Jaqui auf der Straße, 1944
Öl auf Sperrholz (teilweise durchbohrt), 70,5 × 49 cm
Signiert und datiert: Felix Nussbaum Fin Janvier 1944 (links oben)
In der Mitte des Bildes, das einen leeren, von Mauern verstellten Straßenzug zeigt, steht ein Junge im Mantel. Der Mantel trägt den Judenstern. Der Junge ist mit großer Wahrscheinlichkeit Jaqui, der zeitweise mit Nussbaum im gleichen Versteck lebte. Die Holztafel ist an den Rändern stark ausgefranst, an den Ecken abgerundet und an den Rändern umlaufend durchbohrt: eine gebrauchte Sperrholzplatte (evtl. von einem Möbelstück) diente als Malgrund.
Abbildung in: ›Widerstand statt Anpassung. Deutsche Kunst im Widerstand gegen den Faschismus‹, hrsg. vom Badischen Kunstverein Karlsruhe, Berlin 1980, S. 215 und in: ›Art‹, H. 9, 1982, S. 68.
Kulturgeschichtliches Museum, Osnabrück

Über dem abendländischen Kulturschutt spielen im Bildmittelgrund bekleidete Skelette (eines von ihnen in der Rolle des Todesengels) zum Tanz auf. Am Himmel fliegen grimassierende Spielzeugdrachen.
Die Zeichnung folgt der Tradition mittelalterlicher Totentänze.
Vorzeichnung zu dem Gemälde Nr. 286.
Kulturgeschichtliches Museum, Osnabrück

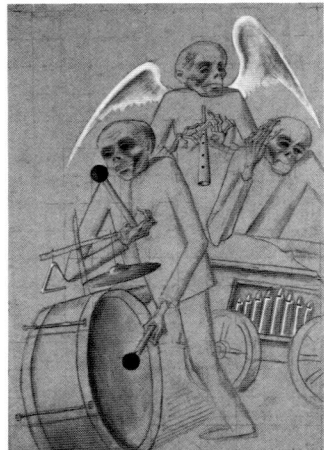

285 Die Gerippe spielen zum Tanz (2), um 1944
Bleistift und Gouache, 33,5 × 22,5 cm
Unsigniert
Sorgfältig durchgearbeitete Detailstudie zu der in der Vorzeichnung (s. Nr. 284) nur umrißhaft angelegten Figurengruppe in der Bildmitte. Der Karton ist zur Übertragung auf die Leinwand quadriert.
Abbildung in: Blatter/Milton: Art of the Holocaust, New York 1981, S. 132.
Kulturgeschichtliches Museum, Osnabrück

284 Die Gerippe spielen zum Tanz (1), um 1944
Bleistift, 21 × 30 cm
Unsigniert
Der Vordergrund der Zeichnung ist überhäuft mit zerborstenem Kulturgut. In der Tradition allegorischer Malerei stehen verschiedene Attribute für bestimmte Bereiche des Lebens. In ihrer Zerstörung dokumentieren sie den Weltuntergang.
Architektur (Säulenreste), Bildhauerei (Torso), Malerei (Gemälde), Musik (Schallplatte), Literatur (Buch, Zeitung) sind ebenso tot wie Recht (Waagschale, Statue mit verbundenen Augen), Mathematik (Zeichendreieck), Spiel (Spielkarte) und Technik (Nähmaschine, Traktor). Welt (Globus) und Zeit (Uhr) sind dem Untergang geweiht.

286 Die Gerippe spielen zum Tanz (3), 1944
Öl auf Leinwand, 100 × 150 cm
Signiert und datiert: Felix Nussbaum (rechts unten)
18. 4. 1944 (auf dem Kalenderblatt rechts unten)
Felix Nussbaum 1944 (auf der Rückseite)
Gegenüber der Vorzeichnung (s. Nr. 284) ist die Anlage des Himmels mit den Papierdrachen und der musizierenden Skelette exakt übernommen. Starke Abänderungen, meist in Form von zusätzlich eingebauten Attributen, erfolgten im Vordergrund. Letztes erhaltenes Werk Nussbaums.
Abbildung in: ›Stern‹, Nr. 3, 24. Januar 1980, S. 98; Blatter/Milton: Art of the Holocaust, New York 1981, S. 130 und in: ›Art‹, H. 9, 1982, S. 66.
Kulturgeschichtliches Museum, Osnabrück

Nachtrag

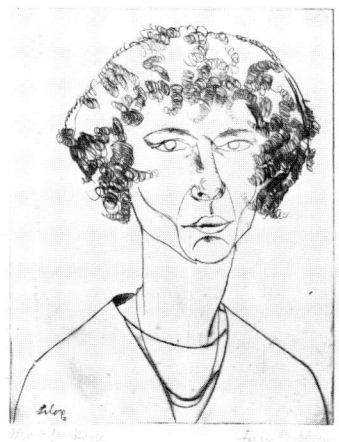

N1 »Mädchenkopf«, 1926
Radierung, 24 × 18 cm
Signiert, datiert und bezeichnet: Felix (links unten in der Platte), Felix Nussbaum 1926 Mädchenkopf (rechts und links unten mit Bleistift auf dem Papier)
Frontaler Porträtkopf eines Mädchens mit lockigem Haar. Die reine Strichzeichnung und das wenig überzeugend summarisch gegebene Haar lassen vermuten daß es sich um einen ersten Versuch in der Radiertechnik handelt.
Privatbesitz, Osnabrück
Wahrscheinlich Geschenk des Künstlers an die Familie des heutigen Besitzers

N2 Vase auf blauem Tuch, 1926
Öl auf Leinwand, 40,5 × 54 cm
Signiert und datiert: Felix Nussbaum 1926
Privatbesitz, Berlin
Aus dem Nachlaß
Eine Bildvorlage stand nicht zur Verfügung

N3 Mühlenrumpf, 1927
Öl auf Leinwand, Maße unbekannt
Signiert und datiert: Felix Nußbaum 1927 (rechts oben)

In der Bildmitte der Rumpf einer Windmühle, davor zwei frontal gesehene Gebäude.
Privatbesitz Margarete Oster, Gan Haschamon, Israel

N4 Heuhaufen, 1927
Öl auf Leinwand, Maße unbekannt
Signiert und datiert: Felix Nußbaum 1927 (unten rechts)
Zwei Heuhaufen. Vor dem Horizont eine strohgedeckte Kate.
Privatbesitz Margarete Oster, Gan Haschamon, Israel

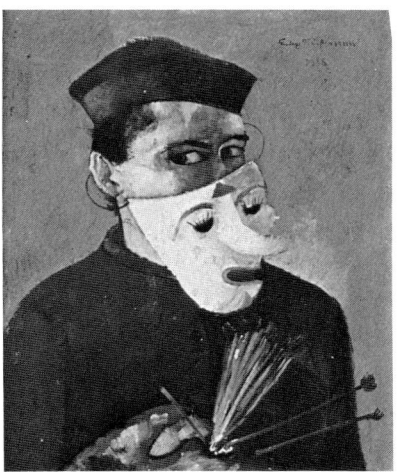

N5 Maler mit Maske und Palette, 1928
Öl auf Leinwand, Maße unbekannt
Signiert und datiert: Felix Nußbaum 1928 (rechts oben)
Selbstbildnis als Brustbild in blauem Kittel und blauer Mütze. Eine Hand hält Palette und Pinsel. Eine vorgebundene weiße Maske gibt nur die Augenpartie frei.
Privatbesitz Margarete Oster, Gan Haschamon, Israel

N6 »Nizza«, 1929
Öl, Bildträger und Maße unbekannt
Signiert, datiert und bezeichnet: Felix Nussbaum Nizza 1929 (links unten)
Ansicht einer Straße mit Tordurchfahrt. Häuser mit Balkonen und geschlossenen Fenster- und Türladen. Links sind drei Aufschriften (›Chez Prince‹, ›Salaisons‹, ›La Poissonnerie‹) sichtbar.
Abbildung in: ›Menorah‹, Jg. 8, 1930, S. 299.
Standort unbekannt, möglicherweise beim Atelierbrand 1932 vernichtet

N7 Fischerboote vor Norderney, 1932
Feder und Pinsel in Tusche, mit Deckweiß gehöht, 45 × 37 cm
Signiert und datiert: Felix Nußbaum Norderney 1932 (rechts oben)
Bildparallel lagern im Vordergrund zwei abgetakelte Fischerboote. Im Hintergrund Dünenlandschaft mit einigen Gebäuden. Rechts unten trägt das Blatt in Feder den Zusatz »Tusche auf Schöller Burg Papier«. (Bezug auf die Papierfabrik Schöller in Burg Gretesch bei Osnabrück). Auf der Rückseite ein sorgfältig mit Blei vorgezeichneter und in Feder ausgeführter fragmentarischer Bootsrumpf.
Kulturgeschichtliches Museum, Osnabrück

N8 Straße mit Telefonmasten, 1932
Öl auf Leinwand, 76 × 53 cm
Signiert und datiert: Felix Nussbaum 1932
Privatbesitz, Berlin
Aus dem Nachlaß
Eine Bildvorlage stand nicht zur Verfügung

N9 Stilleben mit Rose, um 1935
Öl auf Leinwand, 47 × 62 cm
Signiert: Felix Nussbaum (rechts oben)
Neben einem kleineren Becher ist eine Kugelvase
dargestellt (beide mit Strichdekor, s. auch ›Stilleben
mit Kaffeekanne‹, Nr. 142). Über den Henkel der
Vase biegt sich eine verwelkte Rose.
Galerie Hasenclever, München
Aus dem Nachlaß

**N10 Stilleben mit Flasche und Töpfen,
um 1940**
Öl auf Leinwand, 50 × 65 cm
Signiert: Felix Nussbaum (links unten)
Auf einem übereck gestellten Tisch eine halbvolle
Weinflasche neben einem Apfel, flankiert von zwei
Töpfen.
Galerie Hasenclever, München
Aus dem Nachlaß

N11 Glückwunschblatt, um 1942
Federzeichnung, aquarelliert, ca. 20 × 30 cm
Signiert, das Blatt trägt den Schriftzug »ton oncle
Félix« (dein Onkel Felix)
Dargestellt ist der Zug mehrerer Marienkäfer.
Glückwunschblatt anläßlich des zweiten Geburtsta-
ges der Tochter der Familie Ledel.
Privatbesitz Ledel, Brüssel
Geschenk des Künstlers
Eine Bildvorlage stand nicht zur Verfügung

N12 Keramikteller, um 1942/43
Keine weiteren Angaben
In Technik und Motivik der Vase aus ›Stilleben mit
Puppe und Tennisschläger‹ (s. Nr. 275) vergleichbar.
Privatbesitz Ledel, Brüssel
Geschenk des Künstlers
Eine Bildvorlage stand nicht zur Verfügung

Ausstellungsverzeichnis

Dieses Ausstellungsverzeichnis wurde überwiegend aus Kritiken in Zeitschriften rekonstruiert. Es kann daher keinen Anspruch auf Vollständigkeit erheben.

Berlin war in den zwanziger Jahren durch ein äußerst reges Kunstleben geprägt, in dem sich besonders die vielen Privatgalerien häufig bemühten, junge Talente vorzustellen. So erklärt sich, daß Nussbaum schon frühzeitig und relativ häufig auf Ausstellungen vertreten war.

1927   Juli/August: Einzelausstellung in der Galerie Casper, Berlin (u. a. Osnabrücker Straßenbilder).

1928   Januar: Beteiligung an der ›Ausstellung junger Maler und Bildhauer in der Deutschen Kunstgemeinschaft‹ in der Galerie Wiltschek, Berlin (u. a. *Landbriefträger* [Nr. 36]).
Januar: Beteiligung an einer Kollektivausstellung in der Galerie Nierendorf, Berlin.
Mai: Beteiligung an der Ausstellung des Grafik-Preisausschreibens der ›Schaffenden‹ im Kunstgewerbemuseum, Berlin.

1928/29   Beteiligung an der ›Weihnachtsmesse junger Künstler‹ in der Modernen Galerie des Warenhauses Wertheim, Berlin (u. a. *Turner* [Nr. 54]).

1929   Beteiligung an der Ausstellung des ›Vereins Berliner Künstler‹.
Einzelausstellung in der Galerie Casper, Berlin (u. a. Zeichnungen aus Ostende).
Einzelausstellung in der Galerie Goldschmidt, Berlin (Bilder der Frankreichreise).
Juni: Beteiligung an einer Kunstausstellung in Kassel.
Einzelausstellung im Kunstsalon Otto Meyer, Osnabrück.
Beteiligung an der ›Juryfreien Kunstschau‹, Berlin (u. a. *Knaben im Garten* [Nr. 59]).
Beteiligung an der ›Berliner Secession‹.

1930   Mai: Einzelausstellung in der Modernen Galerie des Warenhauses Wertheim, Berlin (u. a. *Begräbnis* [Nr. 66], *Mein Atelier* [Nr. 68],

Posthof [Nr. 37], *Fußball* [Nr. 55] und andere Sportbilder, Hafenstücke aus Ostende, Zeichnungen).
Dezember: Beteiligung an der Ausstellung ›Kunstmesse 1930‹ im Haus der Juryfreien, Berlin.

1931   Februar: Beteiligung an der Ausstellung ›Junge Berliner Kunst‹ des Vereins Berliner Künstler.
             Mai: Beteiligung an der Ausstellung ›Künstler unter sich‹ der Berliner Secession (*Der tolle Platz* [Nr. 76]).
             Beteiligung an der Ausstellung der Künstlergemeinschaft Lenné-Straße, Dresden (*Der tolle Platz* [Nr. 76]).
             Juli: Beteiligung an der ›Allgemeinen Unabhängigen Ausstellung‹ der Juryfreien im Haus im Luftschiffhafen, Potsdam.
             November: Beteiligung an der internationalen Ausstellung ›Frauen in Not‹ im Haus der Juryfreien, Berlin (*Bild mit Embryonen* [Nr. 74]).

1933   Januar: Beteiligung an der ›Berliner Secession‹ (zwei Bilder).

um 1933   Ausstellung in Rom. (?)

um 1936/37   Ausstellungen in Ostende. (?)

um 1937/38   Beteiligung an einer Kollektivausstellung in Gent.
             Dezember/Januar: Einzelausstellung im ›Koningklijke Kunstzaal Kleykamp‹ in Amsterdam.

1938   November: Beteiligung an einer Kollektivausstellung des ›Freien Künstlerbundes‹ im Maison de la Culture, Paris (mehrere Aquarelle).

Nach dem Tode des Künstlers:
1955   ›Fünf Osnabrücker Maler‹ im Städtischen Museum, Osnabrück (*Erinnerung an Grüssau* [Nr. 2], *Rummelplatz* [Nr. 3], *Mühle in Xanten* [Nr 18]).

1971   Februar/April: Gedächtnisausstellung für Felix Nussbaum in der Dominikanerkirche, Osnabrück (91 Gemälde aus dem Nachlaß).
             Galerie Nierendorf, Berlin: ›Die Kunst der Zwanziger Jahre II‹ (*Landbriefträger* [Nr. 36], *Funkturm Nr. 2* [Nr. 34], *Am Sandpfad in Emden* [Nr. 12], *Straßenbild Berlin* [Nr. 32]).

1972   Januar/März: Umfangreiche Retrospektive im Kunstamt Neukölln, Berlin.

1973   Mai/Juli: Umfangreiche Retrospektive im Gustav Lübke-Museum, Hamm (ca. 100 Werke).

1980   Januar/März: ›Widerstand statt Anpassung‹. Deutsche Kunst im

Widerstand gegen den Faschismus 1933–1945. Ausstellung des Badischen Kunstvereins, Karlsruhe (*Gefangene in Saint-Cyprien* [Nr. 266], *Selbstbildnis mit Judenpaß* [Nr. 278], *Jaqui auf der Straße* [Nr. 283], *Die Gerippe spielen zum Tanz* [Nr. 286]).
Oktober/November: Kollektivausstellung ›Realismus der Zwanziger Jahre‹ in der Galerie Hasenclever München (*Funkturm Nr. 2* [Nr 34], *Mummenschanz* [Nr. 227], *Porträt eines jungen Mannes* [Nr. 23], *Zwei Mädchen vor einer Mauer* [Nr. 255], *Stilleben mit Schachteln* [Nr. 261]).

1981   August/Oktober: Umfangreiche Retrospektive in der Galerie Levy, Hamburg (ca. 100 Werke).

1982   Mai: Umfangreiche Retrospektive im Frans Hals-Museum (Abteilung Vishal), Haarlem (ca. 40 Werke).
Mai: Umfangreiche Retrospektive im Kunstkreis Norden (ca. 40 Werke, überwiegend Gouachen).
Mai/Juli: Ausstellung ›Träume vom Frieden, Begrabene Hoffnungen‹ während der Ruhrfestspiele, Recklinghausen (*Rummelplatz* [Nr. 3], *Selbstbildnis 1927* [Nr. 24], *Begräbnis* [Nr. 66], *Der tolle Platz* [Nr. 76], *Jaqui auf der Straße* [Nr. 283], *Selbstbildnis mit Judenpaß* [Nr. 278]).
August/Oktober: ›Bilder sind nicht verboten‹. Ausstellung zur Vertiefung des Dialogs zwischen Christen und Juden anläßlich des 87. Katholikentages in Düsseldorf 1982 in der Städtischen Kunsthalle, Düsseldorf (*Selbstbildnis mit Judenpaß* [Nr. 278]).

Zitatnachweis

Gedicht von Rose Ausländer, Motto S. 7
aus: Ausländer, Rose: Mein Atem heißt jetzt. Gedichte, Verlag S. Fischer, Frankfurt/M. 1981, S. 130

Zitat Hermann Kesten, Vorbemerkung S. 8
aus: Kesten, Hermann: Meine Freunde, die Poeten, Verlag Kindler, München 1959, S. 313

Zitat Nelly Sachs, Vorbemerkung S. 9
aus: Sachs, Nelly: Fahrt ins Staublose, Suhrkamp Verlag, Frankfurt/M. 1961, S. 20

Zitat Walter Kempowski, Vorbemerkung S. 9
aus: Kempowski, Walter: Haben Sie Hitler gesehen?, Verlag Hanser, München 1973, S. 97

Abbildungsnachweis

1 zu den Werken Felix Nussbaums

Alle Farbtafeln wurden mit Ausnahme der Werkverzeichnisnummern 23, 56, 70, 71, 75, 76, 197, 227 von Foto Strenger GmbH, Osnabrück, hergestellt; dazu die Abbildungen Nr. 12, 34, 60, 64, 81, 88, 89, 95, 96, 97, 99, 100, 102, 104, 105, 106, 107, 111, 113, 114, 115, 116, 118, 119, 124, 125, 126, 127, 130, 132, 133, 134, 136, 137, 139, 149, 151, 152, 153, 154, 155, 157, 161, 162, 167, 172, 173, 174, 175, 176, 177, 178, 179, 181, 183, 184, 185, 186, 187, 188, 189, 190, 191, 204, 205, 206, 218, 229, 234, 235, 236, 239, 240, 242, 245, 246, 254, 264, 270, 271, 272, 273, 274, 281, N 7.

Altonaer Museum, Hamburg: Abb. Nr. 11.

Leo Baeck Institute, New York: Abb. Nr. 50, 249.

Berlinische Galerie, Berlin: Farbtafel Nr. 76; Abb. Nr. 66.

Foto Hartwig Fender, Osnabrück: Abb. Nr. 1, 5, 9, 21, 28, 29, 36, 54, 58, 63, 69, 73, 93, 135, 138, 140, 192, 244, 258, 266, 269, 276, 277, 280 sowie die Ausschnitte aus Nr. 76 (S. 81 f.).

Gallery Barry Friedman, New York: Farbtafeln Nr. 23, 227.

Foto Reinhard Friedrich, Berlin: Farbtafel Nr. 56, 70.

Foto Emil Harms, Osnabrück: Abb. Nr. 2, 3, 16, 18, 82, 211, 225, 228, 230, 255.

Galerie Michael Hasenclever, München: Farbtafel Nr. 75; Abb. Nr. 142, 198, 201, 221, 231, 243, N 9, N 10.

Galerie Huis in't Park, Eindhoven: Abb. Nr. 98, 108, 145, 166.

Kulturgeschichtliches Museum, Osnabrück: Abb. Nr. 4, 8, 22, 24, 26, 27, 30, 31, 32, 41, 52, 57, 62, 67, 86, 87, 101, 103, 141, 168, 170, 171, 203, 210, 212, 215, 220, 223, 248, 259, 260, 261, 265, 281, 284, N 3, N 4, N 5.

Galerie Levy, Hamburg: Abb. Nr. 217.

Foto Löckmann, Osnabrück: Abb. Nr. 6, 10, 17, 41, 53, 56, 61, 144, 196, 202, 209, 222, 224, 241, 251, 252, 262, 267, 268, 279, 282, 283, 286.

Nicolaische Verlagsbuchhandlung, Berlin: Farbtafel Nr. 71.

Verlag Ullstein, Berlin: Abb. Nr. 84, 85.

Yad Vashem Institut, Jerusalem: Abb. Nr. 129, 150, 160, 219, 237.

Aus Zeitschriften reproduziert: Abb. Nr. 37, 39, 40, 42, 45, 47, 48, 55, 65, 68, 92, N 6.

Von Privatbesitzern zur Verfügung gestellt: Farbtafel Nr. 197; Abb. Nr. 13, 19, 20, 25, 33, 38, 43, 44, 49, 72, 79, 80, 83, 109, 110, 120, 121, 122, 123, 147, 156, 163, 164, 165, 169, 180, 182, 193, 194, 197, 216, 226, 233, 238, 253.

2 zu den übrigen Abbildungen

A. C. L., Brüssel: James Ensor, S. 128, 134.

Akademie der Künste, Berlin: Jury der Akademie S. 84.

Galerie Baukunst, Köln: Karl Hofer, S. 156, 178.

Archiv Herbert Bayer, Montecito (USA): Herbert Bayer, S. 65.

Foto Hans Joachim Bartsch, Berlin: Hans Baluschek, S. 67.

Bayerische Staatsgemäldesammlungen, München: Friedrich Overbeck, S. 72.

Bildarchiv Preußischer Kulturbesitz, Berlin: Hochschule für bildende Künste Berlin, S. 38.

Blatter, Janet und Sybil Milton: Art of the Holocaust, New York 1981: Karl Schwesig, S. 146.

Galerie Brockstedt, Hamburg: Gustav Wunderwald, S. 67.

Berlinische Galerie, Berlin: Willy Jaekel, S. 38; Paul Plontke, S. 39; Cesar Klein, S. 65; Vorstand der Berliner Secession, S. 95.

Deutsche Bundesbank, Frankfurt/M.: Karl Hofer, S. 173.

Copyright-Hinweise

Register

Das Register verzeichnet alle im laufenden Text (ohne Anhang) namentlich erwähnten Personen mit Seitenhinweis. Nicht aufgenommen ist der Name Felix Nussbaum, der auf fast jeder Seite des Textes erscheint. Nicht aufgenommen sind ferner Textstellen, die Angehörige der Familien Nussbaum und Gossels nicht namentlich sondern als Vater, Mutter usw. erwähnen; solche Erwähnungen sind derart häufig, daß sie das Personenverzeichnis aufblähen und unpraktikabel machen würden. Ziffern hinter der Abkürzung Abb. verweisen auf Seiten mit abgebildeten Werken der genannten Personen.